成长型企业 LTC

大客户销售业务全流程管理

程绍珊　张　博　梁明杰◎著

中国商业出版社

图书在版编目（CIP）数据

成长型企业 LTC ：大客户销售业务全流程管理 ／ 程绍珊，张博，梁明杰著 . -- 北京 ：中国商业出版社，2024. 7. -- ISBN 978-7-5208-3034-8

Ⅰ . F274

中国国家版本馆 CIP 数据核字第 2024Z4Q097 号

责任编辑：黄世嘉

中国商业出版社出版发行

（www.zgsycb.com　100053　北京广安门内报国寺 1 号）

总编室：010-63180647　　编辑室：010-63033100

发行部：010-83120835/8286

新华书店经销

文畅阁印刷有限公司印刷

＊

787 毫米 ×1092 毫米　　16 开　20.25 印张　296 千字

2024 年 7 月第 1 版　2024 年 7 月第 1 次印刷

定价：78.00 元

＊＊＊＊

（如有印装质量问题可更换）

前言
Preface

在国内大客户市场，由于竞争环境相对复杂，信息不对称，很多项目性销售都是隐秘状态下的博弈和竞争，导致企业营销模式与管理体系进化差，营销队伍成长缓慢。一些企业发展了十多年，老板还是最大业务员，企业发展的营销体系"瓶颈"凸显。

华为是中国企业的榜样！其创新与发展的LTC及"铁三角"体系，历经十多年的实践，证明了其对提高项目型销售管理的效能是非常有效，值得学习的。然而，承载华为最大的人、财、物业务流的华为LTC体系，不仅其自身有六级流程系统与庞大的数据库支持体系，而且对于中后台的专业职能及各级销售和管理人员的素质要求高。这对于广大成长型企业来说，其市场环境、竞争态势、组织职能和员工素质等都难以消化适应与借鉴，因此，难学、难用。

迪智成团队针对这个企业痛点，开发与创新了新结构、新方法、新工具，使其具备突出关键、简单好用、注重实战和要求不高的特点，具体如下：

第一，从整体结构上，将华为LTC体系简约优化为"6+1"LTC体系，包括线索管理（MTL）、商机判断（LTO）、项目孵化（PIM）、投标谈判（OTO）、交付回款（DTC）和客户维护（CRM）六个业务阶段和"铁三角"运作与管理机制。每个阶段的关联性使其可以形成体系化运作，独立性使其可以单独学习与运用。

本书的主要结构分三部分共十一章，具体内容与结构逻辑是：

第一部分由第一章和第二章构成。第一章主要介绍国内大客户项目市场的特点和销售管理要点，并结合新形势下的市场发展趋势，分析了成长型企业在项目销售管理中的主要问题，进而导出我们需要创新的营销理念和方向，并以此为基本认识与背景，介绍了LTC销售管理体系的主要结构与内容，重点指出了成长型企业导入LTC的目的和内容要点。第二章主要是成长型企业的大客户项目营销的战略规划与策略创新要点，这是LTC体系中的策略思路与方法的前提与基础。

第二部分包括第三、第四、第五、第六、第七、第八章。主要按项目LTC销售流程的各阶段进行具体讲解，按该阶段的"工作内容及目标—评估方法及改进策略—团队分工及执行计划—公司管控点"的逻辑顺序进行说明。

第三部分包括第九、第十、第十一章。主要介绍了成长型企业LTC管理体系相应的组织管理和团队建设部分的内容，重点是项目"铁三角"管理模式的介绍和讲解，最后是成长型企业成功导入这个体系的工作思路与管理方法。

第二，从内容表达上，按照主要活动、关键里程碑、评估罗盘、看板、策略工具箱、团队分工、行动计划OKR和过程管控点展开，不仅有清晰的理念思路和实操路径，更有细致、具体、实效的策略、工具与方法，能够适应不同规模企业和人员素质实战运用要求。

第三，从学习效果上，以2~3个设备部件和软件系统行业典型实战案例为主，贯穿展示各个阶段主要活动、关键里程碑、看板、评估罗盘以及策略工具箱的具体运用，易于理解与轻松掌握。

本书采用"PPT讲义+注释"形式，"PPT讲义"可以简明展示"干货要点"，"注释"可以清晰辅助理解含义；既便于读者逐页学习，又便于选页查看。总之，就是让读者能快速、轻松地读懂，所见即所得；能马上运用到具体项目型销售工作中，即用即有效！

我们开发这套项目制销售简明LTC体系的初衷和定位，既是系统学习的教科书，又是实战翻阅的工具书！

于新手来说，有按图索骥地轻松学习的路径和内容。

于老手来说，有契合实际的系统提升思路与方法。

于管理者来说，有体系化构建的结构与工具。

希望本书的内容和编写方式能为读者带来全新的学习体验。

程绍珊　张　博　梁明杰

2024年6月

目录
Contents

第一章

成长型企业的LTC管理体系

本章首先分析了新形势下成长型企业在大客户营销和项目销售中遇到的主要问题，简要地阐述了国内面向工商企业、政府部门等大客户市场，有别于一般大众消费品市场的一些重要特点。从企业营销实战的角度，揭示了大客户项目销售的主要特点，及其新形势下发展趋势，提出成长型企业大客户营销要创新的四大理念和八大项目销售策略及管理提升方向。

以此为基础，本章说明了什么是大客户项目型管理流程管理体系（Leads To Cash，LTC），以国内首家导入该管理体系的华为公司为例，具体说明其结构、内容、管理要点及方法。

本章最后重点分析了该管理体系对成长型企业的可借鉴内容以及需要克服的缺陷，进而指出成长型企业导入LTC管理体系的主要目的，需要突出的关键策略与方法以及相应的管理要点。

大客户销售工作难点

图1-1　大客户营销与项目销售管理的难点及原因

1 面对目标市场推广不力，导致销售线索、商机少，且来源不稳定

2 项目成交率低，且同质化恶性竞争，导致价低、应收多等

3 信息不通，暗箱操作，销售管理可控性差，且客户资源安全性差

4 一线赋能支持少，销售队伍成长缓慢，且高手流失甚至成为对手

5 销售预测不准，企业前、中、后台协同差，交付差，客户投诉多

---

1. 在大客户市场的项目型销售方面，很多企业尤其是成长型企业普遍存在品牌影响力不够，面对目标市场推广活动少，有效性差，导致项目销售线索不足，随机性强，波动大，难以形成足够数量的有效项目销售机会，无法支撑销售目标的达成。

2. 很多成长型企业在项目跟进与孵化过程中，策略手段不精准，难以创造客户价值差异和有效应对竞争。为了抢单不得不低价冲标，并过度承诺服务责任与货款账期，导致项目风险极高，留下大量不良应收账款。

3. 项目销售环节多、周期长、费用高，其风险难以控制。由于基础管理不力，导致项目销售中的信息不透明。一些销售"老江湖"暗箱操作，有的甚至"挟客户以令公司"，企业几乎失控，客户资源的安全性无法保障。

4. 由于项目跟进信息不对称，使本来就不强的中后台职能部门难以赋能与支持一线销售人员，新兵难以成长，老兵各自跑单帮，流失率高，有的甚至成为对手。

5. 销售预测不准，产销协同难以展开，导致交付慢、服务差，客户投诉居高不下。

大客户销售一般特性

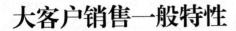

图1-2　TO B 大客户市场的项目销售特点

1　购买客户数量较少，但规模较大、相对集中

2　引申性需求、缺乏弹性，但行业周期性影响明显

3　项目需求专业性强，环节多，交付复杂，参与人员多，且过程规范

4　一般直接购买，关心配套和服务

5　销售周期长、流程长、影响因素多，费用高，需要营销综合能力强

1. 大客户市场购买客户数量少，且相对集中，多在产业集聚区内，但采购金额比较大。

2. 很多大客户的项目需求都是市场变化和竞争压力而产生的采购需求，是比较刚性的，受行业发展的周期性影响比较大，如工程机械行业五年左右就出现周期性的震荡。

3. 大客户的项目需求往往非常专业，从需求确认、项目规划与立项，再到招标谈判、交付与运维服务等环节多，复杂程度高，一般使用、技术、验收、管理和采购部门的人员都会不同程度地参与，但采购过程比较规范。

4. 项目型采购的形式一般都从供应商直接采购，且关心设备配套与全程服务保障。

5. 大客户项目销售的跟踪孵化周期长、环节多，影响因素要多，尤其一些大型工程与成套设备的采购，需要销售人员具备技术、商务和管理等多方面的能力。

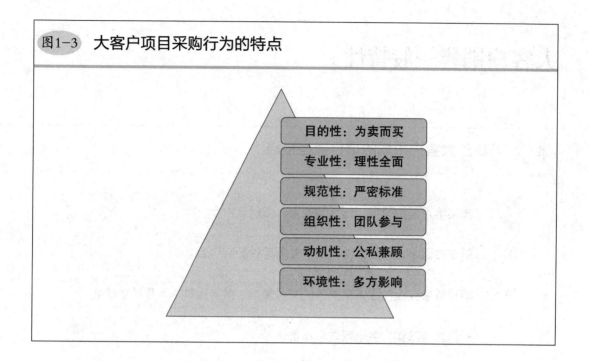

图1-3 大客户项目采购行为的特点

目的性：为卖而买

专业性：理性全面

规范性：严密标准

组织性：团队参与

动机性：公私兼顾

环境性：多方影响

大客户项目采购行为主要有六大特点。

1．立项目的相对理性，主要是为战略发展、提高产能、升级技术、降低成本、环保要求等原因而进行的。

2．技术要求、交付状态和商务条件等专业性方面都比较理性，而且需要供应商全面的保证。

3．采购流程和要求非常规范，尤其是在近年来的反腐倡廉高压态势下，很多国企和政府部门的采购更加规范和谨慎。有些客户明确告知我们，选择哪个供应商都各有理由，但关键是采购过程必须严格，要经得起后期的"倒查"。

4．参与人员来自各个部门，并有严格的分工，基本是"铁路警察各管一段"，各环节把关，最后招标手续规范。

5．尽管采购过程规范，但只要参与的是人，那就有人性的一面，其动机就各不相同了，有的要业绩、有的照顾关系、有的考虑利益等。

6．进而影响项目销售的内外部因素就非常多，从宏观、高层到微观、基层都有。

图1-4　影响购买行为的主要因素

环境因素

环境因素	组织因素	人际因素	个人因素	
经济前景				
需求水平	目标			
资金成本	战略	职权	年龄	
技术变革	企业文化	地位	收入	采购者
政策法规	制度程序	利益	教育	
竞争变化	组织结构	说服力	职位	
			个性	
			风险态度	

影响大客户项目采购的宏观层面因素是环境因素。近年来，国内大部分行业进入存量发展阶段，很多大客户对上马的大型项目越来越谨慎，对采购价格与商务条件要求越来越苛刻。

影响项目销售的组织因素是客户企业的内部管理状况，如发展战略目标、文化氛围、基础管理等。很多行业的头部客户利用其强势地位，挤压供应商，转移经营压力与风险，如汽车部件行业的账期都是六个月起，而且不保证现金方式支付。

人际因素也是影响项目销售的重要因素，如客户企业的内部人际关系、潜规则等。一些客户关键岗位的人事调整，对供应商格局都有重大影响，毕竟都是利益攸关的事。

个人因素是最不好把握的因素，要求业务人员准确判断各环节采购决策者的动机和立场，把握其核心利益诉求。

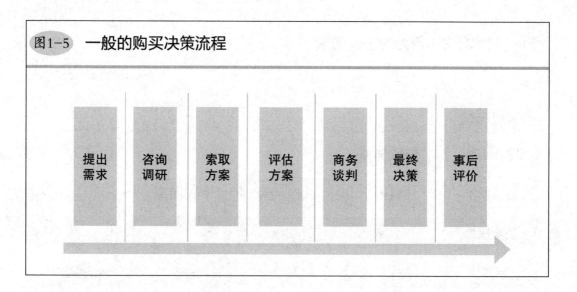

图1-5　一般的购买决策流程

| 提出需求 | 咨询调研 | 索取方案 | 评估方案 | 商务谈判 | 最终决策 | 事后评价 |

一般大客户项目型采购，先由使用部门提出需求，如需要扩大产能，抢占新风口市场和竞争对手的情况变化等原因，客户自己要改造升级现有生产线；客户组织初步调研，看看是自己动手搞研发，还是外包给外部供应商；通过调研各类供应商的基本情况，选择几个重点供应商，索要相关方案的资料；经过比较，确定外部招标采购；立项后开始邀请相关供应商投标，并择优选择相应的供应商；商务谈判后签订合同；在项目交付、执行完合同后，还会对该次采购与供应商进行评价。

这是一般的项目采购流程，但一些特殊需求，如重点装备、核心设备等项目采购，还要组织供应商多次实地考察、调研，有些还要请第三方外部专家参与论证。不管什么样的大客户项目采购流程，优秀的项目销售经理人都懂得，介入越早越好，提前进行客户需求引导，改变其选择标准，有效"种草"。否则，拿到标书之日，就是出局之时，只落得"陪太子读书"的结局。

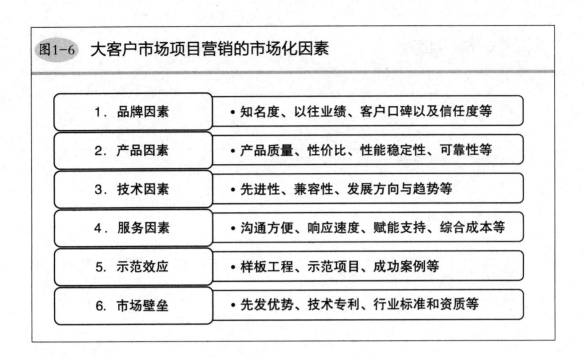

图1-6　大客户市场项目营销的市场化因素

1. 品牌因素	• 知名度、以往业绩、客户口碑以及信任度等
2. 产品因素	• 产品质量、性价比、性能稳定性、可靠性等
3. 技术因素	• 先进性、兼容性、发展方向与趋势等
4. 服务因素	• 沟通方便、响应速度、赋能支持、综合成本等
5. 示范效应	• 样板工程、示范项目、成功案例等
6. 市场壁垒	• 先发优势、技术专利、行业标准和资质等

　　鉴于大客户项目型销售的以上特点，导致其制胜因素相对较多，既有桌面上的市场化因素，也有非市场化因素。市场化因素包括六个方面。

　　1. 品牌因素中的以往业绩往往比较重要，尤其是在智能设备与系统采购中，甲方对供应商的以往成功的案例比较关注。

　　2. 在产品因素方面，除了性能指标外，对其稳定性、可靠性比较重视。以前一些国产设备给人的印象是"大毛病没有，小毛病不断"，这是要避免的。

　　3. 技术因素也是越来越重视的因素，在智能化时代，技术迭代较快，客户非常看重供应商的技术研发能力。

　　4. 服务因素制胜法宝，如三一重工集团的"12127"服务标准，极大地提高了其竞争优势。

　　5. 样板工程和示范项目也是重要因素之一，事实胜于雄辩，会给客户带来安全感。

　　6. 掌握行业标准与关键技术专利，能极大地影响大客户的信心，而较高的资质则是入门的基本门槛。

　　这些市场化因素，随着阳光采购行动的广泛和深入，会越来越重要了。

图1-7　非市场化因素
私下人际关系
各方利益关系平衡
领导个人倾向
政府和上级部门的偏向支持

　　现阶段在很多项目采购中，非市场化的因素还不能忽略。例如，客户参与采购决策的各方关系与利益平衡，尤其是关键决策人的利益和倾向往往是决定性因素；一些大型工程项目，其地方保护和上级部门的意见也是不容忽视的。

　　因此，作为大客户项目销售人员，除了在市场化因素中充分发挥企业的品牌、技术、产品、服务和经验等方面的优势，同时还要重视相关人际因素的非市场化因素的影响。

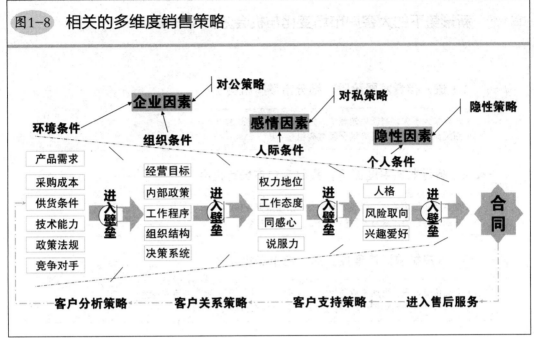

图1-8　相关的多维度销售策略

针对这些影响因素，企业必须要有相关的多维度营销策略，以提高项目跟进的制胜率。

针对宏观环境情况和客户组织特点等企业因素，要有相应的对公策略，如品牌与技术推广、行业与支付部门公关和专家站台与宣传等。

针对人际关系等感情因素，要有对私策略，如对客户采购决策链的各参与人等，要有相应的沟通和公关策略，以保证支持我方的声音最大化。

针对采购中的个人因素，还需要有隐性策略，在合法合规的条件下，进行个性化沟通与利益捆绑等。

此外，针对项目采购流程的各环节，要有相应的营销策略，如客户需求分析、决策链关系解析、竞争应对、客户赋能支持与服务保证等方面的策略方法。

图1-9　新形势下的大客户市场变化与机会分析（一）

---

1. **进入存量发展阶段，细分市场有机会**

- 短期供大于求，同质化超竞争，短期"卷"不可避免
- 新能源、智能化设备等细分领域有机会

2. **各行业集中度提高，头部客户市场有机会**

- 很多行业加速整合，门槛提高，对头部品牌更有利
- 头部大客户的需求与支付能力较好，其市场机会多

3. **客户需求更趋理性，高价值市场机会多**

- 回归价值本质，更加专业与理性，需要"专、快、灵、平"的解决方案
- 能提供"好产品+优服务+高性价比"的供应商机会多

　　近年来，国内很多行业都进入存量发展阶段，市场需求低迷，行业产能普遍过剩，供远远大于求。很多企业为了短期订单，不惜低价冲标，各种过于激烈的商务政策，导致价格没有最低，只有更低，账期没有最长，只有更长。这也导致营销人员更加依赖价格与商务政策。其实，一些细分市场还是有很好机会的，如工程机械行业的高台设备、部分路机设备。这就需要我们去研究和细分市场，进行专业化定位。

　　随着行业整合加速，头部客户发展迅猛，其需求旺盛，且支付能力较强，但要求也非常高，我们需要与时俱进，与头部客户同步成长提升，不断提高产品和服务水平。

　　市场竞争一定会向产业链各个环节传递的，因此，客户越来越理性，面对市场新形势，要求专业化、快交付、配置灵活的高性价比的产品和解决方案，以实现快速见效与投资回收。如果我们能因客户而变，机会就会很多。

图1-10　新形势下的大客户市场变化与机会分析（二）

1. 行业洗牌剧烈，"剩者为王"的企业机会多

- 经营不善和弱小的同行企业退出市场，腾出市场和资源
- 市场基盘稳定，有价值差异和竞争优势的企业更有利

2. 新媒体与新渠道发展快，营销创新市场机会多

- 新媒体发展导致流量碎片化，新媒体营销成为标配
- 渠道发展日益多元化，如互联网电商、跨界合作、异业联盟等

　　现在很多消费品市场出现"剩者为王"的现象，在大客户项目销售市场上也是如此。随着市场竞争加剧，一些同行业企业退出市场。因此，我们要积极稳住现有存量客户，尤其是其中的头部大客户，进而迅速出击，抢夺腾出的市场。

　　现在抖音、小红书、视频号等新媒体发展迅速，不仅深刻影响了消费品市场，而且在大客户市场上的影响日益加大，很多品牌企业纷纷开展新媒体营销，以弥补传统市场推广方式的不足。同时，渠道多元化的趋势也越来越明显，企业纷纷拥抱电商。例如，工程机械的头部品牌三一集团在网上卖重型卡车、维修服务包等产品，就取得不错的成绩！

　　一句话，面对市场新形势，我们要加倍努力，不断创新突破，才有机会生存发展。

大客户营销创新方向

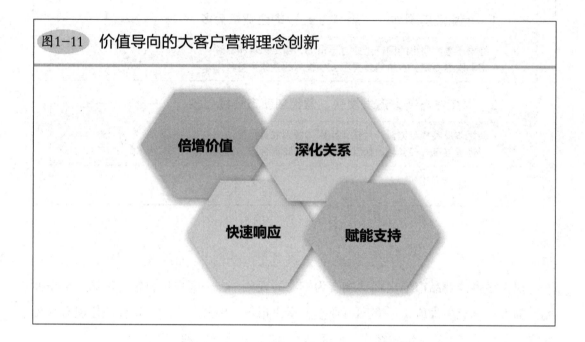

图1-11 价值导向的大客户营销理念创新

倍增价值

深化关系

快速响应

赋能支持

在理解大客户市场特点和现实问题之后，我们如何创新突破？这就要从理念提升与认知改变开始。重点是以上四个方面的营销理念提升，并成为企业各级营销人员的共识。

图1-12　倍增客户价值

◆为客户提供解决方案，提供功能实现服务

　　✓ 客户要的是"孔"，而非简单的"钻头"

◆以客户问题为导向，解开"心结"

　　✓ 赢得认同与理解

◆转换角度，充当客户的顾问

　　✓ 互动中解决问题，实现客户利益的最大化

　　在大客户项目营销中，客户价值是最关键的决定因素。客户价值是指要么帮客户省钱，要么帮客户挣钱。要做到这点，就必须以解决客户问题和痛点为中心，挖掘其需求，结合我们的产品卖点和服务优势，提出最适合客户需求的价值主张，并引导其认同。

　　这就需要项目销售团队能深入客户经营管理的各个环节，结合实际使用场景，把握其需求要点，做到比客户还了解客户，成为其顾问，实现其价值最大化。

　　例如，某新能源重卡企业，为了给客户量身定制符合其矿石短倒需求的25台重型卡车，即从码头装运到工厂40公里左右的距离，每天三班倒，其销售团队经理带着技术和服务人员，现场勘查码头装车、路况、车辆管理、司机驾驶习惯和气候条件等情况，针对客户的需求选择车辆型号、个性化配置、售后服务和车辆管理等，制订了系统解决方案，并量化客户相关收益，使客户拒绝了竞争对手（行业第一品牌的优惠价格），而决然选择了我们的方案，就是做到了客户价值最大化。

图1-13 价值致胜分析（1）——帮客户赚钱

> 用客户眼光看待产品与解决方案的优劣，以便客观评价竞争力与识别销售机会

> 客户利益的组成

功能性利益　使用性利益　经济性利益　人性化利益

分析我们能给客户创造的价值，一定要从客户的视角来客观评价。如果我们能理性地评价自己的竞争能力，判断自身优劣，就能有效判断出目标客户和销售机会。

客户利益由以上四个方面构成，因此，在我们告知客户这些利益的时候，要与客户不同部门的人员，结合其不同的关注点进行沟通。

例如，我们有个做胶水的企业客户，主要用于像麦当劳、肯德基汉堡盒子的制作，是食品级的安全标准，在不同地理条件下都不开胶，能满足高速自动化印刷生产线要求，还能满足不同材质印刷制作要求。而德国对手的产品只能是一种材质用一种对应的胶水，换了材质，就必须洗胶桶、换胶水。我们咨询团队给客户制定个性化的客户利益沟通方案，提高投入产出的经济性利益，主要给客户高层讲：省时省力、减小劳动强度的人性化利益；给一线操作人员讲：满足不同材质、不开胶等功能性利益；给技术部门讲：管理简单、较少失误的经济性利益；给生产管理部门讲：使用性利益。

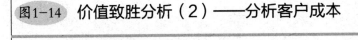

图1-14 价值致胜分析（2）——分析客户成本

> **发票的价格仅仅是客户最终成本的一部分，盲目价格战是无效的**
>
> —— 降价5%不能弥补高出10%的最终成本

> **主动做好服务，创造客户价值，以降低其综合成本**

三一为您提供较高的投资回报率

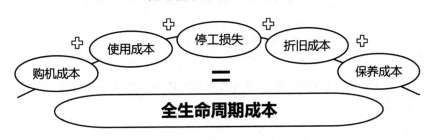

在客户成本分析方面，要做好全周期的综合成本分析，"产品＋服务"解决方案能将客户设备使用与经营中的成本计算出来，而且告知客户。尽管我们产品销售的发票价格比对手高了一点，但我们的解决方案降低了客户的整体综合成本，因此比对手省得更多。

在价格战激烈的挖掘机市场上，三一重机坚持给客户全生命周期成本最低化的方案，为客户提供较高的投资回报率。

图1-15　深化客户关系

➤ 持续挖掘客户价值，做好全周期客户关系经营

　　——满意的客户能重复、相关和推荐购买

➤ 深入客户经营管理的各个环节，建立全方位关系管理与沟通界面

➤ 持续的多形式互动和回馈活动，增加其价值体验

➤ 创新运用多种服务和沟通的形式和内容，增加客户黏度

　　在竞争激烈的市场环境下，稳住和挖掘存量客户是企业生存发展的关键性前提。因此，我们提出"全周期客户关系经营"的理念。通过与客户各部门深入的服务与互动，持续挖掘客户需求，促进其除了已有产品的重复采购，还能进行其他相关产品和服务的采购，并主动推荐其上下游合作企业来采购。

　　我们有个做工业阀门的浙江客户，产值规模在行业内属于第三梯队，顶端有国际高精尖的巨头对手，上面有国内实力雄厚的一线品牌，其规模都在10亿元以上。我们的营销战略是"小而美、小而专"，聚焦核心客户和专业场景，精耕细作，不断深化关系，如联合同步开发产品、主动维修服务、定期拜访沟通，与其各个部门建立联系，让客户全程无忧，放心舒心，因此，才有了一批合作十多年的优质客户。他们还主动给我们推荐其他客户。

　　最近，这个客户在他的客户的建议下，延伸开发了新品类——专业工业泵，就是针对这些客户的痛点与需求来研发的。他的客户也纷纷提前下单采购和使用，主动帮助他迭代优化产品，使得其新品很快推广成功，成为企业第二个过亿元产值的增长点。

图1-16　快速高效反应

> 超竞争时代，"快"是策略有效的保证

　　——敏锐洞察、及时调整，精准运作、有效执行

> 获得"移动靶"动态的竞争优势

　　——同质化竞争中速度是关键，总是领先半步

> 准确理解"速度"

　　——整个供应链的效能优化，提高全面响应速度

在同质化市场竞争中，速度制胜是重要手段，所谓"天下武功唯快不破"。这就要求我们在产品开发、市场推广、项目交付、服务响应和竞争应对等方面，都要快人半步。例如，三一集团提出快速服务"12127"的标准，即对客户服务需求，保证一刻钟回复；对服务区域内的客户，两小时到现场；常见的、有配件的设备问题，一天解决；特殊的、没有配件的问题，两天解决；七个工作日全部处理完毕，完成问题解决流程闭环。

要实现快速的市场响应，就不仅是企业营销环节的事了，这就要求企业能打通"任督二脉"，实现研、产、销、供、服，全价值链高效协同与配合。

这也是近年来企业积极导入数智化经营管理体系的重要原因。有关与企业营销部门协同对接的话题，我们团队有专门的课程。

图1-17 着力赋能支持

营销策略整合	• 围绕市场定位与目标客户，整合产品、价格、推广和服务等策略
高效协同运作	• 基于客户需求和市场竞争，前、中、后台的高效协同运作
有力赋能支持	• 针对客户痛点进行技术、服务和管理等方面的赋能支持，以增加客户价值
跨界整合运作	• 整合金融、技术等相关合作者，跨界与异业联盟与合作，打造共赢生态圈

　　价值导向的大客户项目营销靠的是系统战制胜。这不仅要求企业基于战略，优化各营销策略组合，形成整合营销优势，同时还要求以客户为中心，实现前、中、后台的高效协同，快速响应市场。没有相应的管理体系支撑，营销模式与策略创新，企业终究是难以执行落地的，这就是企业高层常常感觉"有心无力"的原因。

　　自身的营销与服务能力建设好了，才能有效给客户赋能支持。例如，我们有个做数智化安全教育解决方案的客户，不仅能快速向客户交付项目，而且在后续运维管理方面提供增值服务，在培训内容、教学管理、学员学习和IT系统等多方面，定期免费进行系统升级、数据分析、人员培训和改进意见，大大提高了客户满意度和关系黏性。同时，也使客户越来越清楚自己需要什么系统和服务，后续的二期、三期项目招标中，该客户成功高价中标。

　　跨界整合相关资源，为企业提高额外价值。在很多大型工程与成套装备的项目营销市场上，总包和"BOOT"（Build-Own-Operate-Transfer，即建设–拥有–运营–移交。）等模式越来越多，对企业的项目规划、融资、建设和运营等方面的要求也越来越高。

项目销售 LTC 管理体系

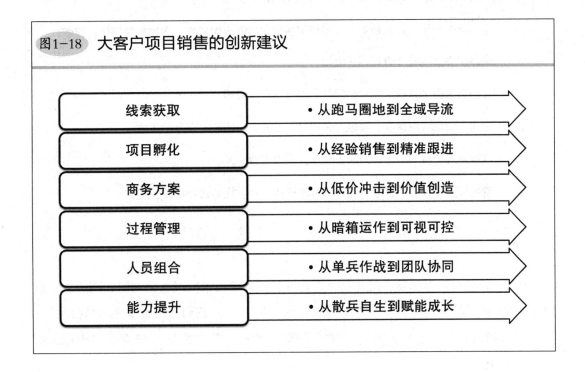

图1-18 大客户项目销售的创新建议

线索获取	• 从跑马圈地到全域导流
项目孵化	• 从经验销售到精准跟进
商务方案	• 从低价冲击到价值创造
过程管理	• 从暗箱运作到可视可控
人员组合	• 从单兵作战到团队协同
能力提升	• 从散兵自生到赋能成长

具体到大客户项目销售的实操层面，按照从线索到成交、从策略到能力的逻辑顺序，我们认为以下方面，企业需要大力转型提升。

要建立线索获取的全渠道，突破简单依靠个人"混圈"的线索来源，重视市场推广、新媒体营销和服务获取线索等，多种项目销售方式，推动全员营销，使线索获取稳定、高效。

要建立项目孵化的相关流程、规范和策略工具，提高项目跟进效率，基于价值来设计方案，引导客户，而不是盲目的价格战。

在项目销售管理方面，建立项目全流程的管理体系，使各个阶段、各个环节的推进情况能及时共享，推动各部门有效协同，也让项目孵化过程可视可控。

在营销团队管理方面，要学习借鉴华为的"铁三角"项目组织模式与机制，促进技术、销售、交付等部门人员，成为项目责任主体，实现高效协同。

给予销售人员赋能支持和提高系统培训，加速队伍成长和能力提升。

图1-19 大客户项目销售LTC管理体系

➤ **LTC，就是从线索到回款的整个项目销售全过程**

　　——获得**线索信息**，**商机验证**，到提供**解决方案**以及**合同签订**，再到**项目交付、回款以及运维服务等**整个项目销售流程

　　——目的是实现端到端（线索到回款）的项目销售管理

　　——聚焦于满足客户需求、高效交付项目、及时实现回款，提高满意度

　　——打通企业所有与销售相关的各环节，实现高效协同

　　——通过可控可视的项目过程管理，有效赋能支持，提高销售执行力

LTC项目销售管理体系，就是把大客户项目销售的每个阶段进行分解，明确各个阶段的重要目标与工作内容，并设立相应的管理规范，实现可视可控的过程管理。这样就可以摆脱以前一些暗箱操作式的"管理"状态，等到最后才知道对错成败，结果是于事无补。

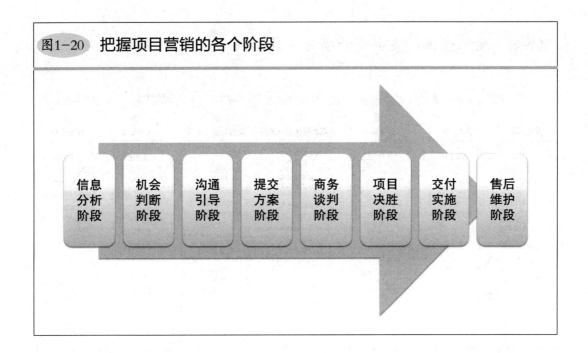

图1-20　把握项目营销的各个阶段

将典型大客户项目销售的过程分解成八大阶段，基本上符合大部分行业市场销售的情况。本书介绍的LTC项目销售管理体系就是基于这个阶段划分展开的。

现实中有些项目销售的阶段没有这么多，或者划分没这么清晰，有些交叉和并行，但基本内容与节奏按这个阶段划分展开的。

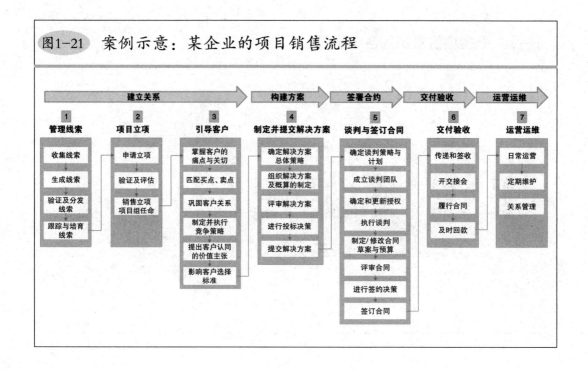

图1-21 案例示意：某企业的项目销售流程

这是我们服务过的某个成套装备企业实际案例。其项目销售一般是"核心设备+模块化"，个性定制比较多，涉及客户部门较多，影响因素和环节多，导致项目跟进周期长、流程复杂。

与此相对应，我方企业参与的部门也较多，前、中、后台协同事项繁杂，一线销售人员往往在客户部门与自己企业部门之间来回穿插协调，非常忙乱，却事倍功半。

为此，我们对其项目销售流程进行梳理，分成七大阶段，并把每个阶段的关键工作内容与目标，一一列出。大家可以参考一下，组织相关各部门，把自己企业的项目销售流程梳理出来。

如果把各阶段企业相关的管理要求与规范加上去，就能形成一个标准的LTC项目销售流程管理体系了。

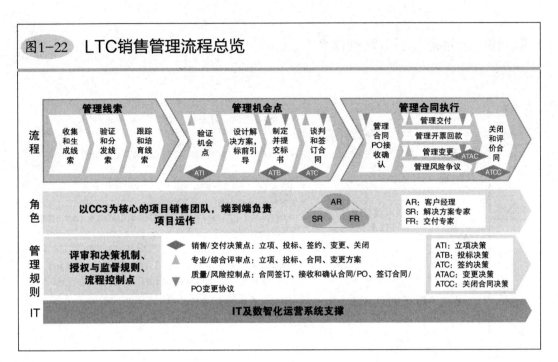

图1-22　LTC销售管理流程总览

这是LTC项目型销售流程管理总览图。基于项目流程销售的典型流程，突出其中关键工作内容与目标，明确销售团队的成员构成、角色分工和相关责任，并且建立相关的管理制度与规范，设立相关的决策点与风险控制点，以保证项目跟进、孵化过程的有效与可控。这个流程管理体系的高效运行需要得到企业相应的数智化运管系统支撑。

从其管理流程总览图上可以看出，其有效运行需要多级子流程来支持，如立项决策流程、签约决策流程和合同变更流程等，再加上各环节的决策评审和风险管控点等流程。这对广大成长型企业的管理能力来讲是过于复杂的。

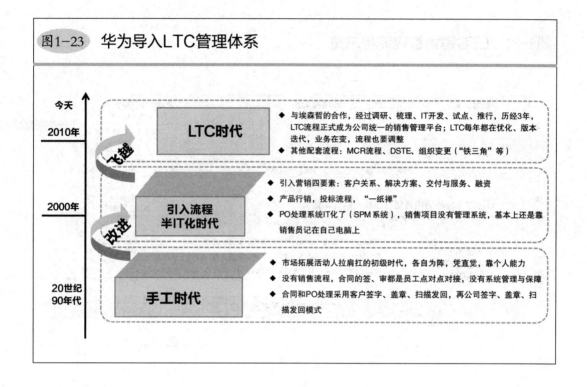

图1-23　华为导入LTC管理体系

今天

2010年

飞越

LTC时代

◆ 与埃森哲的合作，经过调研、梳理、IT开发、试点、推行，历经3年，LTC流程正式成为公司统一的销售管理平台；LTC每年都在优化、版本迭代，业务在变，流程也要调整
◆ 其他配套流程：MCR流程、DSTE、组织变更（"铁三角"等）

2000年

改进

引入流程半IT化时代

◆ 引入营销四要素：客户关系、解决方案、交付与服务、融资
◆ 产品行销，投标流程，"一纸禅"
◆ PO处理系统IT化了（SPM系统），销售项目没有管理系统，基本上还是靠销售员记在自己电脑上

20世纪90年代

手工时代

◆ 市场拓展活动人拉肩扛的初级时代，各自为阵，凭直觉，靠个人能力
◆ 没有销售流程，合同的签、审都是员工点对点对接，没有系统管理与保障
◆ 合同和PO处理采用客户签字、盖章、扫描发回，再公司签字、盖章、扫描发回模式

　　这是华为LTC管理体系形成的大致过程，从初期手工作业的初级阶段，到形成完善的公司级统一的LTC管理平台，历时20年左右。在国际著名的咨询公司加持下和实践总结中，逐步完善成型，中间还配套进行了次级流程建设、专业职能发育以及相关的"铁三角"等组织变革，并且至今还在不断迭代完善中。

　　从华为LTC成功建立与运用的过程看，一方面，该流程管理体系确实是源于实践的产物，实战有效；另一方面，对以成长型企业为主的成长型企业而言，似乎有点"太难了"。

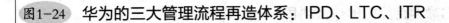

图1-24　华为的三大管理流程再造体系：IPD、LTC、ITR

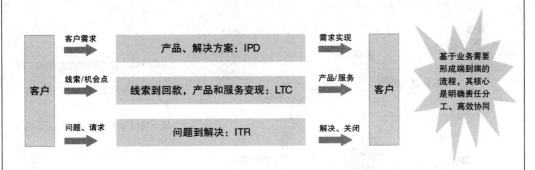

- 流程建立必须以客户为中心，以达到业务高效运作要求为目的
- 针对三大业务流，建立对应的三个管理系统，即IPD/LTC/ITR，同时用流程数智化管理方式进行固化
- 相应地进行组织变革中，通过流程化组织建设来推倒部门墙

注：IPD（Integrated Product Development）：集成产品开发
　　LTC（Lead To Cash）：线索到回款
　　ITR（Issue To Resolution）：问题到解决

LTC是华为公司三大管理流程再造体系之一，其重要作用和战略性意义不言而喻。

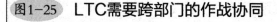

图1-25 LTC需要跨部门的作战协同

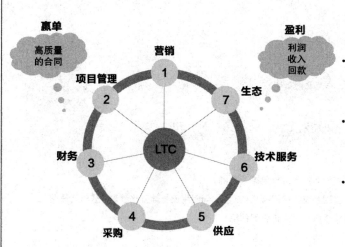

- LTC的核心是流程化组织建设，摆脱依赖领导推动项目的被动局面

- 基于项目销售流程来驱动组织各部门协同，就是反官僚化，去部门墙

- 把技术、服务、运营、内控、授权和财务等项目要素放到流程中去，统一运作

　　LTC管理体系要顺畅高效地运行，不仅是销售部门的事，还必须得到企业前、中、后台各部门的有效协同。例如，营销部门要配合开展各类市场推广活动，与销售部门一起协同获取有效线索；技术部门要提供有力的全程赋能支持，从需求解读、技术方案设计与引导等方面；项目管理部门要及时进行项目评估与立项工作，协助销售部门高效进行项目管理；财务部门要紧密配合做好项目预算、决算和相关风控工作，保证项目的盈利性；采购与生产供应部门也要与销售部门全程配合，尤其是在合同签订之后的项目交付阶段，保证顺利交付和及时回款。

　　只有各部门的高效协同，才能保证项目顺利签单、交付和及时回款，它是保障项目最终盈利的关键。

图1-26	成长型企业的销售管理体系建设需求

1. 贴近业务特点，针对性强，见利见效
2. 聚焦要点，简洁明了，一看就懂，上手快
3. 有实战策略、工具方法和案例示意，指导性强
4. 管理简单，考核明确，不能增加太多事务性工作负担
5. 适合大部分销售人员的素质与能力
6. 对企业管理基础和IT化水平的要求不能太高

LTC管理体系是一个非常有效的项目销售管理方法，同时也是一个比较复杂的系统，对相关配套的流程、规范等管理基础和专业职能的要求比较高，对企业数智化运营系统的要求也很高，让很多成长型企业望尘莫及。

依据我们团队20多年来给成长型企业深入咨询服务的认知与经验，总结了这些成长型企业导入LTC管理体系的要求，其主要突出了聚焦项目销售的核心环节，突出实战性策略与工具方法，用直接、简单化的流程与管理机制来实现LTC管理体系功能，而不要求面面俱到。

成长型企业的管理系统不完善，管理手段数智化程度较低，各级销售人员和管理人员的管理素养与职业化程度都有待提高。因此，本着务求可行，我们尽量提炼与简化LTC管理体系。

图1-27　**成长型企业导入LTC的主要目的与导向**

> **信息上移，责任下移；精准推进，高效协同**

> **看板+罗盘+策略工具+执行计划**

　　——项目销售过程信息可视化

　　——关键进展可判断与检视

　　——策略方法保证实用有效

　　——计划落实能跟踪考核

> **项目销售团队作业：分工明确、配合协同**

> **基于项目推进，驱动内部各部门协同高效**

　　我们认为，对于大部分的成长型企业而言，导入LTC管理体系就是要实现项目销售的全过程信息，能及时反馈与共享，做到可视可控，同时以项目为核算单位组成"铁三角"团队，成为业务合伙人，在机制上保证技术、生产和服务等部门能"力出一孔、利出一孔"式的协同。

　　更重要的是，将项目销售的各阶段主要事项和相应的实战策略方法总结提炼出来，这样既能提高项目跟进效率与成功率，又能做好知识管理，将项目销售的经验教训做成教材，赋能培训给新销售团队。

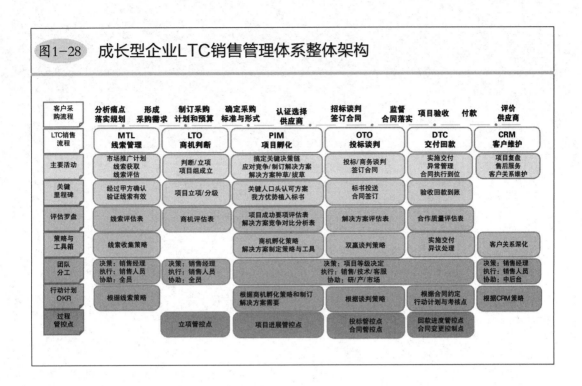

图1-28　成长型企业LTC销售管理体系整体架构

客户采购流程	分析痛点 落实规划	形成 采购需求	制订采购 计划和预算	确定采购 标准与形式	认证选择 供应商	招标谈判 签订合同	监督 合同落实	项目验收	付款	评价 供应商
LTC销售 流程	**MTL** 线索管理	**LTO** 商机判断	**PIM** 项目孵化			**OTO** 投标谈判	**DTC** 交付回款			**CRM** 客户维护
主要活动	市场推广计划 线索获取 线索评估	判断/立项 项目组成立	搞定关键决策链 应对竞争/制订解决方案 解决方案种草/拔草			投标/商务谈判 签订合同	实施交付 异常管理 合同执行到位			项目复盘 售后服务 客户关系维护
关键 里程碑	经过甲方确认 验证线索有效	项目立项/分级	关键人口头认可方案 我方优势植入标书			标书投送 合同签订	验收回款到账			
评估罗盘	线索评估表	商机评估表	项目成功要项评估表 解决方案竞争对比分析表			解决方案评估表	合作质量评估表			
策略与 工具箱	线索收集策略		商机孵化策略 解决方案制定策略与工具			双赢谈判策略	实施交付 异议处理			客户关系深化
团队 分工	决策：销售经理 执行：销售人员 协助：全员	决策：销售经理 执行：销售人员 协助：全员				决策：项目等级决定 执行：销售/技术/客服 协助：研/产/市场				决策：销售经理 执行：销售人员 协助：中后台
行动计划 OKR	根据线索策略		根据商机孵化策略和制订 解决方案需要			根据谈判策略	根据合同约定 行动计划与考核点			根据CRM策略
过程 管控点		立项管控点	项目进展管控点			投标管控点 合同管控点	回款进度管控点 合同变更控制点			

　　这是我们基于LTC管理体系标准版，结合成长型企业的项目销售实际需要和现实的管理基础，经过简化、优化而提炼的"成长型企业LTC项目销售流程管理体系"。

　　我们按照一般甲方项目采购流程，列出我方项目各阶段销售流程，并明确该阶段的主要工作内容，设立要达到的目标和里程碑，同时还设计了检验该阶段工作是否达标的评估方法与罗盘，根据评估结果的问题，列出进行相关工作改进和策略调整的方法。

　　我们还明确了各项工作的团队分工、相应的执行计划和企业各阶段的管控点。

　　LTC体系的结构设计逻辑是：流程阶段—工作内容及目标—评估方法及改进策略—团队分工及执行计划—公司管控点。这样项目跟进可视可控，且问题解决有策略方法。

第二章

大客户市场营销战略规划

项目销售流程管理体系是实战战术＋流程管理的结合，但要制胜大客户市场，并建立动态优势，需要企业基于发展战略与目标，对营销进行战略规划，明确目标市场与客户画像，并以此进行细分市场的科学布局与营销策略的有效组合，如产品、价格、服务、推广和关系等策略。

大客户营销战略规划

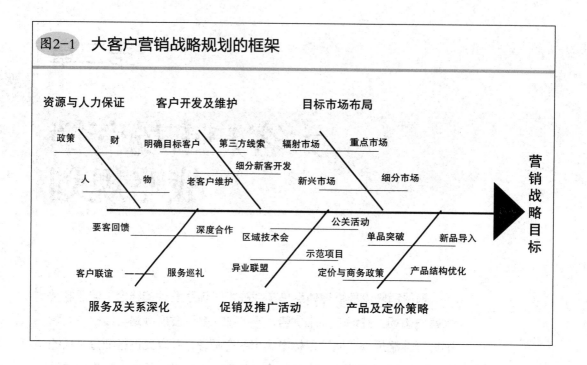

图2-1 大客户营销战略规划的框架

这是一个典型的大客户市场营销战略规划的框架，采用鱼骨图的形式，清晰列出营销战略规划的内容及其逻辑关系。建议读者朋友做企业年度营销规划时可参考使用。

其中，鱼头就是我们营销战略目标，除了如销售收入、项目利润率和应收管理等财务型任务指标，还有战略性的任务，如标杆客户开发、重点产品推广和队伍建设等。

中间的六根鱼骨头是营销策略组合的六大核心内容，从市场布局、产品组合、市场推广、客户开发、客户服务与关系管理等，是我们做大客户市场的关键性策略思路。

最后是保障这些策略能有效执行的相应的人员配置、费用保障、物料准备和配套的考核激励政策等。

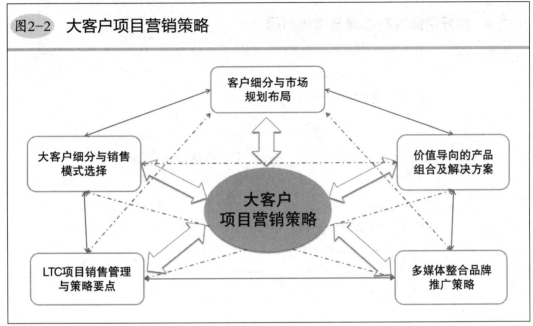

图2-2 大客户项目营销策略

客户细分与市场规划布局

大客户细分与销售模式选择

价值导向的产品组合及解决方案

大客户项目营销策略

LTC项目销售管理与策略要点

多媒体整合品牌推广策略

这是成长型企业大客户项目营销的关键策略组合结构图，尽管本书重点是介绍LTC项目销售管理体系与策略要点，但没有其他策略的配合与整合运作，其优势与效果是难以彰显的。接下来，我们要具体阐述这些策略组合。

另外，建议营销人员要建立结构性思维方式。营销计划一旦确认，我们更多地要思考完成计划的营销策略与打法是什么，并形成一个组合套路，明白其中的链接与互动的逻辑关系是如何的。这样才能存乎于心，灵活组合运用。

做好目标客户选择与市场布局

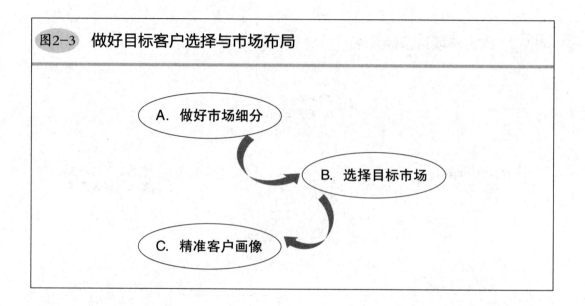

图2-3　做好目标客户选择与市场布局

A. 做好市场细分

B. 选择目标市场

C. 精准客户画像

市场细分是营销战略规划的第一步。对于大多数的成长型企业，由于资源与能力有限，必须细分客户，结合自身优势来选择和聚焦目标客户。只有这样，才能在激烈的市场竞争中实现生存与发展。

我们做客户细分的战术意义在于，精准勾勒出典型客户的画像，为今后客户开发和项目机会判断做好基准。

我们曾经给一家做工业链条的上市公司咨询，进行营销模式创新与管理体系升级。在完成模式与体系的顶层设计与结构规划后，带领一个由新兵和骨干组成的团队，选择重点区域市场进行新营销模式试点，我们制订了"勘市场—造气势—拿订单"的三步计划，其中"勘市场"就是明确我们第一步主攻的行业与客户。

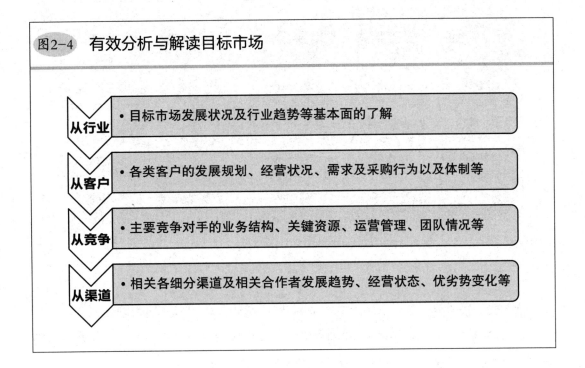

图2-4　有效分析与解读目标市场

从行业　• 目标市场发展状况及行业趋势等基本面的了解

从客户　• 各类客户的发展规划、经营状况、需求及采购行为以及体制等

从竞争　• 主要竞争对手的业务结构、关键资源、运营管理、团队情况等

从渠道　• 相关各细分渠道及相关合作者发展趋势、经营状态、优劣势变化等

这些是市场分析框架的基本四个维度。

1. 分析目标市场中各行业市场宏观层面的基本情况，从而选择有风口的主要细分行业市场。

2. 分析重点行业中典型客户的发展情况、典型使用场景和痛点、一般采购要求与方式等，进而选择重点客户。

3. 分析这个细分市场的主要竞争对手情况，以便明确直接对手及其相应的竞争策略。

4. 分析这些细分行业市场的渠道结构、代理商现状与发展趋势，以便设计相应的渠道合作模式和选择目标代理商等。

在前面讲述的那个案例中，我们咨询师带领这个工业链条客户的营销团队，进入长三角、珠三角区域市场时，就从以上四个方面进行实地走访和深入考察调研，然后写出详细的区域市场调研报告，为后续成功试点打下了坚实的基础。

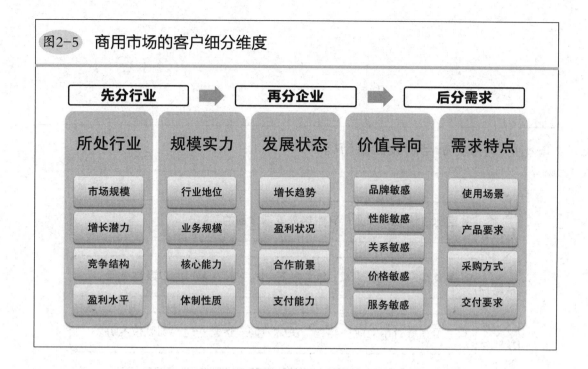

图2-5 商用市场的客户细分维度

这是我们快速分析目标市场的三个步骤及其主要内容，由大到小排列。

1. 首先从行业层面来分析，找到规模大、发展快的行业，再分析行业的竞争格局与主要企业，看看这个行业对我们而言，能否重点开发和持续发展。

2. 接着我们分析颗粒度小一点，对重点企业的行业地位和规模实力、竞争优势和发展态势以及企业性质等基本面进行考察，看看能否成为目标客户。

3. 再分析这个客户的采购合作中的价值导向如何，是就选低价，还是看重品质和性能，抑或是关注服务和品牌口碑等，判断是否与我们的优势相匹配。

4. 最后分析客户需求与采购方式等具体事项，主要是判断其主要技术和商务的采购要求，与我方的相关要求是否大致相容。

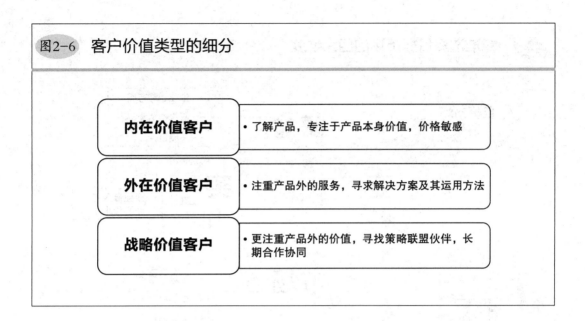

图2-6　客户价值类型的细分

内在价值客户　• 了解产品，专注于产品本身价值，价格敏感

外在价值客户　• 注重产品外的服务，寻求解决方案及其运用方法

战略价值客户　• 更注重产品外的价值，寻找策略联盟伙伴，长期合作协同

客户采购的价值导向分析，这个分析维度一般企业营销人员不太关注，其实其影响很大。

内在价值客户往往采购价格压得低，专业要求高，交付、结算和维保等要求非常严格与规范。例如，一些跨国公司和行业头部企业，就从短期财务角度去评估，其价值往往一般般，有点鸡肋的感觉。但我们认为，应该理性分析这些客户的要求哪些是行业发展的趋势和方向，如果我们做不到，就是跟不上行业的发展节奏，是要被淘汰出局的。对这些要求，我们必须死磕。一句话，"优秀的企业往往是被客户折磨出来的。"

外在价值客户则对"产品+服务"的方案要求比较高，是LTC项目销售管理体系主要适用的客户类型。

战略价值客户是我们需要积极创新与尝试的客户类型和合作方式，如很多行业EMC（能源合同管理）、EPC（总承包）等采购合作模式，其主要目的是在模式和机制上，实现供需双方的共赢。

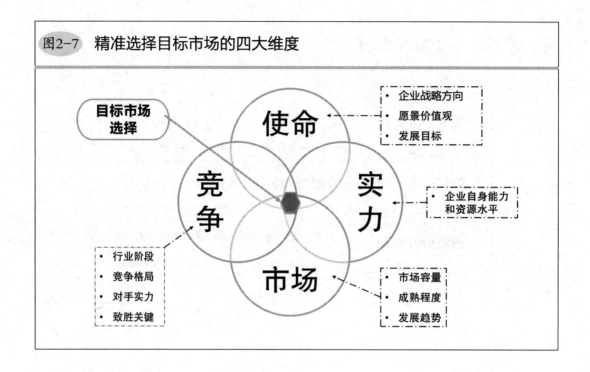

图2-7 精准选择目标市场的四大维度

目标市场选择

使命
- 企业战略方向
- 愿景价值观
- 发展目标

竞争

实力
- 企业自身能力和资源水平

- 行业阶段
- 竞争格局
- 对手实力
- 致胜关键

市场
- 市场容量
- 成熟程度
- 发展趋势

在市场分析清楚后，我们要按上图这个模型，从四个维度来分析，并在四个维度的交集中选择企业的目标市场与客户。

首先，为这个市场和客户服务，符不符合我们企业的战略使命，尤其是成长型企业，资源与能力有限，还是要坚持基本价值观和坚定的事业方向，随波逐流是很难持续发展的。

其次，这个市场的发展阶段与竞争格局，我们的体会是，"领先一步是先烈，领先半步是先锋"。找对方向重要，把握好节奏更重要。

再次，我们要对市场容量、成熟程度、发展趋势有相应的了解和把握，所谓知己知彼，百战不殆。

最后，还是要与我们企业的资源与能力相匹配，所谓合适的就是最好的。

运用这个分析选择模型，在工业链条客户的案例中，我们就是在考查区域市场相关情况后，决定在长江三角洲地区市场，主攻物流机械、立体车库等行业市场，以直销大客户为主，渠道代理为辅做中小客户的营销模式，并以挑战者定位，针对现有区域头部竞争对手，以专业、服务和高性价比等优势抢单。

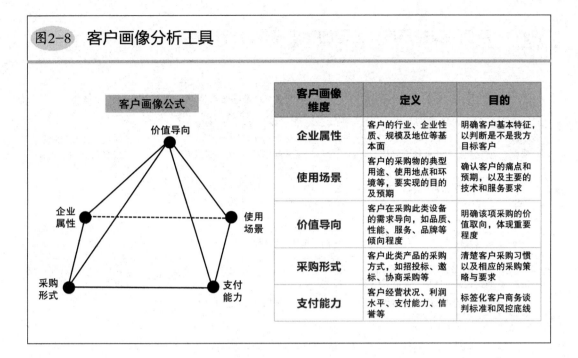

图2-8　客户画像分析工具

客户画像维度	定义	目的
企业属性	客户的行业、企业性质、规模与地位等基本面	明确客户基本特征，以判断是不是我方目标客户
使用场景	客户的采购物的典型用途、使用地点和环境等，要实现的目的及预期	确认客户的痛点和预期，以及主要的技术和服务要求
价值导向	客户在采购此类设备的需求导向，如品质、性能、服务、品牌等倾向程度	明确该项采购的价值取向，体现重要程度
采购形式	客户此类产品的采购方式，如招投标、邀标、协商采购等	清楚客户采购习惯以及相应的采购策略与要求
支付能力	客户经营状况、利润水平、支付能力、信誉等	标签化客户商务谈判标准和风控底线

这是我们咨询团队为成长型企业专门设计的目标客户画像分析工具，由以上这五个维度构成。

需要说明的是，企业采购从基本面上讲是由其价值导向决定的，如是在意产品性能与品质，还是更在意关系考量等。而且企业采购的而价值导向又决定于其企业属性、采购对象的使用场景、采购形式和支付能力等因素。因此，这五个维度是个立体结构，有内在的相互影响的因果关系。

对于大部分成长型企业来讲，这个分析工具的具体设计和开始运用的时候，更多还是靠过去的成功经验与失败教训。因此，建议读者和学员以这个模型为指南，组织营销部门和各部门负责人一起研讨，大家头脑风暴，完成初稿设计，再将以前成功和失败的案例，去验证、修改和迭代。

图2-9　示例：某空压设备公司的客户画像分析

客户画像维度	定义	我方客户标准画像	与该客户匹配度	备注
企业属性	目标客户所在行业、企业性质、规模及行业地位等基本面	主要行业：石化、机械、冶金等 客户性质：央企、国企及优质民企 实力：重点行业所有客户，非重点行业中上游企业	◗ High	煤化工、焦油化产品深加工
使用场景	该客户使用此类设备主要目的及预期	生产动力，室内布置，大出气量、节能要求高、服务保障要求高	● Very high	
价值导向	客户在采购此类设备的需求导向，如品质、性能、服务、品牌等倾向程度	品牌要求不高，价格不过于敏感，要求性价比和服务高	◐ Medium	我方品牌刚刚能够入围
采购形式	客户对此类采购的采购方式，如招投标、邀标、协商采购等	企业相关采购流程和管理制度相对规范	◗ High	该客户业务流程规范且周期长
支付能力	客户的经营状况、利润水平、支付能力、信誉等	近三年没有支付方面的法律纠纷，行业信誉良好	● Very high	

这是一家做空气压缩机的成长型企业，我们辅导他们做的客户画像分析，分享一下其中的考量，以便大家借鉴。

1. 企业属性：基于企业战略和行业新形势的考虑，他们定位在有竞争优势的前提下，主要服务上图所示类型的企业，这是市场机会和风险可控的权衡结果。

2. 使用场景：按照我们现有技术优势和产品特点来界定的，尤其是成长型企业还是聚焦优势领域比较明智。

3. 价值导向：由于是国产二线品牌，主打性价比优势和服务好，所以选择这类价值导向的客户，而不是一味追求高大上，或一味要低价的客户。

4. 采购形式：由于行业竞争不是太规范，有些友商的所谓"江湖做法"，导致鱼龙混杂，我们客户还是坚持阳光经营的理念，与相对规范的客户合作。

5. 支付能力：这是企业风控部门的基本要求，尤其是在当下市场环境下，成长型企业更加要重视这个问题。

这些就是该企业做客户画像分析的考虑因素和思考逻辑，其间召集外部咨询顾问与营销人员，以及相关部门的多次研讨，才形成初稿。

图2-10 **精准竞争定位**

· 资源和能力决定竞争定位，市场竞争地位分四个类型

		经营资源	
		大	小
竞争能力	高	领导者	专攻者
	低	挑战者	追随者

目标市场确认后，接着就是明确我们的竞争定位。对于成长型企业而言，应灵活地进行"一地一策"的竞争定位。这个定位策略模型基于企业的资源与能力情况，直观地给出了四种竞争定位的选项。

其中，领导者就是要实现"吨位+地位+品位"。国内大部分行业的竞争规则的是："吨位决定了地位、地位决定了品位"。因此，市场领导者要市场份额最大化采用行业话语权，才有可能"推优卖贵"，实现量利兼得。

挑战者则是优先考虑抢占市场份额，扩大规模，先做"吨位"。因此，一般采用差异化的营销策略，如创新的产品、更好的服务、高性价比等策略，弯道超车。

专攻者一般聚焦细分市场。做一条小河里的大鱼，把专业性差异化做好，做成"小而美、小而精、小而专、小而强"，闷声发小财。

追随者定位就是"快灵准"地响应市场变化，以挣钱发展为目的，先活下来。

这四种竞争定位要在不同市场的情况和不同企业发展阶段，灵活运用。

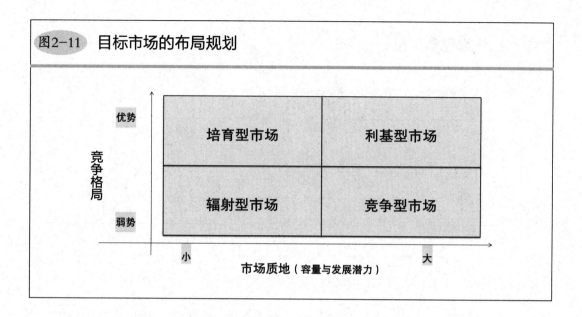

图2-11 目标市场的布局规划

这是我们咨询团队开发的市场规划的运用模型，经过20多年上百家企业的实践与优化，已经非常实用了，成为越来越多的企业做市场规划的必备工具。

这个模型结构与逻辑非常简单，按照市场好不好和我方竞争优势强不强，分成四个市场类型，不同类型的市场，我们的营销目标、策略和资源配置都各不相同，做到"一地一策"的精准规划。

市场分类	操作重点	主要细分领域
利基型市场	精耕细作，市场领先、坚壁清野，维护利基	
竞争型市场	差异定位，集中突破，亮点终端，积极渗透	
培育型市场	先发占位，把握节奏、提高门槛，巩固份额	
辐射型市场	依托渠道、品牌辐射、机会导向、见利见效	

图2-12　不同类型市场的运作策略思路

在利基型市场上，要集中优势资源与兵力，过饱和进攻，压制对手，做到领先对手三到四倍的市场份额，如比亚迪在新能源车市场上的优势。

在竞争型市场上，要扬长避短，集中在某个细分市场和客户突破，在不断扩大市场影响，抢占更多份额。

在培育型市场上，对有些潜力较大，而我们有先发优势的市场，要提前布局占位，持续培育市场，但要逐步提高门槛，构建核心优势。

在辐射型市场上，就是不见兔子不撒鹰，见利见效地做市场，不必做太多的前期投入。正如华为所讲的，不要在非战略方向上，消耗战略性资源。

客户价值导向的产品组合及解决方案

图2-13　**客户价值导向的产品组合及解决方案**

打造强势大单品（服务），提升竞争优势

- "吨位—地位—品位"的平衡，量利结合
- 单品突破、多品组合、细分覆盖、动态升级

积极衍生相关产品与服务，形成系统解决方案

- 周边产品拓展、交叉销售和增值服务

不断升级和优化产品组合，加快调整节奏

　　成长型企业如何在产品同质化的"内卷"竞争中有效突破市场？短期内我们只有同质化的产品，且价格也没有优势，怎么办？我们的建议是，参考古人的智慧。田忌赛马的故事想必大家都耳熟能详，其制胜靠通过不对称策略，获得动态竞争优势。

　　在当下的市场竞争中，我们的田忌赛马之策是"单品突破、多品组合、细分覆盖、动态升级"，就是谋求策略动态组合的比较竞争优势。先集中在某一客户典型场景的刚需领域，针对其痛点，打造高性价比的大单品，通过过饱和进攻的方式切入重点客户，再围绕客户的相关需求，延伸周边产品，形成该场景的解决方案，扩大客户交易额，深化合作关系。

　　例如，在港口设备行业，三一集团面对的对手是盘踞市场多年的绝对老大——振华港机，从正面吊机入手，打造高性价比的大单品，突破对手的重围，然后开始不断深化合作，延伸到其他大型港机设备和智能化升级改造的解决方案合作，取得了见利见效的效果。

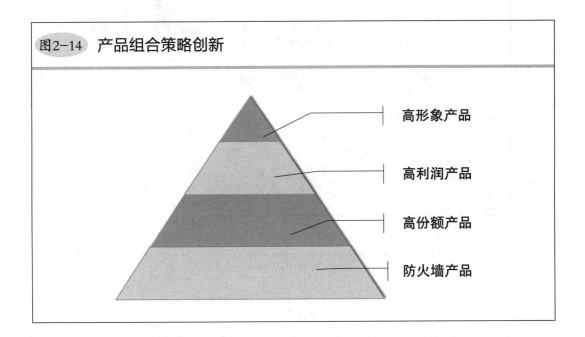

图2-14　产品组合策略创新

高形象产品

高利润产品

高份额产品

防火墙产品

在单品突破后，我们建议企业纵向，上下延伸产品价格带，从而形成一个产品的战斗队形。

·高举高打的形象型产品，提升公司品牌影响力，但不求上量；

·量利兼得的是公司全力主推的高利润产品；

·高性价比的份额产品，就是抢占市场、放大规模；

·再限量推出防火墙产品，针对对手的战斗型产品，低价冲击对手，制造价格新闻。

通过这一系列的产品组合来灵活应对市场，抗击对手。这种组合打法，要求一线营销人员有充分的授权和高超的市场运作能力，能灵活有效地针对不同情况，优化产品结构组合，发挥组合优势。这也就是华为提倡的"让看得见火光，听得见炮声的人来决策"。

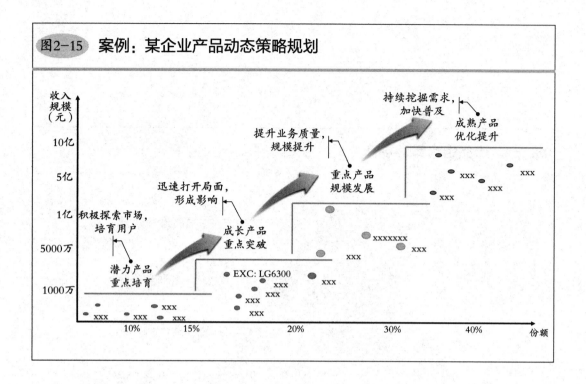

图2-15 案例：某企业产品动态策略规划

这是我们一个客户的产品动态升级与迭代的策略。

对于新产品的策略是"多育优生"，快速汰换。每年定期推出新产品，只要没有明显短板和缺陷，就快速推向市场，让市场来选。如果该新产品活下来了，就转为成长型产品。

成长型产品有优秀的DNA，那就集中战略资源，优化提升，重点推广与突破，打造标杆，扩大市场影响力，使其早日成为挑大梁的重点产品。

重点产品就是要抢占市场份额，获得规模优势，为公司赢得产业供应链的话语权，实现量利兼得。

多年保留下来的成熟产品是经典产品，要不断优化，加量不加价，提质不提价，来抵御竞争对手模仿，尽量延长其生命周期。

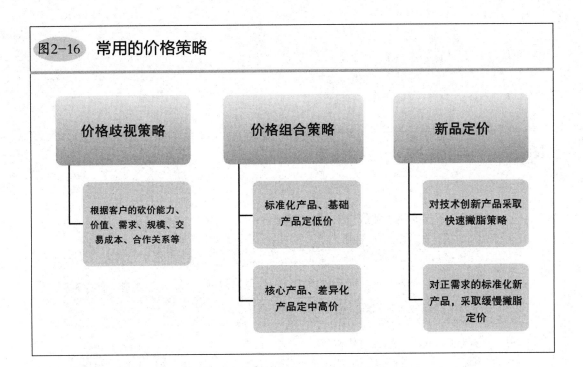

图2-16 常用的价格策略

价格歧视策略
- 根据客户的砍价能力、价值、需求、规模、交易成本、合作关系等

价格组合策略
- 标准化产品、基础产品定低价
- 核心产品、差异化产品定中高价

新品定价
- 对技术创新产品采取快速撇脂策略
- 对正需求的标准化新产品，采取缓慢撇脂定价

在项目型销售中，往往都是多产品的配套组合，同时又面临同质化的内卷竞争，导致价格战压力很大。这就需要我们采用组合定价策略，既有同质化比价的，又有差异化挣钱的，还有高性价比的产品，使得项目加权毛利率能达到企业的经营标准。

对我方有较大技术领先优势，或对比友商能给客户带来明显价值的产品，要敢于定高价。例如，某生产发动机传感器的企业，在面对世界500强、国际巨头的竞争对手，敢于定价高于对手，依靠领先的解决方案和快速服务的优势，成功地抢到康明斯公司的订单，并确立长期合作关系，打造了国内供应商低价格替代国际供应商的奇迹案例。

同时，要注意不同产品的差异定价，常规产品和可比性强的主机定低价，但特殊性的配套产品和消耗性产品却要定高价。例如，如打印机越来越便宜，但其耗材却越来越贵了。

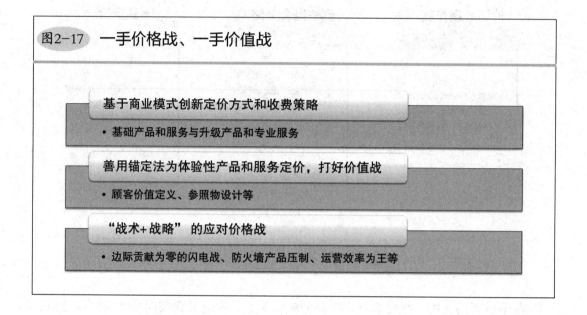

图2-17　一手价格战、一手价值战

基于商业模式创新定价方式和收费策略
- 基础产品和服务与升级产品和专业服务

善用锚定法为体验性产品和服务定价，打好价值战
- 顾客价值定义、参照物设计等

"战术+战略" 的应对价格战
- 边际贡献为零的闪电战、防火墙产品压制、运营效率为王等

　　当下市场竞争激烈，成长型企业不打价格战，短期看是不可能的，关键是如何打。同时，企业要持续发展，就必须有合理的经营利润和稳健的现金流，就必须打好价值战。

　　我们团队的意见是：一手价格战，一手价值战。短期内价格战要打成闪电战，敢于亮剑，气势上压倒对方。价值战要让客户以为占到便宜，使其让渡价值最大化。

不同细分类型客户的销售模式选择

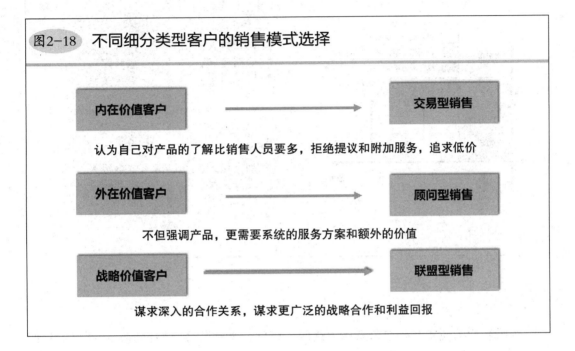

图2-18 不同细分类型客户的销售模式选择

内在价值客户 ➝ 交易型销售

认为自己对产品的了解比销售人员要多，拒绝提议和附加服务，追求低价

外在价值客户 ➝ 顾问型销售

不但强调产品，更需要系统的服务方案和额外的价值

战略价值客户 ➝ 联盟型销售

谋求深入的合作关系，谋求更广泛的战略合作和利益回报

面对内在价值客户，我们建议采用交易型销售模式，具体在大客户项目型销售中，就是底价定价，并明码标价，说明不同的交付条件和结算方式，有不同价格调整幅度，对售后服务，也是几种明码标价的方式，让客户自己选择，强调交易效率高、交付及时和高性价比。适合标准化、同质化产品和服务，客户又相对专业和理性的情况。如标准化的工业品设备、消防工程和商务服务等。

顾问型销售一般是对应外在价值客户，由于其自身需求不明确，或个性化比较强，加之客户的专业能力比较弱，需要"交钥匙工程"的全套服务。这种销售模式，要求我们要比客户更了解客户，能提供专业服务，引导客户需求与选择标准，帮助实现价值最大化。一般来讲，这类客户忠诚度高，我方利润也不错。

战略价值客户是比较少的，一般交易规模大、影响力大和风险也大，需要双方互信共识、深度合作、密切配合、共赢发展，可以联合开发新产品和市场推广、一起配合降本增效，利益一起分享。如上节讲的EMC（能源合同管理）和EPC（总承包）等采购合作模式。

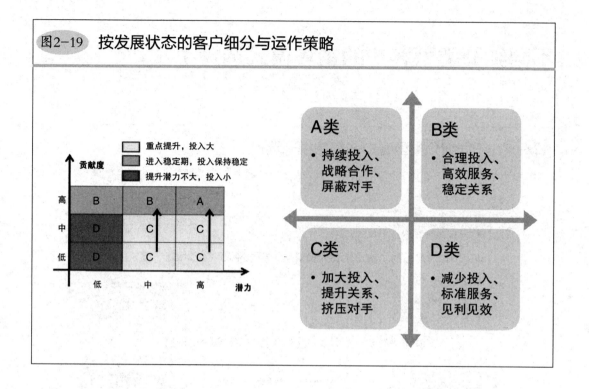

图2-19 按发展状态的客户细分与运作策略

按照客户的现实贡献与未来潜力这两个维度，来判断客户的价值，从而决定我们的销售策略与投入力度。

其中，A类客户越来越重要，尤其很多行业头部企业加速崛起，马太效应越来越明显，成为人人都想追求的对象，因此，我们要加大力度开发，对已经合作了的，严防死守，不断提升服务。正如三一重工集团的大客户营销理念说的一样，对有价值的客户，我们的服务无底线。只要能做到的，必须全力以赴。

C类客户要高度重视，配置战略性资源，尽管其当下的销售贡献不高，但高速发展，是未来的战略性制高点和收入来源。如近几年的新能源汽车的黑马客户。

希望大家能学以致用，将这个工具运用于企业的现有客户分析中，把客户都梳理出来，针对性调整策略和投入，做到"一客一策"。

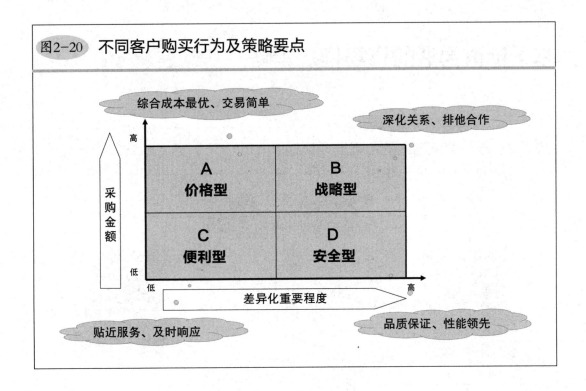

图2-20 不同客户购买行为及策略要点

这是一个非常实用的客户分类模型工具。按照采购金额和公司采购产品的差异化程度，分成四类采购行为。客户在每种采购行为下，其关注点和选择供应商的策略导向是不一样的，我们要有针对性地进行方案的卖点包装。

在大宗原材料采购中，由于标准化产品和巨量交易金额，客户是价格型采购，其地位相对主动，要求低价和长账期。例如，某建筑工程50多层高楼，需要采购螺纹钢，就是典型的价格型采购，我们的应对策略是整楼配套、分层配送、代客加工，以使其综合成本最低。

在其他三种采购类型中，我们相对主动和有回旋余地。例如，在安全型采购中，我们有技术和品质优势，就可以要求现款现货，甚至是先款后货。

这个客户分类模型的意义就是让销售人员能细分出客户关键价值诉求，以便有针对性地进行策略优化，而不是一味降价赊账。

基于价值沟通的市场推广策略

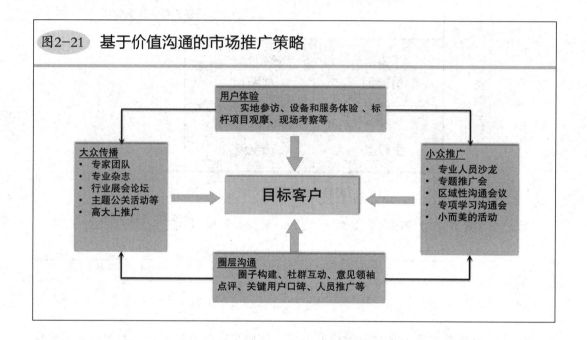

图2-21 基于价值沟通的市场推广策略

在新媒体成为主流的形势下，流量高度碎片化，企业营销需要多媒体整合推广和全域导流，因此，面向大客户市场的品牌传播和市场推广也要与时俱进。

这个市场推广策略整合的模型就是告知企业如何围绕目标客户，进行整合推广策略组合的，提高推广精准度和效率，为企业获取更多有效线索。

首先，天要下雨，必须要有风云。企业要有高举高打的造势宣传活动，每年结合行业展会和企业重大时点（周年庆、新品发布或成功上市等），搞一到两次高大上的公关活动，以造声势。例如，宁波有个做铜材加工的客户，每年利用当地杨梅上市，搞管理论坛，邀请大客户一起学习研讨，加深合作关系和感情。

其次，集中大部分资源搞线下小而美的活动，如区域推广会、技术沙龙和服务巡礼等，并组织到标杆客户项目实地考察。例如，三一重工集团每年组织近千场四十人左右的小型活动，费用不高，但效果很好。

最后，加大新媒体营销的力度，建立私域流量运营管理体系，也越来越成为大客户市场营销的标配了。

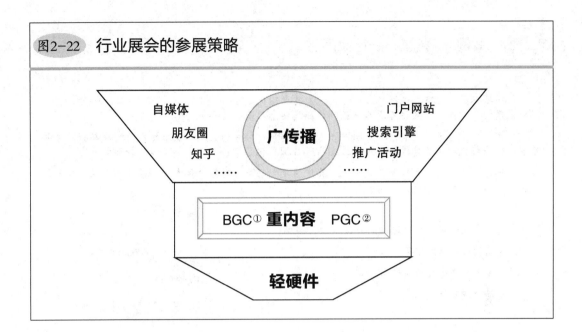

图2-22 行业展会的参展策略

每年参加行业各种展会，几乎是成长型企业扩大品牌影响力、推广新产品和获取项目销售线索的有力策略手段，但也有很多困扰。有个企业市场总监向我抱怨说，每年行业展会参展就是劳民伤财，两三天花掉全年营销预算的一半，可见到的人大多数还是老面孔，但如果两年不去，同行中就会有企业的负面传闻。

这是很多成长型企业的困惑。对此，我们提出三点行业参展策略。

1. 不要花太多预算去租大场地、拿好位置和搭高大上的展台等硬件，其实做一个小而美的展位就好。

2. 注重展示和传播的内容优化，如举办行业发展论坛、技术趋势研讨和新产品的生动展示，多用一些数智化的VR、AR手段等。

3. 除了展会现场宣传外，多采用新媒体营销推广手段，如进行现场直播、邀请KOL/KOC参与、请网红到访直播等。

这样做，可能现场到展位的人数不会增加多少，但场外围观的人数可能是几万、几十万的，真正起到了花小钱、办大事的效果。

---

① BGC：BGC（Brand Generated Content）是品牌自己生产的内容，主要包括品牌故事、公司简介、企业文化等。一切以品牌方自身作为输出内容的依据。

② PGC：PGC（Professionally Generated Content）是指专业生产内容，即专业创造，用来泛指内容个性化、视角多元化、传播民主化。

图2-23 案例1：背景——行业简述

中国传感器行业市场规模超过3000亿元，其中国内企业只占40%，国外企业占60%。高精度、高敏感度的高端传感器主要为国外企业，中高端传感器国产化率不足5%。

中国被"卡脖子"技术，按照国产替代情况进行排序分为五级：**极难替代、较难替代、中等难度、较易替代、容易替代**。速度类传感器芯片国产化不足1%，属于第二级**"较难替代"**。

传感器应用广泛，尤其是在汽车上，其中速度制动类传感器就是本案例涉及的产品。发动机速度传感器故障危害如下：

1. 急速时发动机不稳；

2. 起步或减速停车时出现瞬间停顿或熄火现象；

3. 发动机加速性能下降；

4. 仪表上的车速显示有偏差；

5. 发动机故障灯亮起。

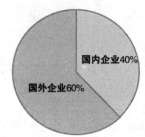

为了更好地让读者理解LTC管理系统的实战策略与管理工具，我们用三个真实的全景案例，经过相应的脱敏处理后，结合各章节的核心内容，一一解析出来。

图2-24 案例1：背景——项目概况

某国际头部发动机企业中国公司发出速度传感器招标。

1. 招标背景

其主销发动机设计故障率是200ppm（万分之二），实际为10000ppm以上（百分之一），导致K公司售后服务成本居高、品牌声誉负面影响大。

2. 故障率高的原因

发动机本身设计缺陷，导致原设计的速度传感器在特殊工况下，不起调节作用。该传感器原供应商为其全球长期供应商，也是国际巨头企业，其提供的传感器技术指标与质量都达标。

3. 国内企业投标依据

这家国内传感器企业的母公司是国内工程机械头部企业，也大量采购此款发动机。出于自身品牌和售后考量，改进了传感器，故障率下降到10000ppm以上（百分之一），并经过权威机构检验。

图2-25 案例1：客户采购流程VS项目销售流程

序号	客户方			我方			需达成的里程碑
	采购流程	部门	负责人	销售流程	部门	负责人	
1	采购立项：故障率太高，技术部门确定新的速度传感器需求，以解决发动机故障率高的问题	技术部门	技术负责人	确认采购内容，联系与认识相关负责人，了解相关采购管理规范要求	销售部	营销经理	联系与认识相关负责人
2	采购邀约：按照采购管理规范，确定采购标准，发出协议采购邀约	采购部门	采购负责人				
3	供应商资质审核：供应商资质满足总部供应商标准	采购部门	采购负责人	提供资质材料，通过供应商评审。			供应商资质文件通过审核
4	供应商答疑：让了解本次采购具体需求	采购部门	技术负责人	参加答疑会，摸清对手，准备应对措施，包括方案策略和其他策略	销售部	部门负责人营销经理	知道具体竞争对手，明晰竞争方针或应对措施
5	方案评估：评估供应商技术和商务方案，确定符合总部技术/质量/成本标准的最优供应商	采购部门	公司领导	提供与沟通解决方案，赢得方案优势	销售部	营销经理	方案获得客户认同，并优于对手
	如果不符合总部技术/质量/成本标准，需总部审批（但一般较难通过）	公司领导	总部领导	说服客户高层向总部申请，但跨国公司一般较难或流程非常繁长	销售部	部门负责人	
6	确定供应商，启动采购合同。	采购部门	采购负责人	签署与履行合同	销售部	营销经理	签署合同

图2-26 案例2：背景——行业简述

　　本案例涉及的机器视觉行业，是智能制造、智能生产等基础设施。目前市场规模超过400亿元。随着制造业转型和智能制造发展，增长迅猛，预计2030年将超过1000亿元。

　　机器视觉设施包括硬件和软件，硬件核心的是工业相机，高端基本被国外厂家垄断，生产低端工业相机的贴片机、图像采集卡（处理卡）也基本被国外厂家垄断，因此，国内相当多数机器视觉企业主要能力在软件应用开发与服务上，即场景应用上，是机器视觉识别行业产业链关键环节。

　　机器视觉识别广泛应用于各个行业，整体属于小、散、乱的市场格局。企业数量超过3000家。国际厂商有康耐视、基恩士、松下等；国内厂商商汤科技、旷视科技等以及众多中小企业。

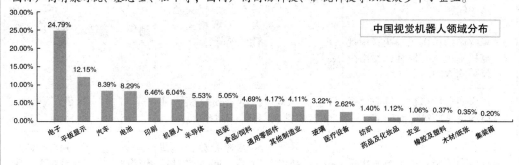

中国视觉机器人领域分布

图2-27 案例2：背景——项目概况

　　中国某合资一线品牌汽车内饰扶手安装检测招标，招标方：某汽车内饰系统有限公司（汽车集团内部企业——检测系统集成商）。

1. 采购背景

✓ 原手检测方式效率低、差错多、损失大。

✓ 检测工件数量为500台/天，误检率及漏检率损失达到50台/天，损失费用5000元/天，总计损失180万元/年左右。

2. 采购目标与要求

✓ 采用视觉智能检测，误检率和漏检率控制在99.99%，每天节约损失4900元，一年节约178万元。

✓ 采用协议采购法（集成商采购）。经了解，总预算约100万元。

3. 项目信息来源

✓ 陌拜质量管理工程师（使用者），了解到采购需求。

图2-28 案例2：客户采购流程VS项目销售流程

序号	客户方			我方			需达成的里程碑
	采购流程	部门	负责人	销售流程	部门	负责人	
1	采购立项：扶手检测差错率高，改为使用视觉智能检测	质检/技术部门	技术负责人	确认采购需求内容，联系与认识相关负责人，了解采购方式	销售部	营销经理	联系与认识相关负责人
2	确定采购方式：按照招标采购管理规范确定为招标方式	采购部门	采购负责人				
3	发出招标书：按照招标管理规范，发布标书并开始组织招标	采购部门	采购负责人	按照客户招标规范要求，配合相应工作			按招标节点要求准备并完成
4	供应商答疑：让了解本次采购具体需求	质检/采购部门	技术负责人	参加答疑会，摸清对手，准备应对措施，包括方案策略和其他策略/制订解决方案	销售部	部门负责人营销经理	知道具体竞争对手/完成解决方案设计
5	投标/评标：评估供应商技术和商务方案	质检/技术和采购部门	采购牵头	参加投标/述标	销售部	营销经理	投标合规/投标胜出
6	确定供应商，启动采购合同	采购部门	采购负责人	签署与履行合同	销售部	营销经理	签署合同

图2-29 案例3：背景——行业简述

　　VR/AR产业链包括**硬件设备**（三大类头显）、**软件平台**（操作平台和游戏引擎）、**内容生产**（制作、分发以及应用）、**网络传输以及交互方式**。硬件设备提供商主要为国际龙头企业，如微软、索尼、HTC、Mate（Facebook）等；软件平台与交互方式提供商也主要为国际企业，总之，**核心技术在老外，技术应用在国内**。

　　目前，VR/AR产业处于发展期，产业链各环节都有不同程度不足，消费体验性还有显著缺陷，如**清晰度、刷新率、低延迟**等，呈现"叫好不叫座"的状态。

　　VR/AR在娱乐、教育、医疗、工业、军事、旅游等六大领域应用较多，除部分"高大尚""新鲜感"需求之外，大都应用在难以实地体验或必须模拟场景。

　　VR/AR应用是软件和硬件相结合的解决方案。**只有软件费用高、硬件品质高，才能好体验**。

　　VR/AR应用分为消费端和企业端。消费端以"娱乐内容生产"为主，企业端以"定制应用开发"较多。最近几年，随着元宇宙概念，行业涌入众多硬件、软件和内容企业。

　　本案例是VR/AR企业端应用，其需求核心特点：**重在技术，而非内容**，尤其是对内容相对明确和标准，如设备、安环等。

图2-30 案例3：背景——项目概况

　　某煤矿企业拟建设AR/VR培训系统,但对于AR/VR专业技术不完全了解,具体系统内容方案还未完成, 因此, 尚未发出招标书。 **(客户其他相关需求: 有电教室及相关设备, 利用原有设备进行升级, 实现VR/AR课程内容）**

1. 采购背景

✓ 原传统授课式培训方式,场景体验不足,培训效果差。

✓ 安全生产是硬上岗资质培训,刚性需求,要建档单:一期一档、一人一档。

✓ 煤矿效益很好,给充足预算,希望成为管理创新与学习培训的标杆。

2. 采购目标与要求

✓ 建设AR/VR培训系统,实现场景化、体验化培训。

✓ 培训系统有线上学习与考试管理功能,实现灵活培训,并有效管理学习状态与培训效果。

3. 项目信息来源

✓ 甲方参加过推广会,了解到有采购需求。

图2-31 案例3：客户采购流程VS项目销售流程

序号	客户方			我方			需达成的里程碑
	采购流程	部门	负责人	销售流程	部门	负责人	
1	采购立项：改变传统培训方式,引入AR/VR技术, 显著改善培训效能	培训/技术部门	培训/技术负责人	确认采购需求内容,联系与认识相关负责人,了解采购方式	销售部	营销经理	联系与认识相关负责人
2	确定采购方式：按照招标采购管理规范确定为招标方式	采购部门	采购负责人				
3	发出招标书：按照招标管理规范, 发布标书并开始组织招标	采购部门	采购负责人	按照客户招标规范要求, 配合相应工作			按招标节点要求准备并完成
4	供应商答疑：让了解本次采购具体需求	培训/技术/采购部门	培训/技术负责人	参加答疑会, 摸清对手, 准备应对措施,包括方案策略和其他策略/制订解决方案	销售部	部门负责人营销经理	知道具体竞争对手/完成解决方案设计
5	投标/评标：评估供应商技术和商务方案		采购牵头	参加投标/述标	销售部	营销经理	投标合规/投标胜出
6	确定供应商, 启动采购合同		采购负责人	签署与履行合同	销售部	营销经理	签署合同

图2-32	案例1中对应的采购方符合客户画像			

客户画像维度	定义	我方客户标准画像	与该客户匹配度	备注
企业属性	客户行业	发动机+商用车头部客户	100%	国际发动机巨头
	企业性质	外资、合资、国企和民企头部企业	100%	
	规模及行业地位	10亿元产值以上	100%	2018年之前产量和产值全球第一
使用场景	该客户使用此设备的目的和预期	商用卡车、客车的发动机、变速箱；纯电乘用车；中高端工程机械	100%	卡车用柴油机
价值导向	客户在采购此类设备的需求导向，如品质、性能、服务、品牌等倾向程度	品牌要求一般；性价比要求高，不追求最低价；对质量要求高	75%	品牌要求高，目前主要考虑国产化；质量要求高，导致初期全进口元器件，成本压力大，要求性价比和服务
采购形式	客户对此类采购的采购方式，如招标、邀标、协商采购等	企业采购流程和管理制度规范	75%	采购、产品开发流程极其规范，甚至严苛
支付能力	客户的经营状态，利润水平支付能力，信誉等	行业信誉优秀，经营状况稳定，回款状况良好	100%	信誉极好

图2-33　案例2中对应的采购方符合客户画像

客户画像维度	定义	我方客户标准画像	与该客户匹配度
企业属性	客户行业	汽车配件	高
	企业性质	优质民企	
	规模及行业地位	汽车配件用户企业中的头部企业	
使用场景	该客户使用此设备的目的和预期	工作站人工装配使用视觉检测卡扣等部件安装到位	高
价值导向	客户在采购此类设备的需求导向，如品质、性能、服务、品牌等倾向程度	品牌要求不高	中
		预算较为敏感，但追求高性价比	
		要求检出的精度和稳定性	
采购形式	客户对此类采购的采购方式，如招标、邀标、协商采购等	集成商给用户做线体，与用户进行沟通测试后，与集成商进行协议采购	很高
支付能力	客户的经营状态，利润水平支付能力，信誉等	集成商近三年没有因支付的法律纠纷，行业信誉良好	很高

图2-34　案例3中对应的采购方符合客户画像

客户画像维度	定义	我方客户标准画像	与该客户匹配度
企业属性	客户行业	煤矿企业	高
	企业性质	国有企业	
	规模及行业地位	中大型煤矿企业	
使用场景	该客户使用此设备的目的和预期	井下作业技能培训	高
价值导向	客户在采购此类设备的需求导向，如品质、性能、服务、品牌等倾向程度	认可AR/VR培训系统，对系统功能有理性、实质需求	很
		有合理预算，不一味追求低价	
采购形式	客户对此类采购的采购方式，如招标、邀标、协商采购等	公开招标或协议采购	高
支付能力	客户的经营状态，利润水平支付能力，信誉等	行业信誉良好，近三年没有因支付的法律纠纷	高

第三章

线索获取策略与管理要点

　　在项目销售管理中，线索管理是项目销售中第一个重要环节。现在很多企业，尤其是成长型企业的线索管理却面临重重困难。例如，我们在辅导某个医疗设备企业时，发现他们的销售目标根本就没有足够的线索量和成交率来保证，以当下的线索量和以往的平均成单率来核算与推测，任务只能完成一半。

　　本章主要介绍 LTC 体系第一阶段的核心管理流程的内容，重点讲述如何高效获取销售线索的策略、路径和实战方法，目的是让读者和学员们不仅能掌握线索管理流程与规范，更能见利见效地提升线索获取与跟进的实战能力。

　　我们首先从线索管理的痛点分析开始，其次阐述什么是有效的线索及其管理，最后分享发现和获取线索的主要途径和方法。

项目线索管理的六大痛点

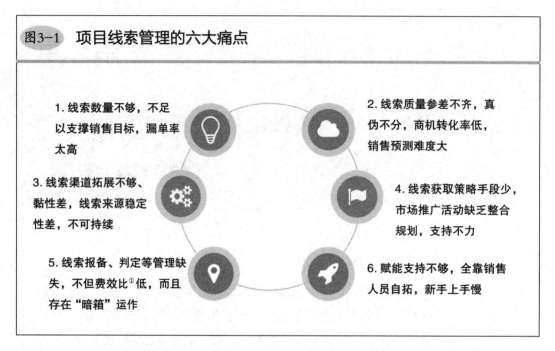

图3-1　项目线索管理的六大痛点

1. 线索数量不够，不足以支撑销售目标，漏单率太高

2. 线索质量参差不齐，真伪不分，商机转化率低，销售预测难度大

3. 线索渠道拓展不够、黏性差，线索来源稳定性差，不可持续

4. 线索获取策略手段少，市场推广活动缺乏整合规划，支持不力

5. 线索报备、判定等管理缺失，不但费效比[①]低，而且存在"暗箱"运作

6. 赋能支持不够，全靠销售人员自拓，新手上手慢

导致出现上述这些痛点的原因如下。

1. 成长型企业往往缺乏专业的市场推广策略与足够的计划预算，加上品牌知名度和影响力有限，难以吸引潜在客户主动联系。

2. 由于成长型企业的相关营销职能缺失，且专业人才少，很难像大型企业那样拥有完善的市场、渠道和客户关系管理的职能系统，这也使销售线索的获取变得更加困难。

3. 成长型企业缺少销售线索的管理工具和流程规范，一些业务人员的"暗箱"运作很难杜绝，经常是一个业务骨干离职，可能短期内就会一片市场或者一批客户"塌房"一阵子。

因此，要想解决销售线索管理的问题，企业需要从加强品牌建设、做好市场推广、优化销售渠道和建立LTC管理体系等一系列举措入手。同时还要加强赋能培训和激励销售团队努力提高销售线索的获取效率，从而推动企业的销售目标达成与持续发展。

---

　　① 费效比：费效比，即投入费用与产出效益的比值，通常用来衡量一项投资的经济效应。费效比越低，表明投入的费用相对较少而获得的效益较多，这通常被认为是比较理想的状态。费效比的计算公式一般为：费效比 = 投入费用 ÷ 产出效益。

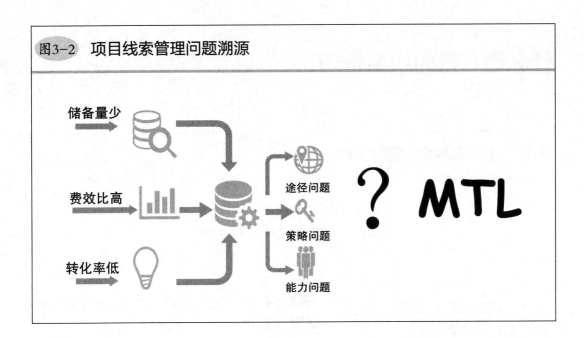

图3-2 项目线索管理问题溯源

储备量少

费效比高

转化率低

途径问题

策略问题

能力问题

？ MTL

成长型企业线索管理的储备量少、费效比高、转化率低等痛点，其直接原因是线索来源少且不稳、获取策略失效、专业市场能力缺失等，问题产生的根源如下。

1. 缺乏明确的销售线索定义和获取指引，导致获取稳定性和持续性差。许多企业没有基于目标客户和市场定位来明确定义自己的销售线索，有效线索标准不清楚，获取策略与渠道也没指引，导致销售人员获取线索拼运气，胡子眉毛一把抓，线索判断和处理各自靠经验。

2. 销售线索的筛选流程与规范缺失，无法及时去伪存真。在流量碎片化、渠道多元化的今天，线索来源越来越多样化，很多线索真假难辨，一些低质线索导致浪费大量时间和精力。企业要建立线索的初判、跟踪和筛选等流程，确保只有高质量线索才能进入下一销售阶段。

3. 销售线索跟进不及时，导致信息不同步，误导后续策略失误。由于初步线索需要销售人员及时跟进和多方验证，找到关键信息与人物，为项目后续孵化打下基础。很多销售项目失败是从开始就注定的，选错了项目，找错了人。

LTC体系的第一阶段称为项目线索管理阶段（Marketing To Leads，MTL），从市场到线索是成长型企业系统解决销售线索管理问题的答案。

什么是有效的线索管理

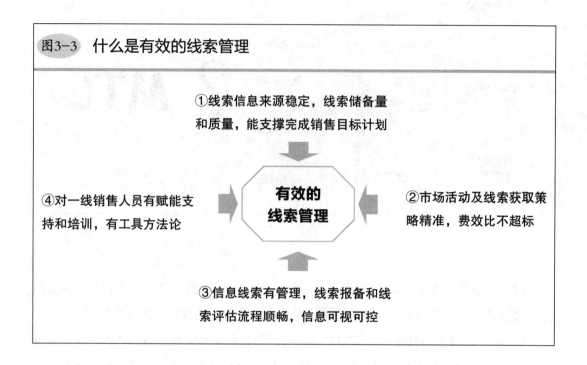

图3-3 什么是有效的线索管理

①线索信息来源稳定，线索储备量和质量，能支撑完成销售目标计划

④对一线销售人员有赋能支持和培训，有工具方法论

有效的线索管理

②市场活动及线索获取策略精准，费效比不超标

③信息线索有管理，线索报备和线索评估流程顺畅，信息可视可控

有效的线索管理应该符合以下四个方面的要求。

首先，线索来源稳定，能持续获取足够的有效线索以支撑销售目标的实现。我们需要建立可靠的线索获取渠道，尤其是在流量碎片化、渠道多元化的新形势下，必须进行全域导流和全渠道开拓。除了传统手段外，要积极开展新媒体营销、隐形渠道、异业联盟和客户转介绍等。

其次，全域导流和全渠道运作，并不代表四处撒网，要精准聚焦主要策略手段，钱要用在刀刃上，才能控制好投入产出比。例如，我们有个农业装备的客户，就聚焦搞"小而美"的田间观摩会，效果很好。

再次，完善线索管理机制和流程规范，包括对线索信息的收集、整理、分析和利用等方面的管理机制和流程，打开"暗箱"，以确保线索信息能够得到充分利用。

最后，要多造势，有炮火支持一线，拓宽线索源头，同时要为销售人员提供相关线索获取的实用工具和方法的专题培训，提高他们掌握获取和管理线索的技能。

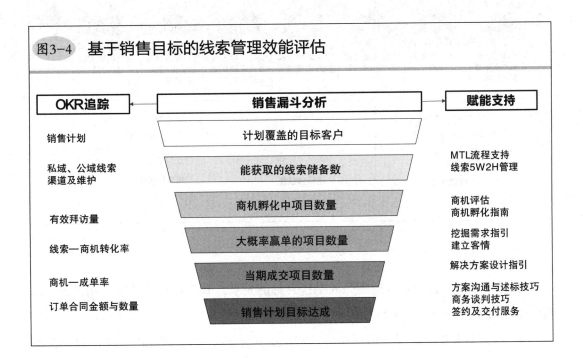

图3-4 基于销售目标的线索管理效能评估

OKR追踪　　　　　　**销售漏斗分析**　　　　　　**赋能支持**

销售计划　　　　　　　　计划覆盖的目标客户

私域、公域线索　　　　　能获取的线索储备数　　　　MTL流程支持
渠道及维护　　　　　　　　　　　　　　　　　　　　线索5W2H管理

有效拜访量　　　　　　　商机孵化中项目数量　　　　商机评估
　　　　　　　　　　　　　　　　　　　　　　　　　商机孵化指南

线索—商机转化率　　　　大概率赢单的项目数量　　　挖掘需求指引
　　　　　　　　　　　　　　　　　　　　　　　　　建立客情

商机—成单率　　　　　　当期成交项目数量　　　　　解决方案设计指引

订单合同金额与数量　　　销售计划目标达成　　　　　方案沟通与述标技巧
　　　　　　　　　　　　　　　　　　　　　　　　　商务谈判技巧
　　　　　　　　　　　　　　　　　　　　　　　　　签约及交付服务

　　　这是我们咨询团队总结提炼的一个非常实用的线索管理评估方法，已经在很多成长型企业有效使用了。

　　　我们以终为始，从销售目标达成开始，倒推盘算一下手上能成交的项目有多少，按照签约交付的、有把握的订单数以及还在孵化中的项目订单数，按照以往各阶段的转化率推算，看看能否达成目标。

　　　例如，我们每触达100个客户，会有10条销售线索，每10条线索能有效立项2个，孵化2个项目成一个，客单平均100万元，如果销售目标是1000万元，那么我们就需要触达2000个客户、200条线索、立项20个才可能完成目标。

　　　按照这个漏斗模型检视每个环节，如果有目标数量不够的线索、商机和孵化项目，按我们列出的策略方法去努力提升，形成当下的工作目标、计划，并进行赋能支持和考核监督。

图3-5 线索管理效能评估三维度

阶段性销售目标	每笔合同平均金额	阶段性签订合同数	立项/签约平均转化率	线索/商机平均转化率	当期有效线索量	有效线索储备量差额
当期销售任务目标达成需要线索数量	公司平均合同金额	达成销售目标需要合同数	近年来公司商机孵化成功率	公司近年来有效线索转化到商机比例	公司及各区域的有效线索数量	当期的线索储备差额

线索转化率   线索储备量   线索费效比

要让线索的数量与质量达到完成销售目标的要求，有效缩小有效线索储备量的差距，就必须关注以下三个关键指标。

1. 线索转化率。高线索转化率从长期看是由企业的竞争优势和满足客户能力的高低决定的，但短期是由线索质量和跟进能力决定的。成长型企业LTC体系就是要通过流程管理和策略方法指引来提高这一指标。

2. 线索储备量。这是达成销售目标的基本前提。提高线索储备量需要从多渠道获取潜在客户信息，如线上线下推广、社交媒体、行业展会等。此外，还需要建立完善的客户管理系统，对潜客分类、标签化管理，以便在合适的时机进行精准营销。

3. 线索费效比。线索费效比是指企业在获取和管理线索过程的投入与产出的比例。低费效比意味着企业高效获取线索，后面会有专门的策略与管理方法来降低费效比的内容，这里就不赘述了。

图3-6　管理线索：线索管理流程和分类

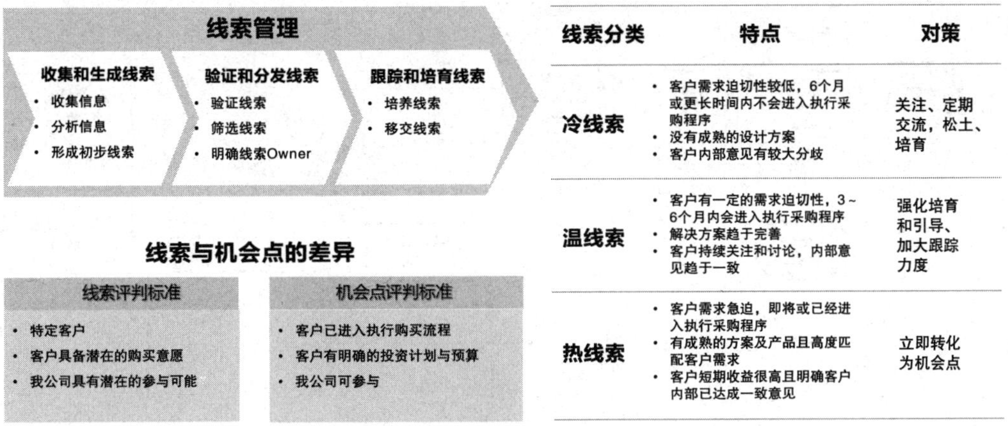

线索管理

收集和生成线索	验证和分发线索	跟踪和培育线索
· 收集信息 · 分析信息 · 形成初步线索	· 验证线索 · 筛选线索 · 明确线索Owner	· 培养线索 · 移交线索

线索与机会点的差异

线索评判标准	机会点评判标准
· 特定客户 · 客户具备潜在的购买意愿 · 我公司具有潜在的参与可能	· 客户已进入执行购买流程 · 客户有明确的投资计划与预算 · 我公司可参与

线索分类	特点	对策
冷线索	· 客户需求迫切性较低，6个月或更长时间内不会进入执行采购程序 · 没有成熟的设计方案 · 客户内部意见有较大分歧	关注、定期交流、松土、培育
温线索	· 客户有一定的需求迫切性，3～6个月内会进入执行采购程序 · 解决方案趋于完善 · 客户持续关注和讨论，内部意见趋于一致	强化培育和引导、加大跟踪力度
热线索	· 客户需求急迫，即将或已经进入执行采购程序 · 有成熟的方案及产品且高度匹配客户需求 · 客户短期收益很高且明确客户内部已达成一致意见	立即转化为机会点

成长型企业LTC线索管理阶段的主要内容包括线索管理流程、线索分类和线索判断等方面。

线索管理流程方面，第一项工作"收集和生成线索"，我们通过多渠道，如品牌宣传、自媒体运营、市场推广、渠道及客户开发、意见领袖（KOL）开发与运营等，尽可能挖掘更多的客户需求及市场信息，其中我们具备潜在参与可能的，算是初步线索。第二项工作"验证和分发线索"，验证信息的真伪的具体方法我们后面再讲。验证确认为有效线索后，再明确跟进的负责人。第三项工作"跟踪和培育线索"，有些线索信息还不够完整，通过跟踪和培育达到"5W2H"内容要求后，才能进行移交分发。

商机（机会点）就是我们可参与的，无论是我们现有的产品或服务，或者是利用我们资源和能力进行研发，跟客户的需求匹配度是较高的。

根据客户需求的紧迫程度、方案的成熟度、内部是否达成一致和启动时间等，我们可以将线索分为冷线索、温线索和热线索。每种线索具体的特点和应对策略我们后面会展开讲。

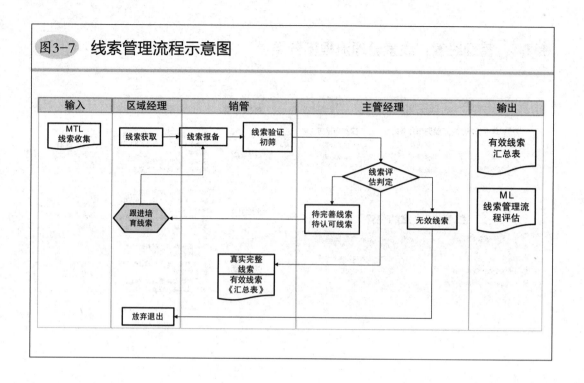

图3-7 线索管理流程示意图

这是一个成长型企业线索管理的流程示意图，从MTL（从市场到线索）的线索收集作为输入，到有效线索汇总表的输出。

1. 线索收集。通过各种推广活动和销售人员的跟进拜访等市场动作，吸引潜客户关注并建立联系。市场推广一般是市场部牵头，从策划、督导执行到费用支持等。

2. 线索报备。获取到线索信息后，先要汇总报备给销管，有CRM系统的，可直接录入，由销管部门人员首先进行信息的验证和初步筛选。

3. 线索评估。通过定期和临时的评估会，按照"5W2H"（后面会具体阐述）标准，真实完整的直接汇总，进入下一步商机判断阶段、需继续跟进和培育的，明确相关责任人、无效的就立即放弃了。同时，要对线索的轻重缓急、客户特点和重要程度，将线索分为冷线索、温线索和热线索（具体分类标准，后面章节有说明），以便后续针对性地跟进。

图3-8 什么是好项目销售线索

确认真实

• 公示、或经过相关验证确认

• 线索得到客户相关负责人认可

• 客户采购意向和采购计划明确

好线索

内容完整（5W2H）

• 客户采购的期望与目的（Why）

• 客户需求内容（What）

• 项目执行地和使用场景（Where）

• 采购及交付时间（When）

• 项目执行负责人（Who）

• 采购流程与方式（How to Do）

• 采购金额与预算（How Much）

好的线索就是真实的和内容信息完整的线索。

1. 确认真实。真实性，意味着线索的来源可靠，客户的信息准确无误。在现实工作中，销售人员常从各种渠道获取很多小道消息，有的神乎其神的。这些真假难辨的消息，需要我们依据理性和常识判断，不靠谱的直接忽略，避免不必要的资源投入；拿不准的，要通过其他渠道验证，我们还可以查看公示，或直接询问客户是否有明确的采购意向和计划等。具体评估方法在后面会有相关的工具表单介绍。

2. 内容完整。销售线索应该包括客户基本信息、需求、预算、购买意向等方面的内容，准确地讲就是"5W2H"（具体内容见后面的工具表单）。完整的信息有助于我们更好地了解客户的需求，找到项目成功的关键因素，以便准确判断是否立项和如何投入资源孵化。

图3-9 线索评估判定——线索真实性评估

信息类别	评估结果	备注
公示的采购信息	√	真实的线索
得到客户决策链相关人员认可的信息	√	
得到客户中基层相关人认可信息	≒	待认可的线索
与客户有联系的渠道推荐的信息	≒	
同行、异业联盟等其他渠道获得的信息	≒	

我们咨询团队总结了一个线索真实性评估表，以便大家能直观地运用。

首先看一下官方信息，其有权威性和可靠性，由相关的政府部门或企业发布的。如果我们通过网站能够查询到公示的采购信息，或得到客户决策链的相关人员证实的信息，那么我们一般认为是真实的。但这些信息会有些滞后性，等我们看到信息，可能对手早就搞定了。

因此，非官方信息还要积极获取，如表单项（≒）所列，只是需要更加谨慎，多方验证。因为这些信息的来源可能并不明确，可能存在误解或者误导的风险。

例如，客户中基层的证实信息，虽然来源于一线的信息，但由于其所处位置和角色的限制，可能有一定主观性和局限性。其他渠道人员推荐的信息，可能会受到其利益驱动，有夸大或偏颇的可能。

总的来说，评估线索真实性是一项需要细心和耐心的工作。这里多费一点工夫，后面在项目立项和孵化中会少走很多弯路，避免无谓的损失。

| 图3-10　线索评估判定——线索完整性评估 |

公司名称						备注
Who 决策采购链	关键决策人	姓名	电话		职位	
	商务执行人	姓名	电话		职位	
	技术执行人	姓名	电话		职位	
Where 使用地点与 场景	主要使用场景					
	项目执行地/安装地					
What 需求内容	产品需求					产品需求/品类/类型/数量
	技术需求					技术需求类型详细内容
	服务需求					服务需求类型详细内容
Why 采购目的	项目采购目的					客户期望/需解决的问题
	客户主要痛点					客户需求痛点
When 采购执行时间	采购启动时间					
	交付时间					
How to Do 采购方式	招投标方式					具体招标计划方案
	采购流程					客户采购流程图与计划表
Hoe Much 预算水平	总预算					
	分项预算					我方参与的项目预算数

这是我们咨询团队为成长型企业量身定制的线索完整性评估表单。

1. WHO，项目决策链关键人物，包括最高决策人、商务和技术执行人等。除了联系方式外，还要了解这些角色的职责和期望，以及相互关系。

2. WHERE，项目执行地和使用场景。通过这些信息，可以更好地评估在技术和商务等方面的赢单可能性，也能为客户提供更符合实际需求的解决方案。

3. WHAT，项目标的，就是客户买什么，包括产品、技术和服务需求。这些信息有助于我们权衡能否有优势地满足客户核心需求，决定能否参与和赢单。

4. WHY，客户采购预期达成的目的，或需要解决的"痛点"。了解这些有助于我们更好地引导客户的选择标准，有利于赢单，同时提高客户满意度。

5. WHEN，客户采购流程与实施交付等各节点时间，了解这些有助于我们制订采购和排产计划，准时交付。

6. HOW TO DO，客户采购方式及其流程。通常同样设备对不同客户的意义不一样，因此其采购类型和策略也不同，这些信息有助于我们知己知彼。

7. HOW MUCH，客户的预算。很多国企与政府项目中预算是刚性的，直接影响我们报价与竞争策略。

图3-11 不同类型线索跟踪策略

线索类型	特点	对策
冷线索	客户需求迫切性较低，6个月或更长时间内不会进入执行采购程序 没有成熟的采购方案和预算 客户内部意见有较大分歧	关注、定期交流，松土、培育
温线索	客户有一定的需求迫切性，3~6个月内会进入执行采购程序	强化培育 积极引导 加大跟踪力度
温线索	解决方案趋于完善	
温线索	客户持续关注和讨论，内部意见趋于一致	
热线索	客户需求急迫，即将或已经进入执行采购程序 有成熟的方案及产品且高度匹配客户需求 客户短期收益很高且明确客户内部已达成一致意见	立即转化为机会点 跟进孵化

前面我们讲过，根据客户项目的紧迫程度，主要是从客户需求明确程度、采购启动和交付的时间长短等方面考虑，将线索分为冷线索、温线索和热线索，下面我们以某公司为背景，来讲一讲这些不同类型线索及其跟踪策略。

1. 冷线索是指客户6个月内不会启动采购，需求不紧迫，也不明确，其采购预算与方式还没定下来。跟进策略是主动出击，多层面和部门的交流沟通，提供更多的产品和服务信息，答疑解惑，帮助客户做出购买决定。

2. 温线索是指客户3~6个月会采购，需求有一定迫切性，采购方案基本明确，而且客户非常重视，就要提上议事日程了。跟进策略是应邀请客户高层和相关部门人员来公司，或标杆项目实地考察，提供我方初步方案，或试用机会，加紧"种草"。

3. 热线索是指客户有强烈购买意向，采购方案和预算明确，要进入执行阶段了，对此要有针对性的成熟解决方案。跟踪策略是立即立项，组织"铁三角"跟踪孵化，抢占先机。

以上线索分类及其跟踪策略，是基于某个客户的情况而讲的，希望读者与学员举一反三。

图3-12 **案例1：线索评估——热线索**

<table>
<tr><td colspan="7" align="center">S公司发动机转速传感器信息样表</td></tr>
<tr><td rowspan="4" align="center">Who
决策采购链</td><td align="center">公司名称</td><td colspan="5" align="center">S公司</td></tr>
<tr><td align="center">关键决策人</td><td align="center">姓名</td><td align="center">Mat</td><td>电话</td><td>/</td><td>微信</td><td>/</td></tr>
<tr><td align="center">商务负责人</td><td align="center">姓名</td><td align="center">Eric</td><td>电话</td><td>/</td><td>微信</td><td>/</td></tr>
<tr><td align="center">使用部门负责人</td><td align="center">姓名</td><td align="center">Fred</td><td>电话</td><td>/</td><td>微信</td><td>/</td></tr>
<tr><td rowspan="2" align="center">Where
使用地点与场景</td><td align="center">主要使用场景</td><td colspan="5">3.9L、5.9L柴油机转速传感器，凸轮轴信号轮转速检测</td></tr>
<tr><td align="center">项目执行地/安装地</td><td colspan="5">S公司统一采购，各地使用</td></tr>
<tr><td rowspan="4" align="center">What
需求内容</td><td align="center">产品及解决方案需求</td><td colspan="5">转速传感器</td></tr>
<tr><td align="center">技术需求</td><td colspan="5">双霍尔方案带线束产品，kostal接插件</td></tr>
<tr><td align="center">服务需求</td><td colspan="5">定制开发，按康明斯标准全套试验，测试、售后服务随叫随到</td></tr>
<tr><td align="center">其他</td><td colspan="5">从10000降低至ppm200以下，需新设计线束固定</td></tr>
<tr><td rowspan="2" align="center">Why
采购目的</td><td align="center">项目采购目的</td><td colspan="5">降低质量索赔</td></tr>
<tr><td align="center">客户主要痛点</td><td colspan="5">接插件接触不良；故障率高</td></tr>
<tr><td rowspan="2" align="center">When
采购执行时间</td><td align="center">预计采购启动时间</td><td colspan="5">2015年11月30日</td></tr>
<tr><td align="center">预计交付时间</td><td colspan="5">2015月12月31日</td></tr>
<tr><td rowspan="2" align="center">How to Do
采购方式</td><td align="center">招投标方式</td><td colspan="5">公开招标</td></tr>
<tr><td align="center">客户采购流程</td><td colspan="5">技术交流—报价—定标—kickoff—产品开发—验证—小批试生产—SOP</td></tr>
<tr><td rowspan="2" align="center">How Much
预算水平</td><td align="center">总预算</td><td colspan="5">零部件采购价32元，无开发费、模具费</td></tr>
<tr><td align="center">分项预算</td><td colspan="5">无</td></tr>
</table>

这是前面给大家示意的全景案例1（某发动机转速传感器采购项目）的线索评估练习，大家参照学习，以便结合企业实际情况，做好本章节的课后练习。

图3-13 案例2：线索评估——热线索

Who **决策采购链**	公司名称	某汽车内饰系统有限公司			
	关键决策人	姓名	单××	电话	12345678
	商务负责人	姓名	金×	电话	12345679
	使用部门负责人	姓名	冯××	电话	12345670
Where **使用地点与场景**	主要使用场景	针对于某合资系列I5车型内饰扶手卡扣检测			
	项目执行地/安装地	汽车生产线厂区			
What **需求内容**	产品及解决方案需求	2D视觉解决方案，使用面阵相机PC BASE方案			
	技术需求	0.3mm检测要求，99.9%以上的检出率			
	服务需求	项目前期评估，测试，后期交付			
	其他				
Why **采购目的**	项目采购目的	实现卡扣防错高效率，无人化，高检出率			
	客户主要痛点	目前需要人为检查，错误率高，且人员费用高			
When **采购执行时间**	预计采购启动时间	2023年5月30日			
	预计交付时间	2023年6月30日			
How to Do **采购方式**	招投标方式	协议采购			
	客户采购流程	方案交流—项目评估—项目测试—方案确定—协议采购—项目交付—回款			
How Much **预算水平**	总预算	100万元			
	分项预算	10条线，1条线10万元			

　　这是前面给大家示意的全景案例2（某汽车内饰公司的采购项目）的线索评估练习，大家参照学习，以便结合企业实际情况，做好本章节的课后练习。

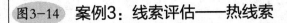

图3-14 案例3：线索评估——热线索

	公司名称	某煤矿企业			
Who 决策采购链	关键决策人	姓名	×××	电话	
	商务负责人	姓名	×××	电话	
	使用部门负责人	姓名	×××	电话	
Where 使用地点与场景	主要使用场景	煤矿培训中心，内部培训			
	项目执行地/安装地	煤矿信息中心			
What 需求内容	产品及解决方案需求	培训信息化平台			
	技术需求	一人一档，一期一档电子化			
	服务需求	需求调研，定制开发、测试与试运行、验收			
	其他	无			
Why 采购目的	项目采购目的	培训管理信息化			
	客户主要痛点	培训以讲解为主，缺操作体验			
When 采购执行时间	预计采购启动时间	2021年7月6日			
	预计交付时间	2022年1月6日			
How to Do 采购方式	招投标方式	公开招标			
	客户采购流程	方案交流—功能确认—招标环节—定标—交付实施			
How Much 预算水平	总预算	300万元			
	分项预算	一体化			

这是前面给大家示意的全景案例3（某煤矿安全培训系统的采购项目）的线索评估练习，大家参照学习，以便结合企业实际情况，做好本章节的课后练习。

发现线索的主要途径与方法

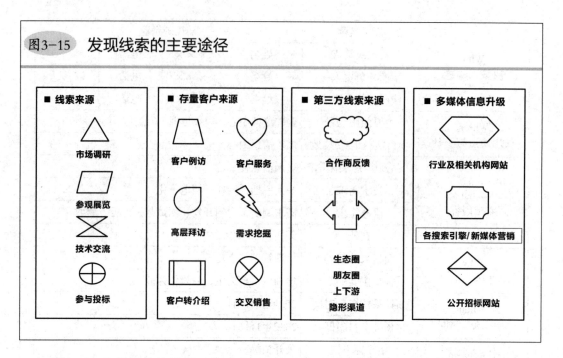

图3-15　发现线索的主要途径

■ **线索来源**

市场调研

参观展览

技术交流

参与投标

■ **存量客户来源**

客户例访　　客户服务

高层拜访　　需求挖掘

客户转介绍　交叉销售

■ **第三方线索来源**

合作商反馈

生态圈
朋友圈
上下游
隐形渠道

■ **多媒体信息升级**

行业及相关机构网站

各搜索引擎/新媒体营销

公开招标网站

成长型企业销售线索的途径主要是上面所列的四大方面。

1. 通过市场活动获取线索。我们在第二章中有具体推广策略建议，这里就不重复赘述。补充一点，积极参与投标也是一个好办法。例如，我们一个做预装配建材的客户企业，在周边杭州湾区域，几乎逢单必抢、有标必投，几年下来，陪标都陪成品牌了。

2. 存量客户来源获取线索。在当前内卷市场下，存量客户是生存的基础，要安排公司高层定期拜访，提升合作关系。同时，技术和服务等部门要深入客户现场，挖掘新需求，提高满意度，不但有重复采购订单，而且还能转介绍推荐客户，让我们获取更多线索。

3. 第三方线索来源获取线索。与各合作商、上下游等生态圈的企业多互动，与业内朋友圈多联系，与行业协会、政府部门等隐形渠道多交往，扩大信息来源，发现潜在的客户群体。

4. 多种媒体来源获取线索。行业及相关机构的、招投标等网站上关注行业动态，了解对手情况，发现商机与潜客；利用搜索引擎优化营销（SEM）和新媒体营销等手段，提高关注度和私域流量。

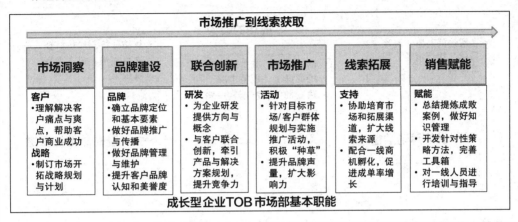

图3-16 MTL——从市场活动到线索获取

➤ 从市场到线索的目的是：通过营销推广活动，培育市场以生成线索，并扩大线索来源，推进商机量增长。

市场推广到线索获取

市场洞察	**品牌建设**	**联合创新**	**市场推广**	**线索拓展**	**销售赋能**
客户	**品牌**	**研发**	**活动**	**支持**	**赋能**
·理解解决客户痛点与爽点，帮助客户商业成功	·确立品牌定位和基本要素	·为企业研发提供方向与概念	·针对目标市场/客户群体规划与实施推广活动，积极"种草"	·协助培育市场和拓展渠道，扩大线索来源	·总结提炼成败案例，做好知识管理
战略	·做好品牌推广与传播	·与客户联合创新，牵引产品与解决方案规划，提升竞争力	·提升品牌声量，扩大影响力	·配合一线商机孵化，促进成单率增长	·开发针对性策略方法，完善工具箱
·制订市场开拓战略规划与计划	·做好品牌管理与维护				·对一线人员进行培训与指导
	·提升客户品牌认知和美誉度				

成长型企业TOB市场部基本职能

成长型企业在营销环节一直是短板，没有专业部门和人才，更谈不上发育相关市场职能。为此，我们专门列举上述市场部门需要承担起一系列基本职能，包括市场洞察、品牌建设、联合创新、市场推广、线索拓展和销售赋能。

首先是要研究市场和客户，才能选择与聚焦目标客户，体现成长型企业"专、精、快、灵"的市营销优势，改变靠天吃饭的被动局面；其次是在细分市场打造品牌，提高专业知名度和影响力，带来更多的客户和销售线索；最后是引导和协助研发部门，提供以市场为导向的研发方向和概念的参考。我们认为，大部分成长型企业的技术研发应该是"七分市场导向，三分技术驱动"。

以上是市场部门的战略性长期职能。短期见利见效的工作还有以下三个。

1. 市场推广，通过举办各种线下活动，如展览、研讨会、路演等，市场部门可以直接与潜在客户接触，提高品牌曝光度，并收集有关客户需求和反馈的信息。

2. 线索拓展，规划和协助一线销售建立多种线索来源渠道，并积极配合做好线索的跟踪与培育。

3. 销售赋能，这是市场部门的最终目标。通过提供各种支持和资源，如培训、资料、工具等，市场部门帮助销售团队更好地完成线索管理，提高整体的销售业绩。

总之，成长型企业市场部门的基本职能涵盖了从市场洞察到销售赋能的全过程。通过有效地执行这些职能，企业可以实现从市场活动到线索获取的目标，从而推动企业的持续发展和壮大。

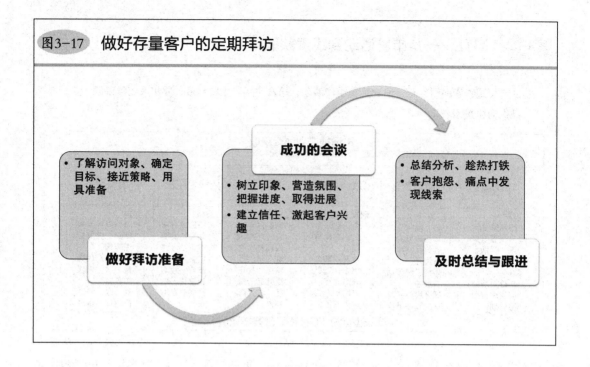

图3-17 做好存量客户的定期拜访

成功的会谈

- 了解访问对象、确定目标、接近策略、用具准备
- 树立印象、营造氛围、把握进度、取得进展
- 建立信任、激起客户兴趣
- 总结分析、趁热打铁
- 客户抱怨、痛点中发现线索

做好拜访准备

及时总结与跟进

存量客户拜访是线索获取的最直接手段，即使是低频采购的客户，也会因为满意度的提高而转介绍新客户给我们。有效的客户拜访要做好以下几点。

1. 做好拜访前的准备。在拜访前要充分了解拜访对象的基本情况，如角色、需求、沟通风格和喜好等，做沟通目标和策略的预案，并准备相关资料和道具等。

2. 有效实施拜访。有时沟通氛围比内容更重要，保持专业形象、倾听客户的抱怨、意见、建议和诉求，通过提问引导客户需求，并适时推销，获取线索。

3. 及时总结，发现线索。从客户的"抱怨"中发现销售线索，从抱怨中发现问题和分析，及时改进的同时，就有销售机会，针对性提供相应的解决方案，有效种草。

例如，一次，三一挖机的一个业务员拜访荆州的一个老客户，客户抱怨新冠疫情后赶工期，向友商订了四台打桩机到不了货。这个业务员听说后马上联系兄弟单位，以先租后买的方案，紧急调来四台二手设备救急，后期客户一次定了八台，就这样成功地截和了对手。

图3-18　示例：某企业的沟通询问策略

> 客户喝得五迷三道的时候

> 客户接收礼品以后

> 客户倾诉以后，例如讲自己的过去、子女、爱好等

> 帮客户解决了一个技术难题后

> 帮客户办了一件私事后

> 在轻松幽雅的环境下，双方聊得非常投机

> 关系深了，双方已经无话不谈了，且没第三人在场

这是我们一个客户企业总结的与老客户沟通的实战技巧，大家借鉴一下。

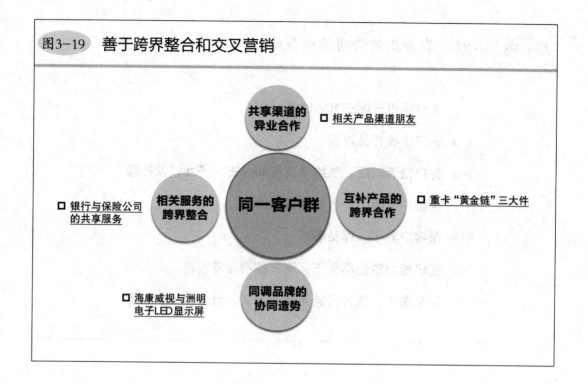

图3-19　善于跨界整合和交叉营销

共享渠道的异业合作　□ 相关产品渠道朋友

银行与保险公司　相关服务的　同一客户群　互补产品的　□ 重卡"黄金链"三大件
□ 的共享服务　跨界整合　跨界合作

同调品牌的协同造势

□ 海康威视与洲明
电子LED显示屏

　　成长型企业的市场推广和线索获取要本着"花小钱、办大事"的原则，跨界整合和交叉营销就是这样的有效策略。通过拥有同一客户群体的企业之间的共享共赢的合作，获得线索。具体有以下四种做法。

　　1. 共享渠道的异业合作，如医疗设备企业可以通过卖药品和耗材的企业，或代理商获取销售线索，甚至利用现有的合作基础，联合跟进与孵化项目。

　　2. 相关服务的跨界整合，多个提供不同专业产品和服务的企业可以合作，满足同一客户的多元化需求，提供一站式解决方案，既能提高客户满意度和忠诚度，又能屏蔽对手。如银行与保险公司合作，为对公客户提供一站式的金融服务，满足客户在投资、经营、保险和贷款等多方面的需求。

　　3. 互补产品的跨界合作，如潍柴的发动机、法士特的变速箱和汉德车桥合作组成国产重卡"黄金链"，一起给客户种草，成为行业价值标杆。

　　4. 同一调性品牌的协同造势，如在安防领域，做监控系统的海康威视与做LED显示屏的洲明科技合作形成解决方案。

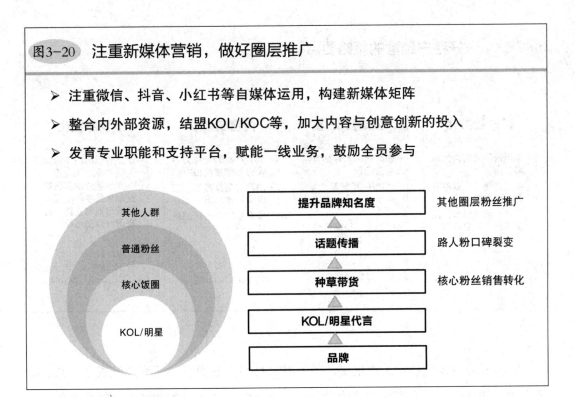

图3-20　注重新媒体营销，做好圈层推广

如今新媒体营销已经成为企业的标配了，是成长型企业的市场突破抓手，要率先发力。具体建议有以下三点。

1. 我们需要搭建完善的新媒体矩阵，包括社交媒体、短视频和直播平台，如微博、公众号和抖音等平台，以迎合不同用户获取信息的习惯。同时，主账号定位和人设鲜明，要IP化，多做些利他的价值内容，注重娱乐性和社交性。

2. 整合结盟有流量和号召力的KOL/KOC，扩大我们自身影响力。如有的企业建立"1+G+K+N"账号联动造势，其中"1"是我们企业主账号，"G"是IP化的高管账号（如华为的余承东），"K"是KOL/KOC的账号，"N"是员工和合作商账号。

3. 设立专门的新媒体团队，在账号运维、内容创意与制作和粉丝私域运营等方面专业运作，同时也给员工赋能，支持全员参与新媒体营销。

新媒体营销建立自己的圈层和私域流量池，做好圈层推广，一方面低成本品牌造势，另一方面见利见效获取线索。例如，新冠疫情防控期间，中联重科利用参与武汉火神山方舱医院建设的机会，进行连续直播，将现场日夜紧张施工的画面和数据同步给大众，不但经销商和员工们转发，而且与KOL/KOC们合作点赞、转发和点评，持续发酵，收获几百万流量。

图3-21 做好客户经营的策略要点

客户社群化	互动社交化	内容价值化	运营专业化
• 全渠道导流后转为私域流量 • 物以类聚、人以群分，分成小社群 • 增进感情与归属，提高活跃度和忠诚度	• 搭建和嵌入各种典型生活场景 • KOL/KOC等带动与娱乐性互动，增加社交性 • 线上线下协同合作，实现全方位连接	• 基于产品的专业内容输出，增加价值 • 内容与创意造势，实现病毒性扩展 • 多重激励，实现用户转介绍	• 设立专职部门与运营人员，专业化运作 • 导入社群合伙人机制，鼓励全员参与与投入 • 赋能培训与支持，提高用户运营水平

TOB市场的客户经营尤为重要，因为对成长型企业而言，新客开发成本太高、难度太大。如何做好现有客户的价值经营，获得复购、相关采购和转介绍等线索呢？我们给出四个核心策略。

1. 客户社群化，把全渠道来的大群粉丝，按照各种标签分成3～500人的小群，以增加共同话题和互动性，增强客户的黏性和忠诚度，从而裂变和转介绍，以获取线索。

2. 互动社交化，通过开展各种线下线上联动的活动，搭建或嵌入典型生活场景，在KOL/KOC等带动下，进行娱乐性和社交性互动。如组织亲子工厂游，让粉丝带小朋友一起来参与，增加情感元素，增强客户参与感和归属感。

3. 内容价值化，要少发广告、多做利他的价值内容，如常见问题解决方法、客户行业动态与商机等。即便要发新品广告也要有创意，如三一重机的"挖掘机爆炒小龙虾"。

4. 运营专业化，设置专职部门与人员，专业化运作，同时赋能培训与支持全员参与新媒体营销，再导入社群合伙人机制。一个合伙人负责经营一个社群，利益相关，调动大家的积极性。

第四章

商机判断与立项管理要点

　　项目销售跟进周期长、费用高，需要投入大量的人力、物力，对大部分成长型企业来讲，是个很大的压力。如何判断与选择商机，对项目进行分级分类的精细化管理就非常重要了。在这一章中，我们将接着深入讨论这些问题。

　　本章主要是以下三个部分构成：首先，从成长型企业的商机管理痛点开始入手，明确要解决的问题和要达到的目的。其次，介绍一个实战有效的评估工具——商机评估罗盘，它可以帮助我们系统地、全面地评估商机的价值，从而作出更准确的决策。最后，商机经评估确认后的立项管理内容，主要讲解立项项目进行分级管理的实用方法。

　　总的来说，从有效线索到商机的判断，再到正确的立项管理，就是保证我们选对项目，集中有限的资源，避免错误的选择，毕竟选择比能力更重要。

商机管理痛点与目标

图4-1　企业项目销售中的商机管理痛点

1 **线索与商机判断失据：**或贻误商机、或资源浪费，而且打击团队士气

2 **项目立项与分级没有流程规范：**项目立项随意，缺乏分级管理，也没有相关配套规范与机制

3 **孵化策略与方法缺失：**"老炮们"靠经验，成单率低，新兵瞎打瞎撞，很难成长

4 **过程管理薄弱：**项目跟进多暗箱，骨干流失导致市场塌方；支持、管控和赋能无从下手

5 **进程评估缺失和失效：**阶段性评估缺失，无法及时调整策略，且缺少相应知识管理训

以上是我们咨询团队在多年辅导成长型企业导入LTC中发现和总结的商机管理五大痛点。

1. 缺乏线索与商机判断的标准与相关指引。仅仅凭经验、拍脑袋，完全靠感觉，结果听风就是雨，四处出击，导致劳民伤财，而一些好商机却被淹没了，导致屡战屡败，影响士气。

2. 项目立项与分级没有流程规范。对项目价值缺乏判断，没区分战略性重点项目与一般项目，结果胡子眉毛一把抓，导致资源配置和管理精力分散。

3. 项目孵化策略与方法的缺乏指导和赋能。大家八仙过海各显神通，老业务靠经验，偶有所获，但成交率低，新兵基本是无头苍蝇，全凭运气。

4. 项目孵化跟进没有过程管理。基本上是业务员自己搞，缺乏项目跟进的过程记录，或没有相关信息填入CRM系统。企业后台和领导往往都是最后才知道，只能事后管理。另外，就是客户资源的安全问题，有些老业务挟客户订单以令老板。

5. 由于进程评估缺失和失效，导致不但难以有效复盘和优化项目策略，或管控风险，更难以总结和积累经验和教训，不利于队伍成长。

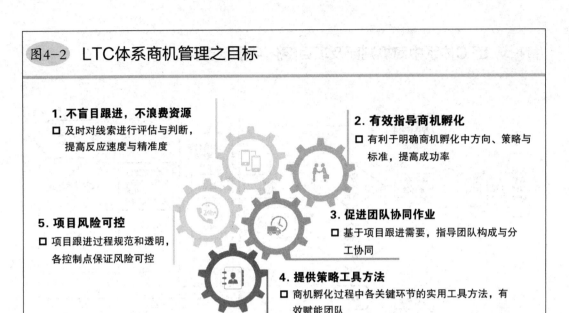

图4-2　LTC体系商机管理之目标

1. 不盲目跟进，不浪费资源
□ 及时对线索进行评估与判断，提高反应速度与精准度

2. 有效指导商机孵化
□ 有利于明确商机孵化中方向、策略与标准，提高成功率

5. 项目风险可控
□ 项目跟进过程规范和透明，各控制点保证风险可控

3. 促进团队协同作业
□ 基于项目跟进需要，指导团队构成与分工协同

4. 提供策略工具方法
□ 商机孵化过程中各关键环节的实用工具方法，有效赋能团队

对于成长型企业而言，LTC管理体系就是要解决商机管理中的五大痛点，同时实现以下五个目标。

1. 能简单、快捷地判断线索靠不靠谱，能不能跟进孵化，避免浪费资源与精力。为此，我们需要一套实战好用的筛选评估流程和方法，迅速做出市场反应。

2. 通过分级立项，能精准配置资源和针对性制定政策，同时有项目孵化各阶段的标准和指引，打开"暗箱"，精准指导商机孵化和及时纠偏。

3. 没有对称的信息，就没有办法促进团队协同作业。LTC要实现的就是可视可控，知己知彼，技术短板的，由技术主攻，销售协助；对关键环节，销售往前顶，技术神助攻，后台给响应。这就能形成"铁三角"团队作业。

4. 如何能让"新兵菜鸟"也能干出"销冠"的成绩来？工具方法是关键。LTC体系中的各个环节评估罗盘是精准指引项目成功关键，并给予有效策略方法与工具。

5. 商机孵化时间长、投入大、牵涉人员多，人力、物力、财力的投入没风控这是不行的。LTC体系就是要让项目孵化每步都看得见，及时调整或终止。

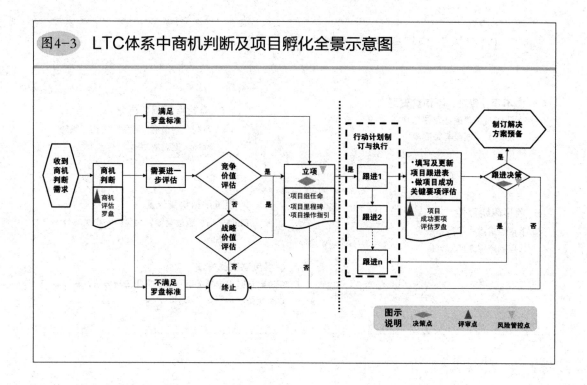

图4-3 LTC体系中商机判断及项目孵化全景示意图

如图4-3所示，虚线左侧为商机管理，右侧为项目孵化。商机管理有两个工作：一是有效线索的商机判断；二是有效商机的立项审批。虚线右侧的是项目孵化过程评估与迭代改进。本章重点是商机判断及立项管理，也就是虚线左侧的内容，右侧的项目孵化是下一章的主要内容。

从上个流程阶段输出的有效线索，经过"商机评估罗盘"分析，有三种可能结果：一是符合商机标准的，直接立项审批；二是满足不了一般商机标准，但有竞争价值或战略价值的，也要立项审批；三是既达不到立项标准，又没有竞争性、或战略性价值的，就直接放弃了。这样就保证了公司项目立项是科学准确的。

一旦立项了，我们就要根据公司的项目分级制度进行评估分级，依照不同级别的项目，有相应的项目管理指引和组建不同级别的"铁三角"。这样，项目进入正式孵化阶段了。

商机评估的方法与工具

图4-4　**什么是商机评估罗盘**

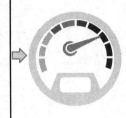

商机评估罗盘

- 快速判断线索是不是有较高成交概率的商机
- 站在客户角度来审视我方优劣与成交概率
- 依据客户最关注要素，分别与我方情况对比，指出商机孵化方向

① 商机要素			加权总得分	是否为我方商机
X商机评估罗盘				
② 权重赋予				
③ 评估得分				
④ 加权得分				

> 客户选定供应商最重要的四五个要素
> 以客户视角对要素重要性排序，并给出相应比重
> 基于要素评估，得出我方赢单概率
> 依据评估得分，指导我方立项与项目分级决策，并为下一步商机孵化指明方向与思路

　　面对各种数量不小的线索，企业如何快速准确地判断出哪个是有赢单可能的商机，从而进一步展开后续项目孵化工作？

　　商机管理流程中的商机评估罗盘就是帮助我们快速明了作出判断的实用工具。

　　商机评估罗盘是让我们先从客户的视角看待和选择供应商。把客户选定供应商时，最看重的四五个要素提炼出来，如产品性能与质量、价格水平、服务保障、对品牌的认可度和可信赖程度等，并按重要程度赋予不同的权重。应该注意的是，这些要素在不同行业和市场环境下的可能不同，权重也可能不同。设计这些要素的评估方法，各要素加权合计为100分。最后按我方实际符合程度进行打分，得出我方赢单的概率。

　　此外，我们还可以根据我方在各个不同权重的要素得分情况，推断出我方优势和劣势，进而指引项目孵化的策略方向。

　　这个评估罗盘的目的就是把以前业务高手们的拼经验和靠感觉的隐性知识显性化、可视化。随着使用数量增加，这个评估罗盘会不断学习和迭代升级，变得越来越精准。

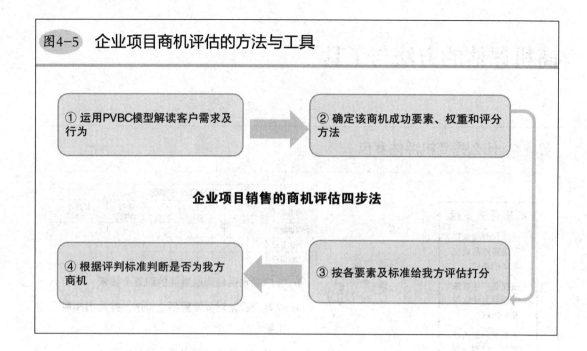

图4-5 企业项目商机评估的方法与工具

① 运用PVBC模型解读客户需求及行为

② 确定该商机成功要素、权重和评分方法

企业项目销售的商机评估四步法

④ 根据评判标准判断是否为我方商机

③ 按各要素及标准给我方评估打分

如何设计这样的商机评估罗盘？一般分为四个步骤来进行。

第一步，解读客户需求与行为。运用PVBC模型从客户画像、价值导向、采购行为和竞争态势等维度迅速诊断客户需求以及本次采购特点。换位思考，我们以甲方视角，了解其需求和期望。

第二步，明确成功要素、权重和评分方法。基于分析结果找出决定该商机成败的关键要素，按照重要程度赋予不同权重，并设计评分方法。这一步要做好，刚开始靠经验，以后靠数据基础。

第三步，按各要素标准给我方评分。我们从甲方的视角，并参照主要对手，来客观评估自己的得分。

第四步，根据评判标准判断是不是商机。根据以往经验和数据，设立商机判断的得分标准，就像高考录取分数线，根据我方得分，再权衡竞争和战略等方面的考量，作出相应是否立项决策。

这是个大致步骤，其中具体的技巧与方法，我们后面展开讲。

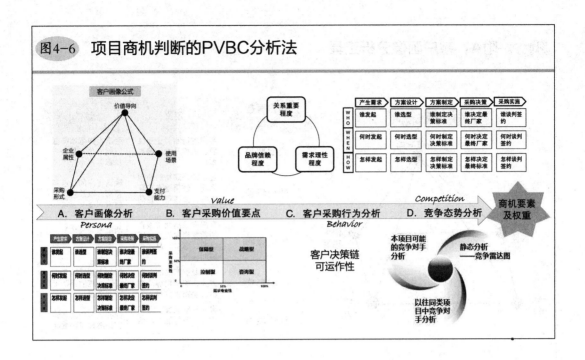

图4-6 项目商机判断的PVBC分析法

P——Persona，客户画像。就是我们目标客户的长什么样、有哪些需求与行为特点等，这个名词想必读者和学员不陌生吧，一般从客户属性、使用场景、价值导向、采购形式和支付能力等维度来描述。

V——Value，客户需求价值要点。客户企业一般按照采购标的专业性和重要程度分成四种采购类型：战略型、咨询型、控制型、保障型等，不同类型采购价值要点是有差异和侧重的，其相应的采购策略也不同。

B——Behavior，客户采购行为分析。客户企业不同采购形式和流程也是重要影响因素，如其内部决策链的构成、采购流程与人员分工、采购方式等。这决定了客户对品牌的信赖程度、需求的理性程度和关系的重要程度的考量侧重。

C——Competition，竞争态势分析。本采购项目可能的竞争对手是谁、其优劣如何等情况直接影响甲方的选择标准和采购策略，尤其是当下的内卷严重、存量竞争的状态下。

这是商机判断的四个维度，涉及的具体内容我们下面详细讲解。

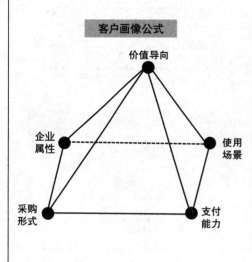

客户画像维度	定义	目的
企业属性	客户的行业、企业性质、规模及地位等基本面	明确客户基本特征，以判断是不是我方目标客户
使用场景	客户的采购物的典型用途、使用地点和环境等，要实现的目的及预期	确认客户的痛点和预期，以及主要的技术和服务要求
价值导向	客户在采购此类设备的需求导向，如品质、性能、服务、品牌等倾向程度	明确该项采购的价值取向，体现重要程度
采购形式	客户此类产品的采购方式，如招投标、邀标、协商采购等	清楚客户采购习惯以及相应的采购策略与要求
支付能力	客户经营状况、利润水平、支付能力、信誉等	标签化客户商务谈判标准和风控底线

图4-7 附A：客户画像分析工具

客户画像公式

这是我们咨询团队为成长型企业专门设计的目标客户画像分析工具，由五个维度构成。

需要说明的是，企业采购是由其价值导向决定的，如是在意产品性能与品质，还是更在意关系考量等。而企业采购的价值导向又决定于其企业属性、采购对象的使用场景、采购形式和支付能力等因素。因此，这五个维度是个立体结构，有内在的相互影响的因果关系。

对于大部分成长型企业来讲，这个分析工具的具体设计和开始运用的时候，更多还是靠过去的成功经验与失败教训。因此，建议读者和学员以这个模型为指南，组织营销部门和各部门负责人一起研讨，大家头脑风暴，完成初稿设计，再将以前成功和失败的案例运用到这个模型上，去验证、修改和迭代。

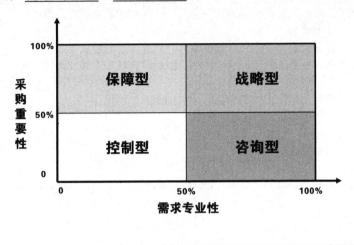

图4-8 附B：基于采购类型的价值要点判断

客户在不同采购类型中，会有不同的价值诉求要点。我们按照客户采购对象的专业性和对企业的重要性的高低，将采购类型分成四个类型。

1. 战略型采购。这类采购特点是专业性高且重要性强，主要涉及的是决定企业生产效率和竞争优势的核心设备或技术。例如，大型数控机床或大型港机等，不但金额大，且技术、交付和服务等要求复杂，其成败几乎决定一个企业经营态势，一般都高层参与，上班子会议决策。

2. 咨询型采购。其特点是金额不大，但专业性强。例如，客户企业可能需要上马一个CRM管理系统，或搭建一个电商直销平台。这类采购虽然金额不大，但是涉及专业领域，客户往往缺乏相关的专业知识和采购经验，因此，更倾向于寻求专业咨询服务供应商，以确保能达成使用要求。

3. 保障型采购。其特点是专业性不强，但重要程度很高。例如，客户的主要原料和一般加工设备的采购等。一般采购对象同质化程度高，且供应充足，客户倾向选择供应稳定、质量可靠和服务及时的供应商。

4. 控制型采购。其特点是专业性和重要程度都较低。例如，日常的办公用品和劳保用具等，同质化供应商很多，选择余地大，特别在意价格和付款方式。

采购类型	战略型	咨询型	保障型	控制型
	图4-9　四种采购类型其价值要点			
风险程度	风险极高，甚至不可逆	风险影响可控，转换余地大	风险影响较大，但可控、可逆	风险影响有限
价值要点	看重关系 注重供方可靠合作能力与关系	看重能力 注重供方专业能力与经验	看重服务 关注供方综合交付与保障能力	看重价格 关注价格和竞争比较
预算刚性	前期余地大，明确后则刚性强	因事而变，调整余地较大	基本刚性，余地少	刚性强、严格控制
决策因素	价值、安全、关系投资回报	产品和服务综合价值	可靠、综合成本	绝对成本/性价比

这个表格将客户四类典型采购中的价值要点具体展现出来了。

由于战略型采购有极高风险，甚至是不可逆的，通常涉及大规模投资和战略决策，需要与靠谱的供应商长期合作。因此，其价值要点是关注产品与技术、安全可控、投资回报等战略价值，前期预算余地大，供应商提前种草很重要。

咨询型采购一般金额不大，风险可控。其客户价值要点是注重供方的专业能力、服务和行业经验，价格不太敏感，预算余地较大，这种类型采购项目是综合能力的考量，而不仅仅是价格。

保障型采购的风险影响较大，但可控且可逆。其核心价值要点是服务导向，关注供方的综合交付与保障能力。另外，由于预算较刚性，强调综合成本最低。

控制型采购的风险影响有限，但预算刚性，其价值要点是价格导向，关注账期和付款方式等商务条款，以实现最大的经济效益。

总的来说，不同类型采购中反映的客户企业价值要点，很大程度上决定了我们项目销售商机成功要素及其权重。希望读者和学员结合企业自身情况，认真领悟，并按模型进行练习。

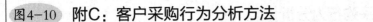

图4-10 附C：客户采购行为分析方法

某煤化工客户采购行为分析				
	产生需求	方案设计	方案制定	采购实施	采购决策
WHO	谁发起	谁选型	谁制定决策标准	谁谈判签约	谁决定最终厂家
	设备科	设计院	设计院	设备科汪经理	设备孙副总
WHEN	何时发起	何时选型	何时制定决策标准	何时谈判签约	何时决定最终厂家
	2022年4月	2022年6月	2022年8月	2022年9月发需求公示 2022年10月发招标文件	综合评标结果出来后，预计在2022年11月
HOW	怎样发起	怎样选型	怎样制定决策标准	怎样谈判签约	怎样决定最终厂家
	炭黑车间主任提报需求给公司采购部	根据动力要求及装置使用环境，提出技术参数要求	根据采购需求并参考以往使用的设备参数制订标准	评标后，采取一对一的方式进行商务谈判	技术标及商务标综合评分最高者为最终选择

结论：该客户决策链为：拍板人——设备副总，技术决策人——设计院，采购执行——设备科汪经理

不管什么类型的采购项目，人的因素总是必须要重点考虑的。因此，我们要基于客户企业采购流程与管理规范，梳理出相关责任部门与关键人物，摸清其采购决策链。在线索管理中就要求填写"5W2H"的内容中"WHO/WHEN/HOW"是重点考察对象。

以上是我们做空气压缩设备客户的实战案例，前面讲过他们的目标客户画像，这里以他们的一个典型项目为例，给大家示范如何梳理客户决策链的。

通过以上的分析可以看到，项目采购是一个涉及多个部门、多个环节的复杂过程，每个环节都有其特定的角色和职责。只有当我们与客户的这些角色和职责的相关人物充分沟通互动，建立信赖关系后，项目孵化与跟进才能顺利进行。

图4-11 案例1：客户采购行为分析

发动机传感器采购行为分析					
	产生需求	方案设计	方案制定	采购实施	采购决策
WHO	谁发起	谁选型	谁制定决策标准	谁谈判签约	谁决定最终厂家
	技术部	技术部	技术部/企业总部	采购部	采购部负责人
WHEN	何时发起	何时选型	何时制定决策标准	何时谈判签约	何时决定最终厂家
	2015年10月10日	—	2015年10月30日	2015年11月31日	2015年11月31日
HOW	怎样发起	怎样选型	怎样制定决策标准	怎样谈判签约	怎样决定最终厂家
	售后部门向企业反馈	技术部门确认问题，企业决策采购	按照初始设计标准	采用邀标议标方式	符合总部采购管理规范，特殊情况国际总部审批

这是前面列出的全景案例1的客户采购决策链的梳理结果，以便大家结合自身项目情况练习时参考。需要说明的是，由于是确定的技术要求与使用场景，所以本案例没有采购选型环节。

图4-12 案例2：客户采购行为分析

车门扶手视觉检测采购行为分析					
	产生需求	方案设计	方案制定	采购实施	采购决策
WHO	谁发起	谁选型	谁制定决策标准	谁谈判签约	谁决定最终厂家
	质检部	质检部/技术部	质检部/技术工艺部	采购部	采购部/质检部
WHEN	何时发起	何时选型	何时制定决策标准	何时谈判签约	何时决定最终厂家
	2022年3月	2022年4月	2022年5月	2022年5月	2022年5月30日
HOW	怎样发起	怎样选型	怎样制定决策标准	怎样谈判签约	怎样决定最终厂家
	提交采购申请	约三家供应商比稿	相关部门评议决定	邀标，得分最高中	2023年5月30日

这是前面列出的全景案例2的客户采购决策链的梳理结果，以供大家结合自身项目情况练习时参考。

图4-13 案例3：客户采购行为分析

AR/VR培训项目采购行为分析					
	产生需求	方案设计	方案制定	采购实施	采购决策
WHO	谁发起	谁选型	谁制定决策标准	谁谈判签约	谁决定最终厂家
	培训中心	培训/信息中心	信息中心	采购部	主管副总
WHEN	何时发起	何时选型	何时制定决策标准	何时谈判签约	何时决定最终厂家
	2023年1月	2023年2月	2023年2月	2023年3月	2023年3月25日
HOW	怎样发起	怎样选型	怎样制定决策标准	怎样谈判签约	怎样决定最终厂家
	提交采购申请	案例考察与比稿	相关部门评议决定	邀标，得分最高中	2023年5月30日

这是前面列出的全景案例3的客户采购决策链的梳理结果，以供读者和学员结合自身项目情况练习时参考。

图4-14	附D：项目竞争态势分析—竞争雷达图

竞争分析表					
	对手1	对手2	对手3	我方	备注
行业地位	4	2	5	3	对手1：国内一线品牌 对手2：国内小企业 对手3：国际知名品牌 我 方：国内二线领军
技术实力	4	2	5	3	
价格水平	3	5	2	4	
客户关系	3	2	2	3	
销售政策	2	4	2	3	
服务保证	4	3	4	5	
合计	20	18	20	21	

结论：
1. 我方在客户关系、销售政策、品质与服务方面领先其他竞争对手
2. 我方在行业业绩、技术与资金实力、成本处于中上游
3. 对手3成本较高，对手1与我方比较，在行业业绩、技术与资金实力弱于我方；对手2除了成本上的优势，其余都较弱；与我们有较大竞争关系的是对手1

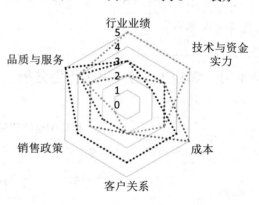

竞争雷达图

······ 对手1 ······ 对手2 ······ 对手3 ······ 我方

在确定商机评估要素前，了解并分析竞争对手的实力和策略是项目成功的关键。我们运用"竞争雷达图"这个分析工具对参与本次项目的各竞争对手进行了全面的分析。一般从行业地位、技术实力、成本水平、客户关系、销售政策、品质与服务等六个维度进行分析，用5分制来量化比较。

图4-14就是我们一个客户企业的实战案例，大家可以看出在总体的得分上，尽管我方得分最高是21分，但除对手2外，其他对手还是比较强，得分20分，且几个单项都优于我方。由此看出竞争激烈，我方如不能有效PK对手1和3，就很可能被逆转。

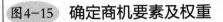

图4-15 确定商机要素及权重

· 商机要素是基于以上分析，以客户视角认为选定供应商最重要的3~5个要素维度
· 商机要素由我方商机评估小组人员头脑风暴选定
· 以客户视角对商机要素进行重要性排序，并给出相应权重，权重之和100%

案例项目商机要素及权重					
商机要素	决策人关系	品牌影响力	产品认可度	预算匹配度	服务能力
权重	15%	20%	20%	15%	30%

通过PVBC模型对客户画像、价值要点、采购类型和竞争态势的分析，我们可以进入第二步，确定商机评估要素及权重的设定了。

在上述实战案例中，我们咨询团队组织企业营销、技术、生产、服务和财务等部门人员组成了商机评估小组，经过大家的头脑风暴，选定了五个主要的商机评估要素，包括决策人关系、品牌影响力、产品认可度、预算匹配度和服务能力等，并给予了相应的权重。这五个要素涵盖了客户的购买决策过程中的主要考虑因素，可以帮助我们全面地评估商机的价值。

在此项目中，大家认为项目中决策人关系不是最重要的，只给了15%权重，因为甲方是优质国企，产品技术要求一般，市场比较透明，又是标准化采购等原因。

品牌影响力和产品认可度对甲方采购影响较为重要，甲方在意产品的稳定性与供应商品牌口碑，所以权重设定为20%。

预算匹配度则考虑到行业市场透明，主要对手都是随行就市报价，甲方的预算金额不高，价格竞争意义不大，所以该项要素权重设定为15%。

最后服务能力是甲方最关心的，是影响其选择的关键因素，我们将该要素权重设定最高，为30%。

| 图4-16 | 商机要素评分 |

· 商机要素评分：评分量表是反映"我方"目前在各商机要素中所处的状态，一般采取5分制，5分为"最好"，0分为"最差"

案例项目商机要素评分表

得分 要素	5	4	3	2	1	0
决策人关系	关键人物指点	牵头参观用户	接受宴请和礼物	无明显表态	提出大量质疑	强烈反对我方
品牌影响力	完全认可（决策链全部认可）	认可（品牌决策人认可）	比较认可（有建议权的人认可）	不太认可（只是听说过品牌）	不认可（没听说，介绍也无感）	完全不认可（未获介绍机会）
产品认可度	所有指标都碾压对手	核心指标碾压，其余低于对手	与对手不分上下	只有部分指标满足要求	核心指标不满足要求	指标无法满足客户要求
预算匹配	完全匹配（或我方协定预算）	预算偏差在±10%以内	预算偏差在±10%~15%	预算偏差在±15%~20%	预算偏差在±20%~30%	预算偏差在±30%及以上
服务能力	超越其需求标准，超值水平	满足客户要求，且超越对手	基本满足，但低于对手	部分满足客户需求，但比对手好	部分满足，与对手差不多	无法满足客户需求，且低于对手

确定了商机评估的要素后，我们需要设计每个要素的量化评分标准表。为了简化操作，我们一般采取5分制，评分量表是反映"我方"目前在各商机要素中所处状态，5分为"最好"，0分为"最差"。

例如，对于决策人这一要素，"我方"得到了关键人物指点为5分，决策人牵头参观"我方"用户为4分，决策人接受宴请和礼物为3分，决策人无明显表态为2分，决策人提出大量质疑为1分，决策人强烈反对"我方"为0分。其他要素以此类推设定量表评分标准。

通过以上步骤，我们就可以得到一个全面的、量化的商机评估工具。这个工具不仅帮助我们更好地理解商机的价值和风险，也为我们制定有效的项目孵化与跟进策略提供依据。

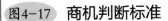

图4-17 商机判断标准

商机评估分数是各要素权重之和
· 高分（≥a%）的线索，直接判断为我方商机
· 中间分（b% ~ a%）的线索，需要进一步从竞争性价值和战略性价值等方面进行判断
· 低分（<b%）的线索，可暂时放弃跟进

某企业商机判断标准			
评估分数	项目价值判断		备注
[a%, 100%)	我方商机，提交立项申请		a、b值，可根据所在行业特点及以往经验进行赋予
[b%, a%)	竞争性项目价值评价（满足其一即可）	主要对手打压	
		VIP客户防守	
		爆款	
	战略性项目价值评价（满足其一即可）	战略客户画像	
		新市场破局	
		战略大单品	
		品牌提升	
		核心能力提升	
(0, b%)	不是我方商机，不予立项		

　　不同的行业、企业，对于商机判断的标准是有差异的。因此，需要结合行业特点与企业自身情况，量身定制一个自己的商机判断标准，以便更有效地识别和利用商机。

　　这套标准是个区间的概念，上限值（a值）和下限值（b值），开始阶段由以往项目成败数据与经验总结来赋予。当某个线索经商机评估表的得分达到或超过a值时，就可以直接判定为我方商机，进行立项；当得分低于b值，则直接判定为放弃；当得分在a值和b值之间时，我们需要进一步判断这个商机是否具有竞争性价值或者战略性价值，如果答案是肯定的，那么这个商机也可以立项。

　　设计商机判断标准，需要我们根据自身业务特性和市场环境进行动态调整。例如，对于一些竞争激烈的行业，我们可能需要设置更高的a值和更低的b值，以便更好地把握商机。而对于一些竞争相对较小的行业，我们则可能需要设置较低的a值和较高的b值，以便更好地管理资源。同时，随着成败案例的数据积累越来越多，我们还可以不断迭代、优化。

图4-18	案例1：商机判断–成功率低

S公司转速传感器项目商机评估罗盘

商机要素	决策人关系	品牌影响力	供应商业绩	预算匹配	服务能力	总分	是否为我方商机
权重	20%	30%	25%	15%	10%		
要素评分	1	2	1	0	5	31%	是（战略性）
加权得分	4%	12%	5%	0%	10%		

商机要素	定义	评分标准	得分
决策人关系	决策人对我方人际关系的显性好感度及隐性利益关切程度	关键人物指点你运作项目	5
		关键人物牵头参观用户	4
		关键人物接受宴请和礼物	3
		关键人物提出大量质疑	2
		关键人物静心听你的产品	1
		关键人物强烈反对我方	0

商机要素	定义	评分标准	得分
品牌影响力	客户对我方品牌的认可度	完全认可	5
		认可	4
		比较认可（有建议权的人认可）	3
		不太认可（只是听说过品牌）	2
		不认可（没听说过品牌，经介绍后也无感状态）	1
		完全不认可（未获得品牌介绍机会）	0

商机要素	定义	评分标准	得分
供应商业绩	客户对我司产品的配套经验和应用情况的认可程度	有超过20家内燃机转速传感器应用和配套经验	5
		10～20家内燃机转速传感器应用和配套经验	4
		5～10家内燃机转速传感器应用和配套经验	3
		3～5家内燃机转速传感器应用和配套经验	2
		1～2家内燃机转速传感器应用和配套经验	1
		0家内燃机转速传感器应用和配套经验	0

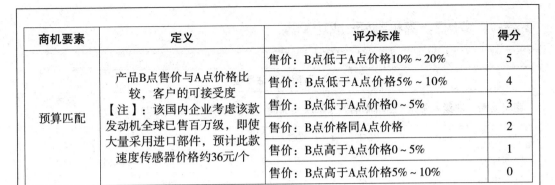

商机要素	定义	评分标准	得分
预算匹配	产品B点售价与A点价格比较，客户的可接受度 【注】：该国内企业考虑该款发动机全球已售百万级，即使大量采用进口部件，预计此款速度传感器价格约36元/个	售价：B点低于A点价格10%～20%	5
		售价：B点低于A点价格5%～10%	4
		售价：B点低于A点价格0～5%	3
		售价：B点价格同A点价格	2
		售价：B点高于A点价格0～5%	1
		售价：B点高于A点价格5%～10%	0

商机要素	定义	评分标准	得分
服务能力	8h及时响应临时应对措施，24h现场技术支持，72h查明原因并提供永久应对措施。供应商执行力程度	完全满足	5
		满足	4
		比较满足	3
		不太满足	2
		不满足	1
		完全不满足	0

　　这是前面与大家分享的全景案例1的商机评估罗盘的得分情况，仅仅只有31分，是低于进一步立项标准的，但考虑本次采购的甲方是国际头部发动机企业，具有标志性的战略价值，所以我们的客户依然选择了立项。

　　我们发现，现在的商机评估罗盘的要素与权重，是从这个甲方与其他国际供应商的一般采购标准与流程的惯例中分析出来的，这次采购确是甲方极其被动的局面下发起的采购行为，有打破常规的可能，只要我们积极主动地与甲方沟通，深入其采购流程中的相关部门去互动，帮助他们排忧解难，相信甲方相关部门都会配合推进的，这样我们改变其采购选择标准与预算是有成功把握的。更何况，现阶段也只有我们有成熟解决方案，可以解其燃眉之急。这是我们客户在商机评估得分低的情况，依然选择立项的根本原因。

图4-19　**案例2：商机判断–成功率高**

项目商机评估罗盘							
商机要素	决策人关系	品牌影响力	供应商业绩	预算匹配	服务能力	总分	是否为我方商机
权重	20%	30%	10%	20%	20%	64%	是
要素评分	1	4	5	2	5		
加权得分	4%	24%	10%	8%	20%		

商机要素	定义	评分标准	得分
决策人关系	在项目中起到决定作用的人	关键人物完全认可，带头牵动运作项目	5
		关键人物认可，指点项目运作	4
		关键人物较为认可，接受宴请和礼物	3
		关键人物提出明确质疑	2
		关键人物无明显表态	1
		关键人物强烈反对我方	0

商机要素	定义	评分标准	得分
产品质量	产品指标参数符合情况	产品指标及产品地位绝对领先竞争对手，且为国际头部品牌	5
		产品指标及产品地位优于竞争对手，但非进口品牌	4
		产品指标及产品地位与竞争对手相当	3
		不太认可（经介绍后也无表态）	2
		不认可（经介绍后也无感状态）	1
		完全不认可（无介绍机会）	0

商机要素	定义	评分标准	得分
供应商业绩	客户对我司产品的配套经验和应用情况的认可程度【注】：近三年内宝马主机厂落地3次，一汽大众2次	有多家应用和配套经验，包括3家以上一线厂商	5
		有多家应用和配套经验，包括2~3家一线厂商	4
		有多家应用和配套经验，包括1家一线厂商	3
		有多家应用和配套经验，但非一线汽车厂商	2
		有几家应用和配套经验，但非一线汽车厂商	1
		0家应用和配套经验为零	0

商机要素	定义	评分标准	得分
预算匹配	售价B点与预算A点比较，客户的可接受度	售价：B点低于A点价格10%~20%	5
		售价：B点低于A点价格5%~10%	4
		售价：B点低于A点价格0~5%	3
		售价：B点价格同A点价格	2
		售价：B点高于A点价格0~5%	1
		售价：B点高于A点价格5%~10%	0

商机要素	定义	评分标准	得分
服务能力	8h及时响应临时应对措施，24h现场技术支持，72h查明原因并提供永久应对措施。供应商执行力程度	完全满足	5
		满足	4
		比较满足	3
		不太满足	2
		不满足	1
		完全不满足	0

这是全景案例2的商机评估罗盘的得分情况，该项目被认定为可以立项进行孵化。

图4-20 案例3：商机判断-成功率高

项目商机评估罗盘							
商机要素	决策人关系	品牌影响力	供应商业绩	预算匹配	服务能力	总分	是否为我方商机
权重	15%	20%	30%	15%	20%	78%	是
要素评分	3	4	4	3	5		
加权得分	9%	16%	24%	9%	20%		

商机要素	定义	评分标准	得分
决策人关系	在项目中起到决定作用的人	关键人物完全认可，带头牵动运作项目	5
		关键人物认可，指点项目运作	4
		关键人物较为认可，积极反馈需求，认可技术能力	3
		关键人物提出明确质疑	2
		关键人物无明显表态	1
		关键人物强烈反对我方	0

商机要素	定义	评分标准	得分
产品质量	产品指标参数符合情况	产品指标及产品地位绝对领先竞争对手	5
		产品指标及产品地位优于竞争对手	4
		产品指标与竞争对手相当	3
		不太认可（经介绍后也无表态）	2
		不认可（经介绍后也无感状态）	1
		完全不认可（无介绍机会）	0

商机要素	定义	评分标准	得分
供应商业绩	客户对我司产品的配套经验和应用情况的认可程度	有5家应用和服务经验，且有3家以上行业头部企业	5
		有5家应用和服务经验，且有3家以上同类规模企业	4
		有3家应用和服务经验	3
		有2家应用和服务经验	2
		有2家应用和服务经验	1
		有0家应用和服务经验	0

商机要素	定义	评分标准	得分
预算匹配	价格与预算比较，客户的可接受度	价格低于预算10%～20%	5
		价格低于预算5%～10%	4
		价格低于预算0～5%	3
		价格高于预算5%以内	2
		价格高于预算5%～10%	1
		价格高于预算10%～20%	0

商机要素	定义	评分标准	得分
服务能力	24h现场技术支持，72h查明原因并提供永久应对措施。供应商执行力程度	完全满足	5
		满足	4
		比较满足	3
		不太满足	2
		不满足	1
		完全不满足	0

　　这是全景案例3的商机评估罗盘的得分情况，该项目被认定为可以立项进行孵化。

项目分级及立项管理

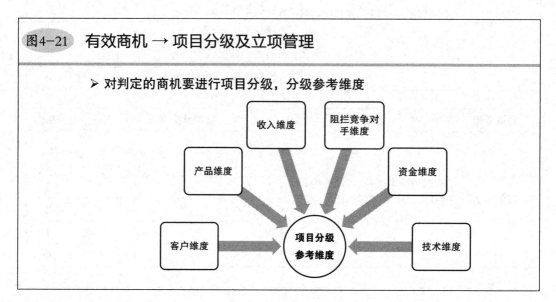

图4-21 有效商机 → 项目分级及立项管理

> 对判定的商机要进行项目分级，分级参考维度

（收入维度　阻拦竞争对手维度　产品维度　资金维度　客户维度　项目分级参考维度　技术维度）

当有效线索到被判定为商机后就可以立项了，成立项目小组，任命负责人，并组成"铁三角"团队，也有了相应的费用预算和资源配置等。但成长型企业毕竟资源有限，更需要精准配置，于是对项目进行分级立项管理是很有必要的。

项目分级，我们建议参考以上所列的六个维度。

1. 客户维度。参照公司目标客户画像以判断客户价值，如重点行业头部企业，实力规模大、潜力大和影响力大等，一般客户价值越大，项目等级就越高。

2. 产品维度。项目所涉及的产品或服务，有助于企业重点产品开发，如公司战略性大单品的第一单，往往都是重要项目。

3. 收入维度。项目的预期收入和盈利贡献高低，如金额大、赚钱多的项目，那肯定是重要项目。

4. 阻拦竞争对手维度。在立项分析时参考的有无竞争价值的项目，如抢夺对手核心客户、侵入其主要领域或阻击其新业务等，都是重点项目。

5. 资金维度。项目所需资金投入大小和节奏，投入大，又是前置性的投入，一般是重点项目，要进行重点管理与风控。

6. 技术维度。项目所涉及的技术难度和成熟度，如助于企业技术重大发展的项目，一般都是重点项目。

图4-22 基于价值的项目分级管理

某企业的项目分级原则					
级别	定义	典型特征	配套政策	决策层	项目价值
A 公司级	对中长期发展有战略性影响的项目；对新业务、新产品有重要影响的项目；对当年目标达成有重大影响的项目	战略性新品布局的前三单；重点客户的探索性试点项目；重点新行业的前三单；项目金额大，对目标达成有重大影响	价格及相关销售政策由总经理决策，销售总监执行，底线允许财务贡献为负（可承受的范围内）；项目奖金包事前由公司确定，与成交价格和利润无关，发放方案由销售总监制订，总经理批准后执行；商务及相关费用由总经理决策	公司决策层	战略价值
B 大区级	针对主要友商的进攻或阻击；对竞争格局，或大区中长期发展有重大影响	阻击友商对核心客户入侵；进攻友商的重点市场；公司主推的产品项目	价格及相关销售政策由销售总监决策，大区总监执行，底线要求财务贡献可为零；项目奖金包由大区总监制订报销售总监批准，公司报备，与成交价格和利润无关，大区总监执行；商务及相关费用由销售总监决策	大区领导层	竞争价值
C 区域级	对销量、份额和利润有要求	省办可以独立完成的项目	按照公司现有规定执行	省办负责人	财务价值

这是某客户企业的项目分类原则，按照战略价值、竞争价值和财务价值将项目分成为A类公司级、B类大区级和C类区域级项目。

A类公司级项目：具有对公司中长期发展有正向影响的战略性价值。由公司高层亲自挂帅，组成"铁三角"，以成单为目的，可适度放宽财务和风险控制标准，销售政策、费用支持和团队激励等项目运作管理，均由高层直接决策。

B类大区级项目：具有对竞争格局、区域中长期发展有重大影响。以大区总监为主，组成项目"铁三角"，以抢单为目的，允许财务贡献为零，其销售政策、费用支持和团队激励等项目运作管理，均由大区总监负责。

C类区域级项目：一般的常规项目，强调有财务贡献。一般以省区经理为主，组建项目"铁三角"，按照公司正常项目管理与各项管理流程规范执行。

该公司的A、B、C类的项目比例一般为：1∶2∶7。

从这个实例可以看出，项目分级管理的本质是让企业可以更好地把握项目的优先级，合理分配资源，提高协同效率，实现企业的战略目标。同时，也有助于授权赋能，让听得见炮火的一线业务来决策，激发其积极性和创造力。

图4-23　示例：某设备企业项目分级表

分级	分类标准	决策人	项目政策	项目组织与执行
A 级项目	1. 合同金额在200万元及以上 2. 红旗120 3. 新品窗口项目	决策人：营销副总 执行人：大区总监	1. 价格及相关销售政策由营销副总决策，大区总监执行； 2. 奖金包与项目利润无关，由公司直接发放； 3. 商务及相关费用由营销副总决策	1. A级项目最高决策者营销副总，执行负责人为大区总监，项目组成员为省区经理及相关部门人员； 2. 售前市场支持、订单排产、交付及服务最高优先级； 3. 该类项目具体执行原则上此项目相关事项必须由各部门负责人直接承担
B 级项目	1. 省级窗口项目（三级） 2. 省内集采项目	决策人：大区总监 执行人：省区经理	1. 价格及相关销售政策由大区总监决策，省区经理执行； 2. 项目奖金包由省区经理制订、报大区总监批准，公司报备，与成交价格和利润无关，发放方案由省区经理制订，大区总监批准执行； 3. 商务及相关费用由大区总监决策	1. B级项目最高决策者大区总监，执行负责人为省区经理，项目组成员为产线经理及相关部门人员； 2. 如需要售前市场支持、订单排产、交付及服务等方面特殊要求的需报营销总监批准； 3. 该类项目具体执行原则上此项目相关事项必须由各部门负责人安排专人负责执行
C 级项目	A级和B级之外的项目	决策人：省区经理 执行人：业务经理	按公司现有制度执行	

　　这是我们一个做医疗设备企业的项目分级管理的办法概要，它是一个3亿元左右的成长型企业，供大家参考。

图4-24　组建项目小组"铁三角"

· 根据项目分级确定项目决策人
· 经相关部门立项评审通过后，由决策人负责组建项目组

项目组基本成员构成及对应角色（示意表）				
项目级别	销售项目决策人	"铁三角"		
		销售经理	技术支持经理	客服经理
A级项目	总经理	大区总监	技术支持总监	客服总监
B级项目	大区总监	省办经理	技术支持经理	客服经理
C级项目	省办经理	区域销售经理	技术支持工程师	客服工程师

项目分级之后项目决策人就明确了，在相关部门如财务、法务、生产、技术、供应链等审批通过后立项，同时组建项目组。

由于项目分级是根据客户和项目的重要性来确定的，因此，其负责人和"铁三角"构成级别也不一样。以上是我们一个客户企业的各级别项目的决策人和相应的项目"铁三角"的构成方案。

大家可以看出，项目级别越高，其决策人和项目小组成员的级别也就越高。其目的就是，一方面，与客户对接与服务时，关系界面更好，国内很多企业讲究对等接待的规则；另一方面，能迅速调动和集中公司有限资源，保证重点项目推进成功。

图4-25	明确项目组成员及分工

销售项目决策人	"铁三角"		
	销售经理	技术支持经理	客服经理
1. 根据项目分级标准进行任命，有项目的决策权； 2. 制定项目要求，获取资金及人员等资源支持； 3. 审核项目奖金分配； 4. 审定项目成员绩效； 5. 审定项目销售费用预算方案	1. 销售经理是项目执行主导者，负责与客户全程沟通； 2. 对项目的成功负责； 3. 作为全流程交易质量负责人，做好线索管理、商机管理、客户风险识别、合同签订、实施交付、项目回款等工作； 4. 制订项目奖金分配方案； 5. 制订项目组成员绩效评估； 6. 制订项目销售费用预算方案	1. 帮助客户对我方产品和品牌建立认知； 2. 理解和管理客户需求，制订有竞争力的解决方案； 3. 为客户提供技术方面的支持，获取客户信任	1. 客服经理是项目整体交付与服务的第一责任人，对项目销售前期提供支持； 2. 对整体交付与服务客户满意度负责； 3. 对交付与服务的经营指标负责； 4. 负责搭建交付与服务侧的客户关系平台，以承载后期客户关系维护

项目组成员主要由四种角色的人组成，分别是项目决策人、"铁三角"中的销售经理、技术支持经理和客服经理，每个成员都有其专业职责和分工，共同推动项目的顺利进行。

项目决策人是项目的核心人物，是项目领导者，决定关键策略与资源投入，同时保驾护航，排忧解难。

销售经理是项目执行的主导者，又称为客户经理或项目经理，具体负责客户关系建立，搞定决策链，投标、谈判、合同签订与执行回款等。

技术支持经理是项目中的技术专家，也被称为方案经理，为客户提供专业技术支持、引导其需求，主导并协助成功"种草"，尤其是在咨询类采购中。

客服经理是项目整体交付与服务的第一责任人，确保客户的满意度和项目执行交付的顺利进行。

这是项目小组及分工的基本原则与思路，希望大家结合自身企业的项目运作需求特点，制定出贴合实用的项目小组组成与分工管理的相关制度。

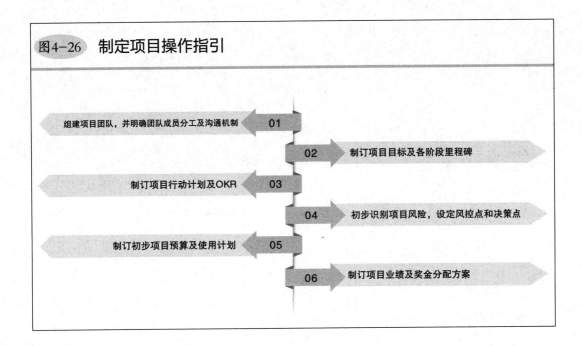

图4-26 制定项目操作指引

01 组建项目团队，并明确团队成员分工及沟通机制

02 制订项目目标及各阶段里程碑

03 制订项目行动计划及OKR

04 初步识别项目风险，设定风控点和决策点

05 制订初步项目预算及使用计划

06 制订项目业绩及奖金分配方案

在项目孵化与跟进管理中，明确的阶段性目标、高效的团队协作、清晰的执行计划和有效的激励是成功的关键。因此，我们必须要有简单明了的项目操作指引，这也是本阶段立项工作的一部分。

1．明确该项目"铁三角"团队构成和责任人、各自角色和职责，并明确团队沟通、协同和执行等运行机制，如定期的项目会议、阶段性报告和线上会等。

2．按照LTC要求的各阶段里程碑要求，制定项目跟进目标。目标由项目小组研讨制定，并由上级审核，由相关部门确认。

3．制订具体行动计划，由于项目孵化充满动态变化和不确定性，建议结合OKR（Objectives and Key Results）考核方法，更适合发挥项目小组成员的能动性。

4．基于初步识别的项目可能风险，按照LTC要求，设立相应的项目控制点和决策点，及时纠偏和止损。

5．列出保证项目计划执行需要的费用和相关资源，经批准后，报备企业财务等相关部门。

6．制订项目业绩和奖金分配方案。基于项目目标达成情况评估业绩，决定项目奖金包大小，再由项目负责人根据各成员贡献进行分配，以实现"利出一孔、力出一孔"。

第五章

项目孵化策略及工具运用

　　本章 LTC 项目孵化管理的核心内容就是，打开项目型销售中项目孵化成功的"暗箱"，以"按图索骥"的方式拆解出步骤，剖析项目孵化的全过程，并给出不断推进项目孵化的策略指引和判断项目成功可能性的管理工具。一句话，让成功的项目孵化可以学习，是本章的核心内容。

　　这里要注意一点，项目孵化的过程，既是与人建立良好沟通关系的过程，也是解决方案不断设计、修正和完善提升的过程。把项目孵化工作纯粹作用在"人"上，搞所谓"江湖营销"的套路，在当前商业和社会新环境下，越来越行不通了。在与"人"建立联系和良好沟通的基础上，坚持"客户价值为王"的原则，谋求最合适的解决方案，把事做对，真正为客户解决问题和创造价值，才是价值营销的核心。

成长型企业项目孵化管理的两大典型问题

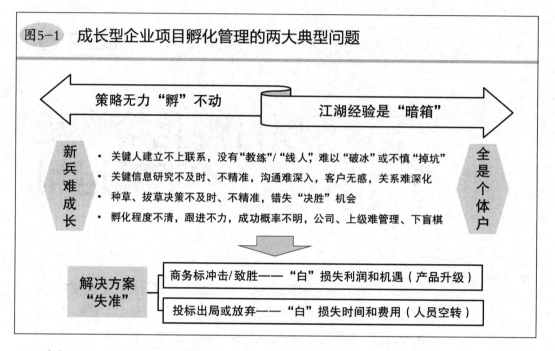

图5-1　成长型企业项目孵化管理的两大典型问题

策略无力"孵"不动　　　　**江湖经验是"暗箱"**

新兵难成长

- 关键人建立不上联系，没有"教练"/"线人"，难以"破冰"或不慎"掉坑"
- 关键信息研究不及时、不精准，沟通难深入，客户无感，关系难深化
- 种草、拔草决策不及时、不精准，错失"决胜"机会
- 孵化程度不清，跟进不力，成功概率不明，公司、上级难管理、下盲棋

全是个体户

解决方案"失准"

商务标冲击/致胜——"白"损失利润和机遇（产品升级）

投标出局或放弃——"白"损失时间和费用（人员空转）

成长型企业项目型销售普遍第一个大困境是获取线索难，第二个大困境是商机孵化难。

一般的状态，老板、老业务"出马一个不止顶俩"，虽不能说是"手到擒来"，但通常能够较为准确判断出商机孵化成功的可能性，或有办法快速解决"障碍"推进孵化，或及时放弃止损。

反观新兵、生手难以体察项目的"温度"，看不清项目成功的障碍，或缺乏突破障碍的策略。在商机孵化常常表现出两种典型状态：一是以商务政策为致胜手段，盲目价格战和长账期，丧失了本来可以获得较好利润或销售更好产品的机会；二是盲目跟踪孵化，策略缺乏有效和精准，甚至直至投标出局还不知失败原因，白白浪费大量的时间、精力和费用。

经常听到一些企业感叹"建设队伍难"，要么新人做不出成绩，难留住、难培养，要么老业务员依靠"经验"惯性做事，进步慢、机会浪费多。缺乏路径可以学习，缺乏方法可以借鉴。

大客户销售中的项目孵化全过程

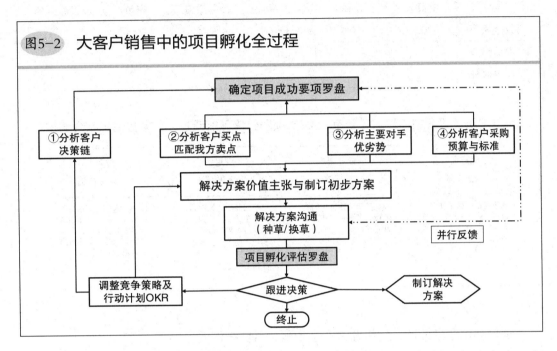

图5-2 大客户销售中的项目孵化全过程

价值营销是以"对路"的解决方案作为商机孵化致胜的核心。其中与客户建立良好关系是为了更好地了解和挖掘客户需求与痛点，进而设计"对路"方案，有效说服客户接受解决方案价值主张。因此，商机孵化成功的不二法则：人通顺与事对路，人沟通顺了，才能事对路。

图5-2所示就是项目孵化全过程，是在各种信息交织判断中不断深化、迭代和提升的循环过程。全过程分为以下两条主线。第一条主线从客户决策链、买点匹配我方卖点、主要对手优劣以及客户采购预算与标准四个方面分析，提出解决方案价值主张与制订初步方案。同时，与客户决策链成员进行沟通，如客户需求可引导，就开始"种草"过程；如客户已先入为主接受其他方案，就开始"换草"过程。评估判断后有三种选择：一是可行，制订方案；二是要调整，继续跟进修改；三是完全不行，放弃。

第二条主线是从上面四个方面分析，参照我方典型客户画像以及之前的案例借鉴，设计该项目商机孵化的评估罗盘，以"量化"判断方式，评估项目成功的可能性，使第一条主线更精准有效。

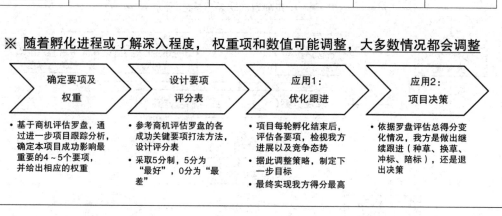

图5-3 设计项目成功要项评估（孵化）罗盘

示例：×××项目成功要项评估罗盘						
要项	决策人	品牌	产品	商务政策	竞争	加权总得分
权重赋予	20%	10%	15%	25%	30%	
评估得分						
加权得分						

※ 随着孵化进程或了解深入程度，权重项和数值可能调整，大多数情况都会调整

确定要项及权重
- 基于商机评估罗盘，通过进一步项目跟踪分析，确定本项目成功影响最重要的4～5个要项，并给出相应的权重

设计要项评分表
- 参考商机评估罗盘的各成功关键要项打法方法，设计评分表
- 采取5分制，5分为"最好"，0分为"最差"

应用1：优化跟进
- 项目每轮孵化结束后，评估各要项，检视我方进展以及竞争态势
- 据此调整策略，制定下一步目标
- 最终实现我方得分最高

应用2：项目决策
- 依据罗盘评估总得分变化情况，我方是做出继续跟进（种草、换草、冲标、陪标），还是退出决策

项目孵化罗盘设计与应用分为三个步骤，具体操作要点如下。

第一，确定成功要项和赋值权重。在商机评估罗盘的要项基础上，根据项目孵化进程情况确定或调整要项，随着项目孵化进行，成功要项可能会变化；除了产品和服务之外，其他成功要项都可能增减，包括品牌，甚至决策人。因此，"铁三角"小组充分讨论后确定与调整。成功要项一般选择3～5个，突出关键，不宜面面俱到。要项过多，不符合聚焦关键的原则。另外，从评估罗盘使用来说，要项多权重小，也不利于体现评分变化对孵化状态的影响。

第二，设计成功要项评分表。具体方法也是参照商机评估罗盘的方法进行设计，要提醒的是，成功要项的表现都是状态性的，通过将可视的"具体化"转化可度量的数量化方法，给不同要项状态设定评分标准，一般用0～5分，表示6个不同等级状态。

第三，评估罗盘应用有三个要点。一是孵化动作要优先在权重较大的要项上；二是每次孵化策略完成后，都要用罗盘评估其各项得分进展，以便及时调整和制订下一步计划；三是依据罗盘评估变化情况，作好项目孵化决策，及时正确地采取终止或调整的行动。

图5-4	可能选择的项目成功要项	

要项	主要内容	影响权重
决策链	甲方最高决策人、专业领域负责人、使用部门负责人、采购部门负责人、使用部门中层人员、采购部门中层人员、甲方一般办事人员等	
产品	参数、配置、综合使用成本、品质保障等	
服务	质保、技术支持、培训、附加服务等	
商务政策	价格、交付、付款方式、维保政策、金融工具等	
品牌/资质	知名度、保有量、已有客户数量、标杆客户情况、技术专利、资质	
竞争态势	对手数量、强弱差距、方案差异化程度等	
其他因素	渠道关系、上级或政府部门等	

这是我们列举的大部分项目成功要项，大致分为四个维度：决策链、方案要素、资质条件和竞争态势。某些采购还有其他因素，如协作方、渠道等。

第一，决策链维度。一般企业的采购决策流程大同小异，但"异"是关键，体现在领导风格、企业文化、采购类型和决策链关键程度等方面。因此，先要从采购类型大致判断关键决策人，然后从领导风格和组织规则等方面进行佐证，避免"踩雷""拜错庙"。

第二，解决方案要素，包括产品、服务和商务。这些要素在所有采购中都是成功的关键，只是在四种采购类型中影响程度不同。产品和技术要素在战略型采购就最重要，而在咨询类采购中，如形象设计、咨询服务等，决策人因素就很重要。

第三，资质条件维度。即客户所要求的供应商的实力规模、专业能力、行业经验和服务口碑等方面的能力，尤其是在非标或战略型采购是重要考量项。

第四，竞争态势维度。各个参与项目竞争的友商，其实力强弱、行业经验和交付服务能力等直接影响甲方选择，在同质化竞争下，性价比和服务就很重要，如对手之间差距大，则甲方更考虑产品和技术可靠性。

图5-5 根据采购类型初步确定要项和权重

关键要项	战略型	咨询型	保障型	控制型
关键决策人	25%~30%	20%~25%	10%~20%	5%~10%
产品/技术	30%~50%	20%~40%	20%~30%	10%~20%
商务	10%~20%	15%~25%	20%~30%	20%~50%
品牌	10%~20%	20%~30%	10%~20%	10%~20%
竞争	5%~10%	5%~10%	15%~25%	30%~50%

➤ 同样采购可能是不同类型

- 使用场景或目的不同
- 可能存在转型的机会

✓ 控制型转为保障型
✓ 保障型转为咨询型
✓ 保障型转为战略型
✓ 咨询型转为战略型

☐ 可能改变的采购类型与项目成功要项权重

确定项目成功关键要项第一步就是判断客户本次采购类型。判断采购类型有两个依据：采购重要性和需求专业性。采购重要性或需求专业性越强，决策人和产品/技术成功要项的权重就越大。战略型采购，如核心设备属于重大设备投资，决定企业核心竞争力，关键决策人判断与取向很重要；咨询型采购虽然通常采购金额不高，但需要人判断价值，做出选择，如管理咨询、软件系统等；保障型采购通常采购金额较大，如大宗原材料、主要设备及部件等，技术标注比较明确，因为重要性程度较高，因此，在保证产品技术和质量前提下，对商务控制要强，并以竞争对比来衡量供应商；控制型采购属于相对透明的采购，采购决策关键点在商务和竞争的对比上。

采购可有不同的采购类型，也会有不同的项目成功要项权重，这是以不同的解决方案进行项目孵化的重要策略。例如，某企业采购销售管理软件，供应商提出按营销模式进行个性化定制，将咨询型采购转为一定的战略型采购；再比如，某非土石方施工企业为某个偶然获得的土石方施工项目，以控制型标准采购工程机械，数量少、档次低，说服其进入"红火"的土石方工程施工业务领域，采购更多高效成套工程机械，从而将控制型采购变为咨询型采购。

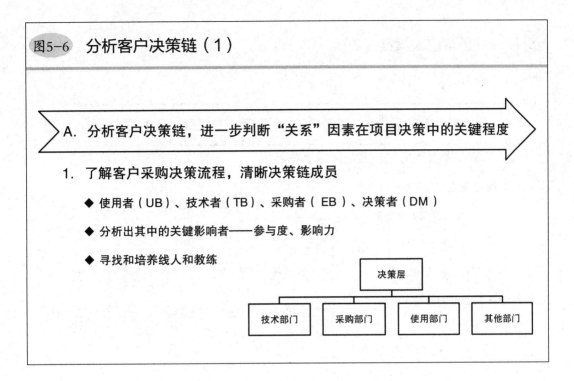

图5-6 分析客户决策链（1）

A. 分析客户决策链，进一步判断"关系"因素在项目决策中的关键程度

1. 了解客户采购决策流程，清晰决策链成员

◆ 使用者（UB）、技术者（TB）、采购者（EB）、决策者（DM）

◆ 分析出其中的关键影响者——参与度、影响力

◆ 寻找和培养线人和教练

在初步判断项目成功关键要项权重的基础上，最关键就是通过分析客户决策链判断"关系"因素，或者说"决策人"的因素的重要性。

首先，清晰客户采购决策流程。项目孵化初期了解的采购决策流程可能是表象的采购决策流程，要注意在项目孵化中逐步甄别，以避免在"关系"因素上出现重大失误或误判。

其次，识别客户决策链成员。决策链成员大体分为四类：使用者、技术者、采购者和决策者，并从组织结构确认四类人员分属哪些部门，进行针对性沟通。要注意决策链四类人员在本次采购的职责与组织结构上的职责是否不同，并从采购类型上判断不同的合理性及原因。例如，第四章图4-13中的案例3的AR/VR培训项目采购，关键决策人不是信息技术部门负责人，而是培训中心负责人，这也符合甲方"培训标杆工程"的项目定位。

最后，从参与度和影响力，分析对关键决策人的决策影响较大的决策链成员。促成重要影响者支持，是成功实现"种草"和"孵化"的关键。

另外，在客户决策链成员是否有"线人"和"教练"，对于成功孵化项目，常常是决定性的。如果没有，要力争在孵化期间寻找与培养。

图5-7 分析客户决策链（2）

A. 分析客户决策链，进一步判断"关系"因素在项目决策中的关键程度

2. 了解采购决策发起、实施的背景与状况

◆ 重要性、急迫度

✓ 事出异常必有缘故

✓ 挖掘与分析

◆ 交叉分析与间接验证

◆ 注意甄别隐性决策链

	产生需求	方案设计	方案制订	采购决策	采购实施
WHO	谁发起	谁选型	谁制定决策标准	谁决定最终厂家	谁谈判签约
WHEN	何时发起	何时选型	何时制定决策标准	何时决定最终厂家	何时谈判签约
HOW	怎样发起	怎样选型	怎样制定决策标准	怎样决定最终标准	怎样谈判签约

在初步了解客户采购决策链成员后，要进一步分析本次采购决策发起和实施的背景，以此，进一步确认客户决策链以及决策链成员。这是分析与理解客户需求以及设计解决方案的基础。

上述按照两个维度共计15个问题，都要有清晰的答案。这反映出与客户决策链成员沟通深入程度，以及"线人"与"教练"可靠程度，也是检验项目孵化程度的一个判断标准。分析过程中，具体有三个注意要点。

一是如果项目的重要性越强或急迫度越高，"关系"因素相对更弱，客户会更重视产品和服务价值本身。如图2-23中的案例1，发动机故障造成的客户损失在发生中，可预见的风险已经是事实；图2-27的案例2，客户每天损失5000元是明确的。

二是判断信息真伪很重要，除了信息逻辑要合理，单方面获得的信息，要尽量从其他方面进行交叉比对，找出关键决策者和影响者。这方面自己的"线人"和"教练"作用就很大。

三是在某些人员关系复杂的企业，表象的决策链可能不是真实的决策链，有的可能是"默契约定"的，有的可能有"半路程咬金"。因此，要注意甄别客户是否有隐性决策链。

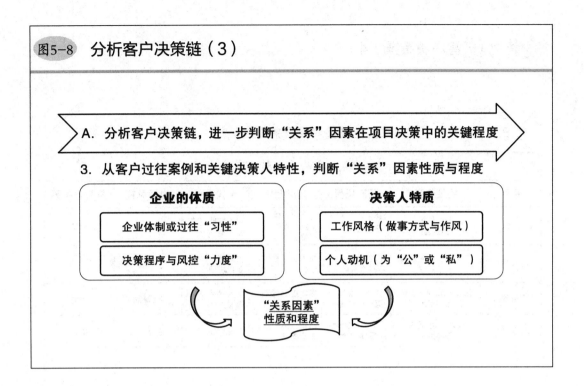

图5-8　分析客户决策链（3）

A. 分析客户决策链，进一步判断"关系"因素在项目决策中的关键程度

3. 从客户过往案例和关键决策人特性，判断"关系"因素性质与程度

企业的体质	决策人特质
企业体制或过往"习性"	工作风格（做事方式与作风）
决策程序与风控"力度"	个人动机（为"公"或"私"）

"关系因素"性质和程度

在前述两个分析基础上，最直接、准确地判断"关系"因素是客户过往采购案例和关键决策人特性。在某种程度上说，项目制销售有"江湖性"，就在于此。

如果判断出客户过往类似采购案例中"关系"因素很强，要从两个方面进一步判断。

第一，从企业的"体质"进行逻辑判断。一是企业体制和过往"习性"；二是决策程序中风控的"真实力度"，如监察审计部门、相关联部门或人员真实的介入或影响程度。

第二，从确定关键决策人特质来分析与判断。一是观察与了解其工作风格，"霸道""一言堂"等都反映出其个人话语权的程度；二是分析其个人动机，这是判断"关系"性质最关键和核心的依据。如果"为公"属性为主，孵化"关系"的重点是建立沟通，使其充分了解，做出准确价值判断和选择；如果"为私"属性为主，孵化"关系"的重点就是如何合理、适度满足，获得其"话语"的倾向性。

企业体质和决策人特质判断是一个"望闻问切"的过程，也是项目孵化经验的体现。

图5-9　分析客户决策链（4）

B. 了解和分析客户决策链成员对我方的态度

示例：客户采购决策链成员分析表

角色	决策作用	预期愿景	短期目的	个人动机	沟通风格	与我方关系
DM决策人	最终拍板 投资买家	• 竞争力提升 • 战略伙伴关系	• 产能瓶颈 • 技术难题 • 投资回报	企业发展，关系平衡	倡导型	支持
TB技术人	技术选型影响/决策 技术买家	研发能力提升 新技术平台	技术先进性/匹配性	性能第一，要业绩表现	分析型	支持
EB采购人	筛选信息,评估决策 商务买家	• 供应链优化 • 采购效能提升	成本控制/保障性	个人利益，别得罪人	控制型	反对
UB使用人	技术影响/否决 最终用户	提高产能效率/品质/可靠性	质量缺陷 良率提升	方便、省力	平易型	中立

这是一个客户决策链梳理分析的工具，并以示例说明。

首先，梳理出决策链上各角色及其分工，搞清楚各自对采购决策的作用是什么。

其次，分析和明确各自的长期预期的需求、短期要解决的问题以及个人动机是什么，上面例子模拟填写了。其中，动机可以从三个维度分析：从工作岗位出发的动机、个人需求、核心关注什么。

再次，了解沟通风格的四种类型，至于不同沟通风格的决策人如何有效沟通，在后续内容再详细介绍。

最后，确认各决策人与我们的关系和态度。有三种可能：支持、反对和中立。这里要甄别的是暗地里的反对者，这是最危险的敌人，一定要通过"线人"和"教练"等多源信息交叉验证，准确识别。

图5-10　示例：决策成员动机具体分析表

决策小组成员	个人动机								
	工作职责				核心关切			个人需求	
	技术	质量	价格	服务	责任	收益	风险	关系	利益
李大（DM）		Θ	Θ			Θ		Θ	
刘二（TB）	Θ			Θ			Θ	Θ	
张三（TB）		Θ			Θ				Θ
李四（EB）			Θ	Θ			Θ		Θ
王五（UB）	Θ	Θ						Θ	
赵六（UB）	Θ			Θ			Θ		Θ

图5-10中个人动机项分为三类：工作职责、核心关切和个人需求。如前所述，工作职责和核心关切是从"为公"角度，或者说是基于工作职责的；个人需求是从"为私"角度，获得工作之外的情感和利益满足。

使用此工具表，讲义中是以"Θ"为示意，实际使用时应尽量精练填写出具体内容，要能对应上"为公"的解决方案和"为私"的个人需求，也是沟通内容的依据。

理解个人需求中的关系和利益要注意两点：一是不一定都有，也可能没有任何个人需求，尤其是高层决策人；二是不要狭义在"阴暗"的方面，可以是"阳光"的，比如，对使用或技术人员的"尊重""技术交流"等，甚至有些"阳光"的个人需求满足，会带来决定性效果。

图5-11 示例：客户决策过程与我方状态评估表

决策小组成员	角色评估参数			决策过程分析					
	角色	工作	关系	提出需求	咨询调研	索取方案	方案评估	商务谈判	最终决策
李大	DM	支持（1.2）	中立（0）					20%	40%
刘二	TB	不反对（1）	中立（0）	20%	20%	10%	30%	20%	20%
张三	TB	不支持（0.8）	暗反（-1.2）	20%		10%	30%	20%	10%
李四	EB	反对（-1.0）	明反（-1.1）				20%	40%	20%
王五	UB	支持（1.2）	中立（0）	30%	40%	40%	10%		5%
赵六	UB	支持（1.2）	支持（1.2）	30%	40%	40%	10%		5%
决策过程评估结果	110	164	150	12	-44	44			

这里提供一个量化工具，从工作和关系两个维度量化。其中，个人需求中的关系和利益合并到一个关系维度中。

具体操作以示例说明，中立为"0"，按照沟通状态，支持为正分，反对为负分。支持程度越强，正分就越高；反对程度越高，负分就越低。具体分值反映强度高低，注意，各分值是相对的。在使用此工具时，"铁三角"成员要充分讨论分值与理由。每次有效的孵化动作之后，都要重新评估分值。

按照客户决策过程相关人重要性权重，对分值进行加权，加权正分越高，说明优势就越强；反之，亦然。

说明三点：一是各阶段相关人员权重是根据决策链状态判断的，上述权重数据仅为一般情况的参考；二是在哪个阶段孵化项目，就从哪个阶段开始评估；三是越靠近决策过程后期，评估分值就越重要。

以上示例中，我方在采购流程前面阶段得分不错，但后期关键阶段得分显著下降。主要原因是支持我们前期话语权大的使用者，后期反对者话语权加大，我方就被动了。因此，项目孵化方向是，在李大无法公关的前提下，主攻刘二，拉拢张三，冷处理李四。

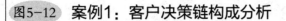

图5-12 案例1：客户决策链构成分析

- 发现"线人"——负责质量管理的工程师
- 经过沟通了解，决策链主要三人

角色	决策作用	预期愿景	短期目的	个人动机	性格/风格	与我方关系
DM 决策人	最终拍板/投资买家		降低不良率损失，节约180万元	·工作职责：解决问题 ·核心关切：投资收益达标 ·个人需求：无	不了解（提出标准，不参与具体决策）	中立
TB 技术人	技术选型影响/决策——技术买家		降低不良率至万分之一	·工作职责：技术达标，质量可靠 ·核心关切：履行责任，解决问题 ·个人需求：未提出	平易型沟通风格，愿意沟通与表达	陌生拜访，中立
UB 使用人	技术影响/否决最终用户					
EB 采购人	筛选信息/评估决策——商务买家		按期、保质完成采购任务	·工作职责：价格适当，服务到位 ·核心关切：合规，无责任风险 ·个人需求：有关系好的投标方	倡导型沟通风格，虽然有些强势，但愿意沟通	反对，与园区对手关系好

从前面列举的第二章中的全景案例2来看，其项目决策链的构成、各成员的角色分工、需求和动机等解析，用《客户决策链分析表》这样的工具，我们就能很快梳理出来。

从客户采购的需求、技术要求和预期要达到的目的来判断，此项采购是保障型采购。主要依据是，工作出发的动机是要解燃眉之急，每天都在损失，损失状况也非常量化，属于理性和刚性的采购需求，客户采购投入与产出的效益是明确的，尽管对采购标的物的具体产品配置、软件系统等专业性参数不太明确，但其痛点与预期是非常明确的。因此，我们判断，这个项目赢单的关键在"真刀真枪"的比拼，就是参与各方的解决方案优劣和实施保障能力的竞争，虽然人际关系因素有一定的影响，但作用是有限的。

有句话说"战略上藐视，战术上重视"。此项目最大的风险是采购人（EB）有关系好的投标方，因此，项目孵化沟通核心策略是"预警"和可靠性证明，即案例中我方有同行多个此设备系统达标运行的案例和业绩，展示我方实力、技术和品牌等优势，压制友商的关系优势，同时也可以降低客户的价格敏感性。

图5-13 案例2：客户决策链构成分析

- 发现"线人"——培训中心负责人，负责培训系统建设
- 经过沟通了解，决策链主要三人

角色	决策作用	预期愿景	短期目的	个人动机	性格/风格	与我方关系
DM 决策人	最终拍板——投资买家	成为国资委培训管理标杆	投入产出合理	·工作职责：应用良好，符合规划 ·核心关切：提高效率，成为标杆 ·个人需求：无	不了解（提出标准，不参与具体决策）	中立
TB 技术人	技术选型影响/决策——技术买家	引入智能信息系统，提升企业信息化水平	能尽可能整合利用原有设备	·工作职责：功能可靠，技术升级 ·核心关切：引入实用AR/VR ·个人需求：无	平易型沟通风格，愿意沟通与表达	中立
UB 使用人	技术影响/否决最终用户	持续升级，稳定、高效	按期上线运用	·工作职责：满足培训需求，符合预算 ·核心关切：实效性培训创新，成为管理创新标杆 ·个人需求：未提出	表现型沟通风格，非常愿意沟通	中立
EB 采购人	筛选信息/评估决策——商务买家	建立稳定共赢合作关系	按期、保质、合规			中立

与上个案例分析一样，我们也用《客户决策链分析表》对第二章中的全景案例3的采购决策链进行解析。

从该客户采购的需求、技术要求和预期目的等方面分析判断，此项采购是咨询型采购。主要依据是，该企业高层的预期是安全教育，是刚需，其管理系统不但要运行高效，而且要升级为数智化管理，成为业内标杆，且不差钱。这是大目标，具体实施技术部门不懂培训管理业务，而使用部门的对数智化系统更是一头雾水，其具体需求是模糊的，采购部门就是保证合规地把采购工作完成，也没有什么个人意图。

因此，我们判断，这个项目赢单的关键在于让使用部门信赖我方解决方案，是能匹配其使用，并能一直保驾护航，保证系统高效稳定使用。另外，我们的方案要充分利用现有信息设备和兼容其现有信息化运营系统，以获得TB技术负责人支持。

由于采购项目金额对该客户而言不大，且专业性很强，领导的预期又比较高，有利于我方的价值营销。

C. 根据相关成员作用和状态，确定与实施改善关系的策略

☐ **总体关系管理策略**
　✓ 关注成功关键人
　✓ 不得罪任何一方
☐ **针对性处理策略**
　✓ 正向关系：相互支持
　✓ 中立关系：积极引导
　✓ 负向关系：各个击破
☐ **关键人公关策略**
　✓ 巧妙接近，赢得好感
　✓ 深化关系，建立信赖

与我方关系	策略要点	
	对公	对私
√支持（关键人）	在整体收益和竞争优势上提升上放大声音，扩大影响	从工作走向生活，建立情感联系，增强信任与信赖
√支持（使用部门）	在使用便利性、可操作性上积极引导，建立信任	体现成熟、稳重的印象；多关心工作以外的生活方面的事情，甘愿做"小弟"
○中立（技术部门）	在可行性、技术、效果上引导，积极拉拢	多讲使用案例，引导对我方认同；决不能让其感受到冷淡、漠视
×反对（采购部门）	极力杜绝，最低要使其成为中立者；必要时，敲山震虎，软硬兼施	从个人爱好/偏好入手，获得信任

我们总体的关系管理策略是：依据成功关键的决策权重来把握关系策略以及相关精力和费用的投入。原则是突出关键人物，但力争不得罪任何一方，"把朋友搞得多多的，把敌人搞得少少的"。

针对关键人的公关策略分为两种：未建立联系的，如何接近与破冰；已经建立联系的，要提升关系，赢得信赖。

另外，要甄别各决策人对我方的态度，并区别对待。

1．针对我方的支持者，一方面要"投桃报李"继续获得更多认可；另一方面要借助其认可，帮助放大正向影响。比如，在技术上，寻求其在公开场合发出有利于我方的观点或意见。

2．针对中立者，一方面要理解其需求与顾虑，耐心沟通；另一方面在情感上让其感受到真诚的尊重，以获得其对我方的倾向性。

3．针对反对者，要区别其动机是为公还是为私的，以便各个击破。对"为公"的，专门解疑答惑，晓之以理，转化其立场；对为私利而反对的，我们晓以利弊以警示风险，让其心生敬畏，力争成为"中立者"。

上述示例就是某企业在医疗设备采购项目中的决策链公关策略，大家可以借鉴参考。

图5-14　四类关键人接近策略

1. **职能策略：市场部或客户关系部针对目标客户的活动推广、新媒体推广**

2. **圈层策略：与关键人能建立联系群体或个人建立联系**

   ✓ **社团圈：行业协会、开发区管委会、商会和同学会等**

   ✓ **行业圈：上下游供应商、其他业务供应商、老客户转介绍等**

   ✓ **朋友圈：熟人、老乡、球友和战友等**

3. **迂回策略：通过"线人"、关键人身边人、同学、朋友等**

4. **生磕策略：直接拜访、创造"偶遇"机会等**

　　有效接近客户决策链关键人，是商机孵化的普遍难点和痛点。总体来说，有四类关键人接近策略。

　　一是职能策略。在线索管理阶段，我们强调成长型企业要发挥市场部职能和客户关系管理职能，创造接近关键领导的场合与机遇，否则，靠一线销售人员陌拜是比较困难的。如图5-13的案例2，通过行业安全管理会上的培训课，成功"种草"，从而有效接近项目关键人。

　　二是圈层策略。项目"铁三角"的客户负责人（AR）要有很好的客户圈层及关系资源，如讲义所示的社团圈、行业圈和朋友圈等。这些都要在一个区域和领域精耕细作多年，逐步积累。销售人员可以"八仙过海，各显其能"，利用朋友圈、社团圈和行业圈要有组织运作，销售人员和职能部门共同开展各种活动。

　　三是迂回策略。在不能借助上述两个策略积累的人脉资源的情况，通过"线人"、关键人身边人、同学、朋友等寻机接近。

　　四是生磕策略。生磕是没有办法的办法，也是优秀销售人员必须历练的。虽然有各种方法、技巧、案例可借鉴，但是，亲和力强、情商高、韧劲足是对销售人员的基本要求。

图5-15　三个关键人深化步骤及策略

第一步骤：了解动机——为什么能合作

✓ 企业动机（长期愿景和短期目的）和个人动机（核心关切和个人需求）

第二步骤：建立信赖——怎么促进合作

✓ 个人信赖：谈话投机，获得好感；礼尚往来，尊重满足

✓ 企业信赖：展示实力，如邀请观摩、来厂或标杆考察和论坛研讨等

✓ 间接信赖：通过关键人熟悉人、其他成功合作人等

第三步骤：落实合作——如何推进合作

✓ 满足个人动机，争取发展成为"线人"和"教练"

关键人关系深化运作大体有三个层层递进的步骤。

第一步骤：了解动机。没有无缘无故的爱。动机不清楚，合作理由就不明确，就难有合作方案。动机要从企业动机和个人动机两个方面分析。企业动机，或者说职责动机，要从解决方案上实现。在关系和利益的个人动机，要分析是否能做到。

第二步骤：建立信赖。没有信赖就没有买卖，也就没有满足动机的机会。与关键人建立信赖关系有三个措施或策略，一是建立个人信赖。这完全依靠个人能力去实现。从见面沟通，建立良好的第一印象，再到逐步人情往来，破冰发展私交，建立朋友关系，其中的沟通技巧我们会在后面具体展开解说。二是建立企业信赖。也即是对公关系的提升，促成双方高层互访，让对方领导亲自参观标杆项目，建立信赖。三是建立间接信赖。通过关键人信赖的人，建立信赖关系。这种信赖关系如能建立，往往速度快、效果也好。

第三步骤：落实合作。有方案才会有方法。与关键人要有合作方案，对公方面，在解决方案上"堂而皇之"明确；对私方面，在行动上积极落实，但要注意控制相关风险。

图5-16　有效影响决策链的策略方法

决策小组	有效的影响方式/改变策略选择								
	现场演示	图文演示	展会参观	讲座交流	文献刊物	内部报告	比对友商	行业价	咨询顾问
李大	✓					✓			✓
刘二			✓	✓			✓		
张三		✓			✓	✓		✓	
李四		✓		✓			✓		
王五	✓		✓			✓			
赵六	✓				✓		✓		

对客户决策链施加有效影响是项目成功的关键，尤其是采购需求与标准尚未"清晰、坚定"的情况下，提前"种草"；或消除竞争对手的偏颇影响，就是"拔草"；或扬长避短，改变客户需求重点与判断标准，则是"换草"。

有效达成这些影响，需要针对客户决策链各成员行为方式和沟通途径，制定不同的影响策略和方法。

一般的对公关系策略的实施，需要企业市场部策划与组织整体的推广活动计划，一线销售借机邀请客户，进行互动交流，尤其是一些小而美的技术推广会、项目观摩会和新品体验会等。一句话总结就是，市场部搭台，销售人员唱戏。

对于一些关键节点的关键人破冰，中、后台部门要能提供相关高端关系资源，自上而下，协助搞定。

图5-17　发现与培养"线人""教练"

"线人"
• 在客户内部认可我方价值，能掌握情况并愿意通过透露资料促成双方合作的个人

作用
• 提供项目背景／需求要点/采购流程/决策链/友商等更多信息
• 指导我们孵化方向与策略，及时反馈成效和动态变化等

如何识别和选择	注意要点
A. 使用者——了解流程或组织（各部门下面的人）	谨慎选择，择优靠近
B. 愿说者——（最好是技术或使用部门重要人）	沟通信任，及时查证
C. 失意者——职务低、年龄大、被冷落	足够尊重，守信兑现

　　"线人"和"教练"对商机孵化的重要作用，现在大家都是认可的，关键是如何发展"线人"和"教练"。我们建议从这三类人入手。

　　第一类：使用者。使用者通常比较客观实在，因为最终鞋子穿在他脚上。尤其是设备设施类的项目，其真切了解需求与场景，是"线人"的不二人选。使用者可能是项目需求提出者、影响者，也会被对手关注。因此，发展此类"线人"要逐步试探、谨慎选择，择优深入接近。

　　第二类：愿说者。通常是开放的性格使然，比较容易发现。优先找技术或使用部门的人发展成"线人""教练"：一是他们很了解需求与场景信息；二是清楚竞品信息；三是对关键决策人有一定影响力。

　　第三类：失意者。其显著特征是职务低（相对其专业能力或被调低的）、年龄较大、被边缘化。失意者不是执行者，甚至连影响者都不是，但是"明白人"，所谓旁观者清，了解项目真实需求和主要对手的优劣。如对其足够尊重，获得好感，他们往往言无不尽。

　　在资源和精力允许的情况下，最好在各个环节都有"线人""教练"，但要注意相互间隔离，以便相互印证。另外，他们还会转介绍很多客户，并带你进入他的朋友圈。

图5-18　分析客户痛点与匹配我方卖点

甄别客户显性或隐性需求，洞悉核心需求或关切

- 针对"为用而买"：降本、提效、增强可靠性、满足程度高
- 针对"为卖而买"：提升竞争力、满足经营方式要求

确定项目成功要项和解决方案定位

- 立足项目成功或效益，确定我方匹配的要项或解决方案
- 从单点到组合，从硬到软，再到整体，（结合主要对手）依次考量

引导我方价值主张，实现客户种草或拔草

- 引导客户确定采购决策方式或选择标准

清晰理解客户痛点，针对性匹配我方卖点，要做到以下三个方面。

第一，真正把握客户的需求。客户需求既有他们说的，也有没说的，甚至是他们自己也不知道的，因此，我们要比客户更了解其真实需求。只有这样，才可能引导其需求，挖掘其隐性需求，成功"种草"或"换草"。例如，某品牌电动汽车电机检测企业，针对甲方价格要求非常"卷"的情况，提供了能附带检测其他项目的解决方案，依然能较高价中标，因为这个附带检测项目是电动车必检项目，其降低的检测费用大大高于此项采购的溢价部分。这样挖掘了客户隐性需求，又能满足最初"为用而买"的目的。例如，某工程机械销售项目，用以租代售的方案，成功说服客户不但自用，而且可以做设备租赁服务，增加盈利来源，这样由原来采购四台提高到八台。

第二，通过痛点与卖点匹配，明确我方解决方案的价值定位，发挥我方优势，有效压制对手。例如，针对对手售后维保不及时的短板，提出保姆式服务的方案。

第三，积极引导客户，成功种草，影响其采购方式与选择标准，这个内容我们在后面还会具体展示讲解。

图5-19 示例：从"职位—痛点"确认与挖掘需求

职位名称	显性需求	对应痛苦	隐性需求
应用开发副总裁	新应用开发流程管理低效	新应用上市速度太慢	对手更具竞争力
信息技术总监	多平台系统互通差	分散系统难以整合	系统复杂维护难、维修多
财务总监	应收账款管理粗放、回款管理差	现金流转不畅	收入增长乏力、利润下滑
客服总监	客服功能及时性、完整性差	客户投诉增加	客户信息动态维护不足
人资副总裁	绩效管理数据统计难、及时性差	难以吸引和招聘优秀员工	员工赋能、培训缺乏系统支持
工程副总裁	设计和施工缺乏流程管理	设计和施工成本高	时间效率低
销售副总裁	新产品上市速度慢	未实现销售收入	对手更具竞争力

挖掘需求第一步从客户决策链成员的职位入手，各关键岗位需求所对应直接痛点明确出来，上面讲义的示例就是这个思路。这是一个采购数智化运营系统的软件企业的需求，我们按决策链成员的职位解析其显性需求。

如图5-12的案例1，其显性需求非常明确，就是提高产线检测准确率和运行效率；在案例1中，显性需求就是新的发动机速度传感器，硬性需求是不引起追责，顺利替换；在图5-13案例2中，显性需求是基于原有信息设备，整合提升，实现安全教育管理数智化，而使项目成为行业内的标杆，则是隐性需求。

值得注意的是，相对显性需求，客户的隐性需求挖掘比较困难，因为有时客户自身也不明白其真正的需求，需要我们比客户更专业，更能发现其核心痛点。例如，管理咨询服务项目的采购就是最典型的此类案例，客户就是发展出现"瓶颈"，到处都是痛点，我们要引导他们理性思考，层层梳理，找出核心问题，明确其真正需求。

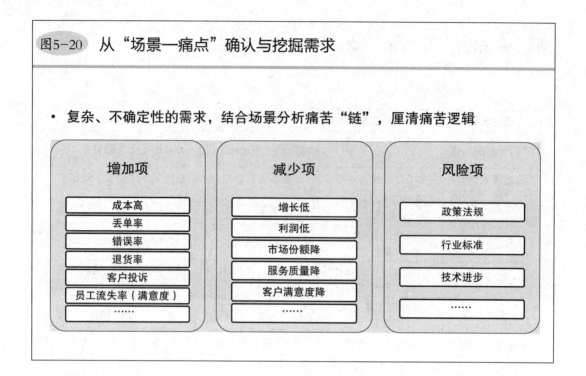

图5-20 从"场景—痛点"确认与挖掘需求

・ 复杂、不确定性的需求，结合场景分析痛苦"链"，厘清痛苦逻辑

增加项	减少项	风险项
成本高	增长低	政策法规
丢单率	利润低	行业标准
错误率	市场份额降	技术进步
退货率	服务质量降	……
客户投诉	客户满意度降	
员工流失率（满意度）	……	
……		

除了从"职位—痛点"挖掘需求外，我们还可以从"场景—痛点"的路径入手，把客户需求项"还原"到使用场景中，以真正理解其痛苦来源，并进而挖掘其痛苦背后的关键所在。以场景来阐述对客户痛苦的理解，沟通才会在"一个频道"上，这是项目孵化沟通基本的、核心的内容。

把标的物"还原"到场景中，不难。难的是在场景中解析出客户的相应痛点，明确其客户真实需求。

一般解析客户痛点可分为三类：增加项（增加痛苦的）、减少项（减少利益的）和风险项（增加风险的）。比如图2-24的案例1，增加项有故障率达1%、售后服务成本增加50倍；减少项有产品及品牌口碑变坏销售不畅；风险项有可能面临数百万台售后返修。这项损失费用之大难以接受，返修后长期负面影响更难以承受。

当然，不是三类都会有，可能有一项或两项。比如图2-33的案例2，场景痛苦主要增加项：不良品率10%；图2-34的案例3，场景痛苦不易学、不易用、不易管，时效性较差，未能实现数字化，不能方便统计与查询。

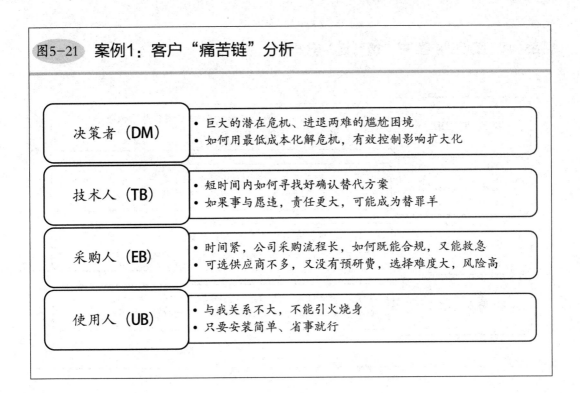

图5-21 案例1：客户"痛苦链"分析

决策者（DM）	• 巨大的潜在危机、进退两难的尴尬困境 • 如何用最低成本化解危机，有效控制影响扩大化
技术人（TB）	• 短时间内如何寻找好确认替代方案 • 如果事与愿违，责任更大，可能成为替罪羊
采购人（EB）	• 时间紧，公司采购流程长，如何既能合规，又能救急 • 可选供应商不多，又没有预研费，选择难度大，风险高
使用人（UB）	• 与我关系不大，不能引火烧身 • 只要安装简单、省事就行

　　前面列举的图2-24的全景案例1是个比较传奇的案例，其采购发生的背景比较特殊。具体大家看看第二章的案例背景介绍，这里就不重复了。

　　大家可以看出，这项采购是典型的保障型采购，客户在这种关系重大、进退两难的救急场景中，必须快速选择好靠谱供应商，一方面能最快速度解决问题；另一方面又不能打破原有正常采购流程，引发内外部追责，引发危机。

　　据此，我们用"场景—痛点"的分析工具来解析客户决策链的成员的痛点。

图5-22　案例2：客户"痛苦链"分析

决策者（DM）	• 每年损失180万元、质量口碑受影响、运营效率低等 • 新系统能否达到预期，难以判断决策
技术人（TB）	• 如不良品率不能从百分之十降低至万分之一，绩效考核不达标，但对新系统不太了解，技术把关的压力大
采购人（EB）	• 时间紧、压力大，又不懂专业且过程合规要求高 • 对各供应商了解不多，选择难度大，风险高
使用人（UB）	• 质量达标压力大、担心今后使用与运维问题等 • 哪个供应商的解决方案好，不知道如何评价，担心

图2-26的全景案例2的采购项目，客户企业原有生产流水线上的质检设备与技术方法要升级为AI智能化检测系统。这是个前沿的新技术、新事物，客户决策链的各成员对专业认知和运用都不强，但企业现在的问题明确，且改进目标也非常明确，都感觉不确定性高，风险大，都压力比较大。按照"职位—痛点"解析的思路，就能梳理出他们各自的痛点。

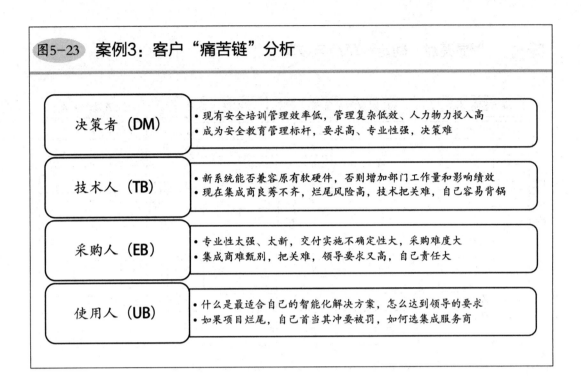

图5-23 案例3：客户"痛苦链"分析

决策者（DM）	• 现有安全培训管理效率低，管理复杂低效、人力物力投入高 • 成为安全教育管理标杆，要求高、专业性强，决策难
技术人（TB）	• 新系统能否兼容原有软硬件，否则增加部门工作量和影响绩效 • 现在集成商良莠不齐，烂尾风险高，技术把关难，自己容易背锅
采购人（EB）	• 专业性太强、太新，交付实施不确定性大，采购难度大 • 集成商难甄别，把关难，领导要求又高，自己责任大
使用人（UB）	• 什么是最适合自己的智能化解决方案，怎么达到领导的要求 • 如果项目烂尾，自己首当其冲要被罚，如何选集成服务商

图2-30的全景案例3的采购项目与本案例2有相似之处，都是新系统的采购，但案例3的智能化培训管理系统更加专业和创新，尤其是对甲方，一个传统煤矿企业而言，加上企业领导的预期目标很高，所以决策链各成员都压力山大。

由于采购标的物没有现成的国家和行业标准，实施交付过程双方责任难以界定，而各系统集成商的方案五花八门，加上行业没有专业的头部企业，鱼龙混杂，确实难以选择。

所以我们建议按照"职位—痛点"和"场景—痛点"相结合的解析思路，来梳理出客户决策链成员各自的痛点。讲义所示就我们梳理的结果，大家参照领悟这些工具的运用方法。

图5-24　彰显亮点，确定种草点与拔草点

解读显性需求			应对竞争与突破			挖掘隐性需求			价值需求方案		
客户	对手	自己	客户	对手	自己	客户	对手	自己	客户	对手	自己
——	√	√	——	√	√	——	√	√	——	√	√
——	√	√	——	√	√	——	√	√	——	√	√
——	√	√	——	√	√	——	√	√	——	√	√
——	√	√	——	√	√	——	√	√	——	√	√
——	√		——			——	√		—	√	
——	√		——			——	√		—	√	
——	√	√	——	√	√	——	√	√	——	√	√
——	√	√	——	√	√	——	√	√	——	√	√
——		√	——		√	——		√√	——		√√
——		√	——		√	——		√	——		
√	√	√	——	√	√	√		√	——		
√	√	√	——	√	√	——			——		

左侧标注：关注点　　中间标注：拔草点　　种草点

通过引导和挖掘客户需求，改变其采购价值导向和选择标准，从而使我方能扬长避短，有效压制对手，赢得订单。图5-24展示的是找到项目关注点、种草点和拔草点的分析工具。

我们刚拿到客户的采购公告或招标书时，会分析其性能要求、技术参数、投标规则和供应商评分方法等，往往发现可能竞争对手事前带偏了客户，提前种草了，客户重点关注往往是对手强项，又恰恰是我方短板，而且招标规则不利于我方。

如何有效翻盘？我们要深入了解客户的具体使用场景，挖掘其隐性需求，引导客户重点关注其他价值点（种草点），而这正是我方长项，同时引导客户弱化原来的关注点（拔草点），以削弱对手优势，从而成功翻盘。

例如，我们一个放射医疗设备的客户，在某地级二甲医院采购项目中，针对其主要用于日常大量普通体检的使用场景，把原来追求高大上的国际品牌设备的需求，引导成高性价比、稳定可靠、简单高效的体检专业设备，成功实现了"换草"，最后我们翻盘中标。

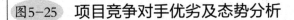

图5-25 项目竞争对手优劣及态势分析

· 项目竞争态势分析，通过量化分析对手，进而锁定主要竞争者
· 按照项目成功要项维度，进行分析其优劣势

案例2：竞争对手对比分析表（示意）			
要项 ＼ 对手	对手1 关系型	对手2 品牌型	我方
行业业绩（15%）	1	5	4
技术与品质(30%)	1	5	4
客户关系(10%)	5	1	1
销售政策(30%)	5	2	4
服务能力(15%)	1	3	5
加权合计	2.6	3.4	3.85

　　每个采购项目都是有很多竞争对手参与争夺的，我们要摸清主要对手的优劣，从甲方选择供应商的视角，按采购项目成功要项给各竞争对手打分，并进行排序，进而锁定主要对手。

　　表中的评估要项，可以基于商机判断罗盘中的要项，也可结合客户跟进中了解的情况进行调整。在很多公开招标采购中，最终客户的要求都会反映在招标书中，将其转换成评估要项是比较可靠的做法。缺点是，在很多情况下，我们拿到标书之日，就是出局之时。之前竞争对手很可能提前"种草"，或采取各种江湖套路挖坑了。

图5-26　项目竞争态势分析量表

评估要项		评定权重	对手评分											我方评分										
			10	9	8	7	6	5	4	3	2	1	0	10	9	8	7	6	5	4	3	2	1	0
技术方案	技术参数	30%			8												8								
	软件开发能力	50%				6											8								
	柜机可靠性	10%		9															6						
	项目人员投入	10%			8													7							
	小计						71												77						
商务方案	价格政策	40%				7													6						
	售后服务	30%			8												8								
	供货保障	30%		9												9									
	小计						79					74.2							75					76.2	

假设：综合评分法——技术:商务=6:4

除非想全面碾压对手，否则，成长型企业不太可能在所有客户关注的成功要项上超越对手。如果我们在技术方案上优势较大，又在商务方案中做出很大让步，尽管我们赢单（特指赢得订单）不是问题，但用力过猛，增加不必要成本或损失应得的利润，导致盈单（特指该订单盈利）效果不好，该挣的钱没有挣着。

图5-26展现的就是量化直观地衡量与竞品对比的优劣程度。按标书要求，参照项目孵化评估罗盘的要项，从甲方视角给我们与对手评分，判断我们与主要对手在技术方案和商务方案中的优劣，以便作出正确竞争策略决策。

如上面的案例，我方技术方案得分为77分，对手得分为71分，表明是有优势的。因此，我们在商务方案中价格和付款要求就比对手高一些，对手得分是7，我方得分为6，但最后的加权总分，我们依然胜出。

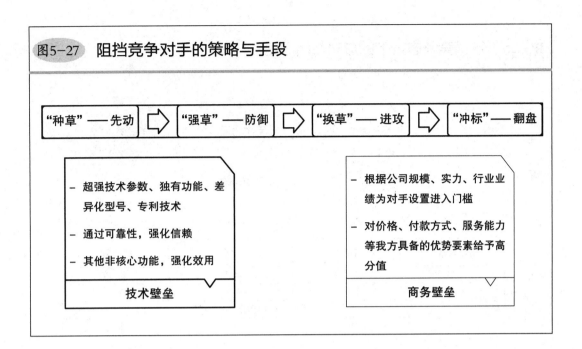

图5-27　阻挡竞争对手的策略与手段

"种草"——先动　⇨　"强草"——防御　⇨　"换草"——进攻　⇨　"冲标"——翻盘

- 超强技术参数、独有功能、差异化型号、专利技术

- 通过可靠性，强化信赖

- 其他非核心功能，强化效用

技术壁垒

- 根据公司规模、实力、行业业绩为对手设置进入门槛

- 对价格、付款方式、服务能力等我方具备的优势要素给予高分值

商务壁垒

应对和阻挡竞争对手的策略大体分为四类：先动、防御、进攻和翻盘。

在运作中，应根据当时的状态切入以及竞争对比状态，采用后续的竞争策略。竞争策略手段主要有两类：技术壁垒和商务壁垒。

在前三个阶段，必然优先应用技术壁垒，尤其是彰显我方优势的技术，然后再使用商务壁垒。使用商务壁垒，也应优先选择边际成本较低的内容，如维保条件、资质保证等。技术壁垒主要分为三类：优势技术（尤其独有、专利等）、彰显可靠性和非核心功能。一般三类技术壁垒，按此顺序依次优先使用。非核心功能主要价值是符合场景的便利性、可视性以及效率性等。

在"冲标"——翻盘阶段，主要采用商务壁垒中的价格与付款方式手段。一般冲标翻盘项目，可能在客户方受到排斥，导致交付、回款受到"掣肘"，因此，主要在战略性项目中应用，也可在有较多额外收益项目中应用，如项目订单会极大降低生产与管理成本等。

图5-28 不同竞争态势下的应对策略思路

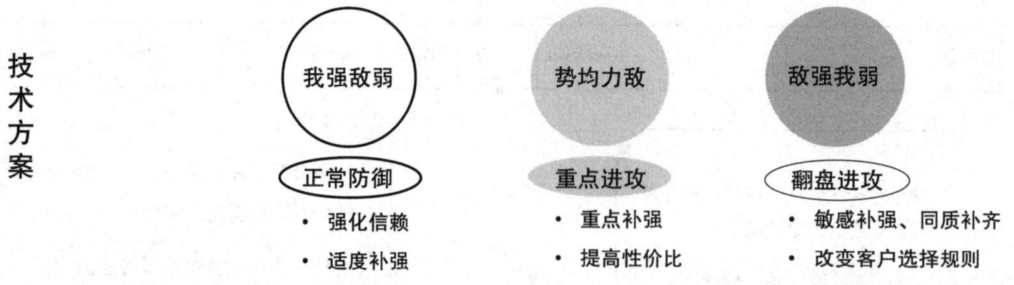

技术方案

我强敌弱 | 势均力敌 | 敌强我弱

正常防御
- 强化信赖
- 适度补强

重点进攻
- 重点补强
- 提高性价比

翻盘进攻
- 敏感补强、同质补齐
- 改变客户选择规则

商务方案

价格策略		高	中	低-翻盘
其他商务策略	价格水平	弱/中	中/强	弱/中
	付款方式	不弱	中/强	不弱
	维保条件	零边际/概率低—强		
		中	强	弱/中

我们按照三种竞争状态，根据对手竞争能力（此能力判断源于项目孵化中与客户的沟通质量和过往积累的竞品资料），重点讲解技术方案选择要点，具体商务方案要点在上述内容较为明确。

第一种竞争状态：我强敌弱。应对策略正常防御，优先选择采用不增加成本的强化信赖方式，其次才是增加成本的适度技术补强。如在全景案例2中，针对与甲方关系较好的当地竞争对手，我们强化与行业内多个头部厂商的成功项目实施经验和标杆案例，以此增加甲方对我们专业能力和项目经验的信赖，并更凸显对手短板。

第二种竞争状态：势均力敌。应对策略重点进攻，在技术方案中突出量身定制，更适合甲方使用场景等方式强化技术优势，或在商务方案上增强优势，如提高维保年限、以租代售等灵活交易方式等。

第三种竞争状态：敌强我弱。应对策略翻盘进攻，通过挖掘与引导客户需求，改变客户价值导向与选择标准。如前述的医疗设备案例，引导医院从追求高大上的进口设备转向高性价比、高效好用的国产设备。翻盘的最后策略还有直接冲标，建议不到万不得已，不要采用，往往"后坐力"太大。

图5-29 案例1：竞争应对策略选择

竞争对手	形势分析	竞争定位	竞争策略	沟通策略
本地供应商	我强敌弱	首先排除干扰，以风险"拿"掉	强化信赖，揭示风险，针对其缺成功案例、缺品质保障	试探策略：试探个人导向 预警策略：对手无成功经验
某国际品牌	势均力敌	正面对决、实力致胜、以能力"PK"掉	性价比致胜：价格贴近预算，略低于对手，付款方式灵活	透明策略：有典型成功案例，有性价比优势，服务更有保障

在这个案例中，协议采购，对手有两家：一是产业园内供应商（关系户）；二是国际品牌供应商（高大上）。

我们的策略是先在技术方案引导中，与某国际品牌默契，都一致强调专业性和项目实施经验是项目能否成功的关键，把本地小企业的竞争对手排除掉，相当于事先"清场"了。

然后，再与势均力敌的国际品牌进行竞争，我们选择在商务方案上凸显高性价比、灵活付款方式和随叫随到的服务保障等特点，自然是扬长避短，直击对方软肋。

图5-30 案例2：竞争应对策略选择

主要对手只有一家，属于传统培训企业：
· 其优势：有煤矿企业培训经验，培训内容好，基础培训管理功能较好，价格稍低
· 其劣势：AR/VR系统建设技术能力和实施经验不足，缺乏成功案例

竞争对手	形势分析	竞争定位	竞争策略	沟通策略
对手1	我强敌弱	核心价值碾压	· 凸显AR/VR方面丰富经验，强化信赖，并引导聚焦AR/VR（培训内容本身不能支持成为培训管理创新标杆）； · 符合预算要求	· 透明策略：帮助明晰招标内容——种草； · 引诱策略：清晰可以成为培训创新管理标杆

　　这是典型的我强敌弱的竞争态势的应对策略案例。大家可以结合全景案例3的背景进行研读。

图5-31	分析客户采购预算水平及取向

- **通过采购预算水平来判定客户价格敏感度**
  - 与行业一般价格、技术、品质状态比较
  - 与自己的成本与费用水平比较
- **通过分析客户的采购类型，大致判断其预算水平和刚性程度**
  - 通过技术需求理性程度、维保条件以及资质要求来判断其采购类型
  - 可能变化的条件：服务赋能、交货速度与方式、资质条件等
  - 可能的变化方式：付款方式、融资租赁、以租代卖等

　　客户采购的价值取向决定我们解决方案的价值主张方向。通过客户采购预算及标准来判断其价值取向，是项目孵化中的第四大项内容。

　　客户采购预算水平直接反映其价格敏感度，具体分析有两种状态。

　　一是如果"线人""教练"给力，能获悉客户采购预算水平和刚性程度，高准确度地判断其价值取向，如客户是"花光钱办好事"的导向，我们的解决方案就要"高大上"一些。

　　二是如不能获悉客户采购预算水平及标准，就要根据客户的采购类型来具体判断了。如果客户技术需求要求与其特殊场景契合度高，甚至是定制型的，而且交付要求高，那么这应该是保障型采购和咨询型采购相结合的采购类型，其相对价格敏感度低，说明客户采购价值取向性较强；反之，则是价格取向性强。

　　对客户采购预算及价值取向的判断是一个不断验证和逐步清晰的过程，需要多方验证，项目"铁三角"要充分研讨，再参照相关案例和类似企业的项目进行比较推断，其精度直接影响我们下面要做的项目孵化评估罗盘运用。

图5-32 **运用项目孵化罗盘"迭代"判断项目状态**

➤ 在孵化过程中，站在甲方角度，不断评估项目孵化罗盘状态变化

- 关键人和品牌因素判定：单独分析，依据具体化标准
- 技术（产品）和商务判定：按照需求满足程度具体化分析
- 竞争判定：依照"解决方案竞争的对比罗盘"综合具体化分析

【注意】随着孵化进程或了解深入程度，要动态判断，权重项及数值可能需要调整

要项	决策人	产品	业绩	商务	服务	加权总得分	跟进日期
权重	10%	30%	25%	15%	20%	100%	
评分（1）							
权重	10%	30%	25%	15%	20%	100%	
评分（2）							

有效使用项目孵化评估罗盘，要有两个关键认知。

第一个关键认知：项目成功是甲方评定的。项目成功关键要项是站在甲方角度确定的，就如谈恋爱，是站在对方角度确定评价要素和衡量标准。当然，也如同谈恋爱，通过自己的努力，对方的评价要素和衡量标准也是可以改变的。

第二个关键认知：动态权变运用孵化罗盘。再次强调项目成功关键要项在项目孵化过程中不仅打分会有变化，权重也会有变化。另外，除了方案要素三项之外，其他关键要项也可能出现调整。

图5-33　案例1：项目孵化评估罗盘

要项	决策人	产品	业绩	商务	服务	加权总得分	跟进日期
权重	10%	30%	25%	15%	20%	100%	
评分1	2	4	3	1	3	58%	1月28日
	4%	24%	15%	3%	12%		
评分2	3	5	3	3	4	76%	2月5日
	6%	30%	15%	9%	16%		
评分3							

S公司转速传感器项目商机评估罗盘

要项	决策人关系	品牌影响力	供应商业绩	预算匹配	服务能力	总分	是否为我方商机
权重	20%	30%	25%	15%	10%	100%	是（战略性）
要素评分	1	2	1	0	5	31%	
加权得分	4%	12%	5%	0%	10%		

这是全景案例1的项目孵化评估罗盘，对比商机评估罗盘，有两个不同：一是评估要项不同，"产品"替代了原来的"品牌"；二是权重不同，"决策人"要项权重下降，"服务"要项权重提高。

当初用商机评估罗盘评估，其得分没有达到立项标准，考虑到项目具有战略价值才决策立项的。经过项目"铁三角"的深入跟进与互动，成功引导客户的价值取向，我们算是"种草"成功，这样第一轮跟进下来，我方得分为58分，比立项时提高不少，效果明显。

但几个要项得分比较低，如决策人、商务和服务等，其中商务方面问题更突出。按客户公司采购管理制度，替代品高于原来供货价是难以接受的，而且不能有预研费用的，所以我方只能报价高于原来国际巨头B的价格。

如何打破僵局？恰逢客户全球总裁走访中国市场，集团领导邀请其到集团参观访问（我们集团是客户的用户），研讨今后双方的战略性合作，客户总裁非常满意，并一起聚餐，我方借机汇报了合作存在的问题，客户总裁当场表示可以特事特办。一通操作下来，"铁三角"再次评估得分提高为76分。

要项	定义	评分标准	得分
决策人关系	决策人对我方人际关系的显性好感度及隐性利益关切程度	关键人物指点你运作项目	5
		关键人物牵头参观用户	4
		关键人物能够友好沟通（无明显倾向）	3
		关键人物提出大量质疑	2
		关键人物静心听你的产品	1
		关键人物强烈反对我	0

要项	定义	评分标准	得分
产品	客户的技术、质量、供应链、采购负责人对产品方案的认可和接受度	完全认可	5
		认可	4
		比较认可	3
		不太认可	2
		不认可	1
		完全不认可	0

要项	定义	评分标准	得分
业绩	客户接受产品在其他OEM的配套经验和应用经验	完全认可	5
		认可	4
		比较认可	3
		不太认可	2
		不认可	1
		完全不认可	0

要项	定义	评分标准	得分
商务	客户对产品售价、回款的满意度。注：承诺S公司的SOPT+2（年）后保证每年降价3%~5%，直至32元/台	完全认可	5
		认可	4
		认可，但有制度障碍	3
		不太认可	2
		不认可	1
		完全不认可	0

要项	定义	评分标准	得分
服务	客户对产品开发阶段，测试阶段，小批阶段和量产阶段的服务满意度	完全认可	5
		认可	4
		比较认可	3
		不太认可	2
		不认可	1
		完全不认可	0

　　这是该项目"铁三角"设计的项目孵化评估罗盘的打分量表，大家结合案例背景学习领悟。我们建议各要项量表设计尽可能量化，如量化不了的，尽可能具体化，由典型特征来表述，这样才能简单易用。

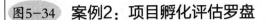

图5-34　案例2：项目孵化评估罗盘

要项	决策人	产品	业绩	商务	服务	加权总得分	跟进日期
权重	15%	30%	15%	20%	20%	100%	
评分1	1	4	5	2	5	70%	4月28日
	3%	24%	15%	8%	20%		
评分2	3	5	5	2	5	82%	5月15日
	9%	30%	15%	8%	20%		
评分3							

项目商机评估罗盘							
要项	决策人关系	品牌影响力	供应商业绩	预算匹配	服务能力	总分	是否为我方商机
权重	20%	30%	10%	20%	20%	100%	是
要素评分	1	4	5	2	5	66%	
加权得分	4%	24%	10%	8%	20%		

项目立项之后，"铁三角"第一项孵化策略就是联手国际品牌的竞争对手，将技术能力较低的本地竞争对手踢出局，达成默契，共同"种草"，并强调产品性能与专业系统实施经验的重要性，成功引导客户采购的价值取向。对比商机评估罗盘，项目孵化评估罗盘中"决策人"要项权重下降了，"供应商行业业绩"要项的权重提高了。

本地竞争对手出局后，项目竞争格局改变，这样第一轮跟进下来，我方得分为70分，比立项时的66分有提高，说明孵化方向没错。

尽管"商务"要项得分不高，但考虑到主要对手是国际品牌，他们的价格更高，商务条款可能苛刻，因此，我们决定还是主打价值战。接下来，项目"铁三角"主要在"决策人关系"和"产品性能"这两个要项上下功夫。

先是由前期对接的客户工程师与其领导一起外地出差时，由我方领导邀请参观企业。对方领导的表态非常官方，说对我方产品和品牌是信任的，具体采购决策按正常流程就可以。接着，我们又提供了很多标杆案例的数据与资料。一通操作下来，"铁三角"再次罗盘评估得分为82分，效果明显。

要项	定义	评分标准	得分
决策人关系	决策人对我方人际关系的显性好感度及隐性利益关切程度	关键人物指点你运作项目	5
		关键人物牵头参观用户	4
		关键人物能够友好沟通（无明显倾向）	3
		关键人物提出大量质疑	2
		关键人物静心听你的产品	1
		关键人物强烈反对我方	0

要项	定义	评分标准	得分
产品	客户的技术、质量、供应链、采购负责人对产品方案的认可和接受度	完全认可	5
		认可	4
		比较认可	3
		不太认可	2
		不认可	1
		完全不认可	0

要项	定义	评分标准	得分
业绩	客户接受产品在其他厂商的配套和应用经验	完全认可	5
		认可	4
		比较认可	3
		不太认可	2
		不认可	1
		完全不认可	0

要项	定义	评分标准	得分
商务	对产品价格与付款方式满意	完全认可	5
		认可	4
		比较认可	3
		不太认可，勉强同意	2
		不认可	1
		完全不认可	0

要项	定义	评分标准	得分
服务能力	24h现场技术支持，72h查明原因并提供成熟的应对措施	完全满足	5
		满足	4
		比较满足	3
		不太满足	2
		不满足	1
		完全不满足	0

这是该项目"铁三角"设计的项目孵化评估罗盘的打分量表，大家结合案例背景学习领悟。我们建议，各要项量表设计尽可能量化，如量化不了的，尽可能具体化，由典型特征来表述，这样才能简单易用。如要项"决策人关系"，这是无法量化的，我们建议采用以上的典型特征来描绘。大家可以结合自己的行业项目销售特点来创新和完善。

图5-35 案例3：项目孵化评估罗盘

要项	决策人	产品	业绩	商务	服务	加权总得分	跟进日期
权重	10%	30%	30%	10%	20%	100%	
评分1	3	4	4	3	5	80%	2月28日
	6%	24%	24%	6%	20%		
评分2	4	5	4	2	5	86%	3月8日
	8%	30%	24%	4%	20%		
评分3							

项目商机评估罗盘							
要项	决策人关系	品牌影响力	供应商业绩	预算匹配	服务能力	总分	是否为我方商机
权重	15%	20%	30%	15%	20%	100%	是
要素评分	3	4	4	3	5	78%	
加权得分	9%	16%	24%	9%	20%		

这是全景案例3的项目孵化评估罗盘使用的示意。

在企业决定项目立项后，"铁三角"进行项目密切跟进与互动，第一轮跟进工作结束后，小组对我方在项目的态势进行了评估，孵化评估罗盘的各个要项及其权重，是大家研讨得出的，其要项和权重与商机评估罗盘不尽一致，主要基于深入跟进之后的项目理解变化。

站在甲方视角上，给自己打分。鉴于我方得分较高，说明我方优势明显，所以项目负责人决定，赢单问题不大，现在要盈单。于是"铁三角"决定进一步报个较高价格，提高项目利润，同时积极引导客户更加认同我方产品及技术解决方案，多次邀请客户领导亲自带队参观同类项目，并请老客户（也是客户认识的企业），现身说法。又一轮跟进工作告一段落后，"铁三角"再次用项目孵化评估罗盘给自己打分，结果提高了6分，证明我们决策正确且策略得当，不但报价提高，而且项目赢单概率提高。

要项	定义	评分标准	得分
决策人关系	决策人对我方人际关系的显性好感度及隐性利益关切程度	关键人物指点你运作项目	5
		关键人物牵头参观用户	4
		关键人物能够友好沟通（无明显倾向）	3
		关键人物提出大量质疑	2
		关键人物静心听你的产品	1
		关键人物强烈反对我	0

要项	定义	评分标准	得分
产品	客户的技术、质量、供应链、采购负责人对产品方案的认可和接受度	完全认可	5
		认可	4
		比较认可	3
		不太认可	2
		不认可	1
		完全不认可	0

要项	定义	评分标准	得分
业绩	客户接受产品在其他厂商的配套和应用经验	完全认可	5
		认可	4
		比较认可	3
		不太认可	2
		不认可	1
		完全不认可	0

要项	定义	评分标准	得分
商务	对产品价格与付款方式满意	完全认可	5
		认可	4
		比较认可	3
		勉强接受	2
		不认可	1
		完全不认可	0

要项	定义	评分标准	得分
服务能力	24h现场技术支持，72h查明原因并提供应对措施	完全满足	5
		满足	4
		比较满足	3
		不太满足	2
		不满足	1
		完全不满足	0

　　这是该项目"铁三角"设计的项目孵化评估罗盘的打分量表，大家结合案例背景学习领悟。我们建议，各要项量表设计尽可能量化，如量化不了的，尽可能具体化，由典型特征来表述，这样才能简单易用，如要项"决策人关系"，这是无法量化的。我们建议采用以上的典型特征来描绘，大家可以结合自己的行业项目销售特点来创新和完善。

第六章

解决方案设计与客户引导

本章主要阐述解决方案设计与沟通要点，主要包括以下两项内容：一是进一步"纲举"，详细阐述解决方案的价值分析思维、价值评估模型以及设计定位选择等。二是进一步"目张"，详细阐述解决方案设计的具体步骤、方法与工具、行动要点以及注意事项。

总之，从理念到方法，从方法到动作，详细拆解解决方案设计全过程的应思（内在分析与逻辑推理）、应想（外在的、针对性的表达）、应做（方法与工具）与应行（步骤与动作）。

好的解决方案设计管理

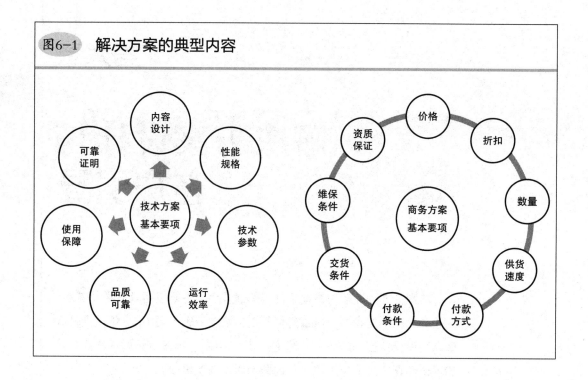

图6-1 解决方案的典型内容

解决方案从内容上分为两大部分：技术方案和商务方案。

技术方案基本要项是所有与"物"相关的内容：包括"物"的本身——内容设计、性能规格、技术参数；"物"的性状——品质可靠与运行效率；"物"的保障——使用保障与可靠证明。

商务方案基本要项是所有与"钱"相关的内容：包括直接的"钱"——价格、折扣、数量；关联的"钱"——供货速度、付款方式、付款条件以及交货条件；可折算的"钱"——维保条件和资质保证。

标的物的性质、甲方关注取向和双方谈判结果等都会决定解决方案中技术和商务方案要项内容，可能全有，可能部分有。

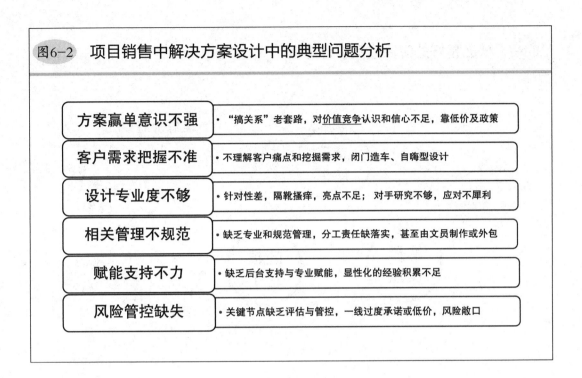

图6-2　项目销售中解决方案设计中的典型问题分析

方案赢单意识不强	• "搞关系"老套路，对价值竞争认识和信心不足，靠低价及政策
客户需求把握不准	• 不理解客户痛点和挖掘需求，闭门造车、自嗨型设计
设计专业度不够	• 针对性差，隔靴搔痒，亮点不足；对手研究不够，应对不犀利
相关管理不规范	• 缺乏专业和规范管理，分工责任缺落实，甚至由文员制作或外包
赋能支持不力	• 缺乏后台支持与专业赋能，显性化的经验积累不足
风险管控缺失	• 关键节点缺乏评估与管控，一线过度承诺或低价，风险敞口

从问题出发更容易看清事物全貌，发现问题是解决问题的一半。好的解决方案设计与管理也必然要规避诸多不良问题。总结起来，主要有三大方面的问题。

一是意识问题。习惯同质化竞争老状态或把握方案信心不足，导致靠解决方案赢单意识不强，常常陷于"搞关系"和"靠低价"状态。

二是能力问题。主要存在两个方面不足，进一步削弱了方案赢单意识。主要表现在两方面：（1）缺乏理解客户痛点和挖掘客户需求的工作方法与沟通技能。（2）由于需求研究不深入、不精准，加之对手了解与研究不足，使得方案针对性差、竞争力弱。

三是管理问题。主要存在三个方面不足：（1）管理规范不足。方案设计的相关管理缺乏相关的程序、规范、工具、方法指引，或者，缺失"铁三角"项目组织管理，相关方案制定分工责任管理。（2）赋能支持不力。缺乏项目分级管理，重要项目关键人员把控与支持不力；缺乏对销售人员方案设计的赋能训练；缺乏主要竞品项目案例和方案资料的研究与积累等，常常是"对手信息用时方恨少"。（3）风险管控缺失。项目人员对技术与品质过度表态、对服务与交付过度承诺、对价格和费用过度让步等缺乏风控措施，陷于进退两难境地。

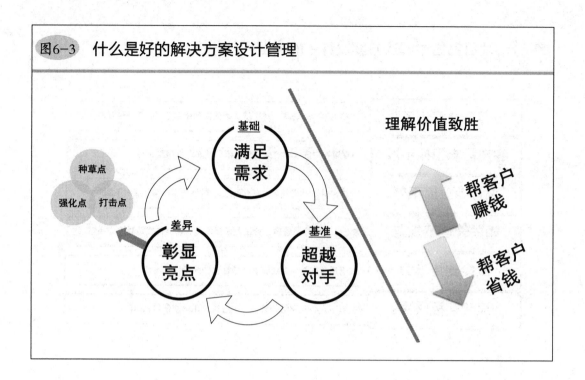

图6-3 什么是好的解决方案设计管理

好的解决方案就是实现价值致胜。

价值有两个衡量标准：一是帮客户赚钱。如同样价格的设备，一家比另一家稳定运行时间长，节约的维修时间就能帮助客户多赚钱。二是帮客户省钱。如某两家工程机械厂商的同样功能参数塔机，一家一次转运需要10辆运输车，另一家一次转运只需8辆运输车，每次转运就省两辆运输车的费用。

怎样致胜？低效益致胜和高效益致胜是两种泾渭分明的结果。有效差异才能带来高额效益。实现高效益致胜的关键，即解决方案设计有三个基本方针：满足客户需求是基础，超越竞争对手是基准，彰显自己亮点实现差异。

前述项目孵化中"种草""强草""拔草""换草"操作的基本指导方针就在于此。常用的做法"产品不行服务顶，服务不行品牌补"，也是基于此逻辑。

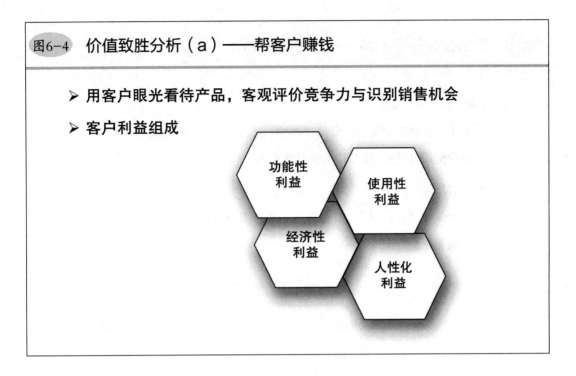

图6-4　**价值致胜分析（a）——帮客户赚钱**

> ➢ **用客户眼光看待产品，客观评价竞争力与识别销售机会**
> ➢ **客户利益组成**

如何避免陷于价格竞争"泥潭"？要点之一："帮客户赚钱"。其根本在于将客户意识由"花钱"转为"赚钱"，也就是将采购行为理解为"投资"。

用客户的眼光看具备"投资属性"，要能带来上述四个方面客户利益中的某些或全部利益。

一是功能性利益。产品或技术方案本身带来的额外利益。就如前述电动车电机检测装置，除客户项目需求功能之外，还有附加检测功能，而且是客户必需的，这就带来额外的功能性利益。

二是使用性利益。具体使用产品或服务中获得的额外利益。就如前述塔机例子，每次转运少用两辆运输车。

三是经济性利益。应用整体产品或技术方案获得的额外利益。如图2-27的案例2该项采购给甲方汽车厂商直接带来效益180万元。

四是人性化利益。具体使用更便利、更容易等的额外好处。如某空压机设备配套远程运行监测仪表盘；某管理信息系统数据视窗更直观、易学易用。

帮客户赚钱，一定是客户认可的，而且是超越对手的，才有意义和作用。因此，上述四种利益表述都是"额外利益"。

图6-5　价值致胜分析（b）——分析客户成本

➤ **从最终成本分析**

　　– 发票的价格仅仅是客户最终成本的一部分，盲目价格战是无效的

　　– 降价5%不能弥补高出10%的最终成本

➤ **从综合成本分析**

　　– 主动做好服务，创造客户价值，以降低其综合成本

　　– 衡量全生命周期成本

三一重工为您提供最高的投资回报率

购机成本 + 使用成本 + 停工损失 + 折旧成本 + 保养成本 = 全生命周期成本

　　要点之二，"帮客户省钱"。

　　经常的情况是面对对手无底线的"卷"和客户极苛刻的"磨"，甚至以各种说法不接受上页所述的"额外利益"，一味地压价或要求低价。面对这种情况，如何让客户收回压价，让其接受不压价会更"省钱"，有两个基本解决方法。

　　一是从最终成本分析，压价比不压价的成本高。就如前述的电动车企业电机检测案例，如果没有附加检测功能，附加检测功能直接检测成本8000元/次，所需运输、人工成本不计，全年按20次计，就是16万元，按10年计160万元，相当于直接在价格上减去160万元，压价30万～50万元是不理性的。

　　二是从综合成本分析，全生命周期综合成本低于主要对手的综合成本水平。如图6-5三一重工案例，全部五项可明确衡量的综合成本是最低的。

　　分析客户成本的核心目的是向客户传达，简单压价是不理性的，盲目的价格战是不对的。当然，要想做到这些，从设计方案中、在日常业务中积累成本数据是十分关键的。既要有产品与技术性能为依据，又要有其他客户实践为佐证，才能更具实战说服力。

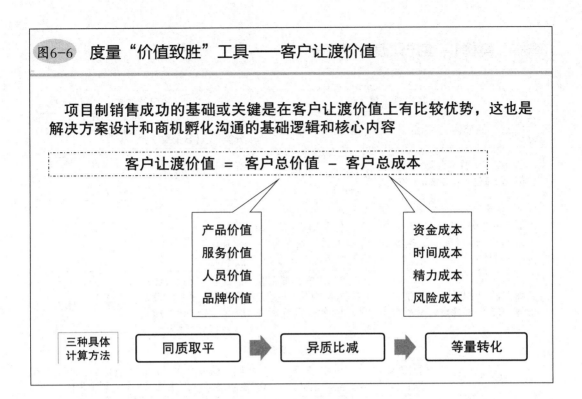

图6-6 度量"价值致胜"工具——客户让渡价值

项目制销售成功的基础或关键是在客户让渡价值上有比较优势，这也是解决方案设计和商机孵化沟通的基础逻辑和核心内容

客户让渡价值 = 客户总价值 − 客户总成本

产品价值
服务价值
人员价值
品牌价值

资金成本
时间成本
精力成本
风险成本

三种具体计算方法　|　同质取平　→　异质比减　→　等量转化

如何具体衡量和把握"价值致胜"的尺度？具体的工具是客户让渡价值模型，它是项目孵化沟通的重要内容之一。理性的客户会选择让渡价值大的。

在客户总价值中，产品价值一般是首要价值，指功能、特性、品质、品种与式样等所产生的价值；服务价值是指伴随产品向客户提供的各种附加服务，如安装调试、售后维保以及技术培训等；人员价值是指提供服务人员自身的知识、技能、经验等给客户带来的价值；品牌价值是指企业的信誉、荣誉、口碑等给客户带来的声誉、增值、安全感等价值。

在客户总成本中，时间和精力成本是客户接受新的产品与服务而产生的额外转换成本或学习成本；风险成本是客户使用产品与服务可能的损失，如设备异常或故障损失。

除资金成本之外，各项价值和成本难以完整货币化或数量化表达，那么如何与资金成本进行加减计算？有三个基本方法：一是同质取平，如设备功能或参数相同，此项记为相同或平等；二是异质比减，如设备或部件可靠性、服务及时性等有差异，具象描述差异并减去；三是等量转化，如设备、部件性能表现直接转为售后维修成本，此类主要在风险成本。

下面借助具体案例来理解和简化应用客户让渡价值。

图6-7　案例1：客户让渡价值分析

客户总价值			客户总成本		
价值分类	原部件（B企业）	新部件（A企业）	成本分类	原部件（B企业）	新部件（A企业）
产品价值	技术参数符合要求，但故障率达10000ppm（1%）	技术参数符合要求，故障率只有100ppm（1‰）	资金成本	64元/台	第一年：72元/台；第二年以后：64元/台
服务价值 人员价值	B企业为K企业国内、国外市场长期战略型供应商，但服务响应速度相对较弱	A企业与K企业无合作，但其母公司长期合作关系，母公司在行业服务声誉非常好	时间成本 精力成本	相同	
品牌价值	B企业国际巨头企业K企业品牌声誉受影响	A企业为国内头部企业K企业品牌声誉不受影响，12个月后故障率接近于0	风险成本	10.73元/台；故障率高带来坏口碑，影响后续销售	基本为：0元/台
客户让渡价值					
客户总价值比较	符合技术参数，产品价值可以认为相同；服务和人员价值互有优势，也基本相同；虽然B企业品牌稍强，但由于高故障率会严重影响K企业品牌价值				
客户总成本比较	B企业客户总成本：64+10.73=74.73（元/台），且影响后续销售丢单，乃至更多前期销售维保赔偿损失。A企业客户总成本：第一年72元/台，第二年及以后64元/台				
客户让渡价值比较	A企业客户总价值大，客户总成本低，客户让渡价值优势明显				

风险成本计算	· 发动机该故障维修费用（质量成本）=零件成本×1.5倍+工时费（约1000元）· 单台机会成本（质量成本）：0.01×（64×1.5+1000）−0.0002×（72×1.5+1000）=10.73（元/台）

　　案例1只有原供应商和新供应商，可以理解为客户原状和新供应商作对比。理解此案例的客户让渡价值，补充说明三点。

　　一是A、B企业的技术参数都符合K企业技术标准，按同质取平，产品价值相同。这个案例有特殊性，K企业完全掌握A、B企业产品性能。在大多数情况，客户是不完全清晰的。因此，为了沟通顺畅、考虑客户决策链成员态度等情况，可将产品价值缺陷体现在风险成本上，让客户自己感受和判断。

　　二是此案例A企业赢单的关键在于：B企业产品高故障率给K企业品牌声誉及后续销售造成的大损失。

　　三是在客户认可B企业风险损失情况下，第一年、第二年及以后，A企业的客户总成本都是低的。第二年采购价格完全符合K企业既定的采购价格标准，也使K企业容易说服集团公司"破例"采购。

| 图6-8 | 案例2：客户让渡价值分析 | | | | | | |

	客户总价值				客户总成本		
价值分类	A企业（国际）	B企业（中标）	C企业（关系）	成本分类	A企业	B企业	C企业
产品价值	误检率/漏检率可控制在99.99%（原为10%），可靠	误检率/漏检率可控制在99.99%（原为10%），可靠	误检率/漏检率可控制在99.99%（原为10%），但无经验	资金成本	应该显著高于100万元	100万元（客户预算）	显著低于100万元
服务价值	在国内外为宝马及多家汽车厂商提供系统设备，但服务及时性不足	近三年内宝马主机厂落地3次，一汽大众2次，服务和人员能力都很可靠，可以快速响应	无此系统设备供应实例，但服务态度和人员保障，会有更强承诺	时间成本	三者相同		
人员价值				精力成本			
品牌价值	国际一线厂商	国内一线厂商	新进入者	风险成本	基本没有	基本没有	很高
客户让渡价值							
客户总价值比较	技术参数相同，三家企业的产品价值可以理解为相同；服务和人员价值，B企业最强，A企业较弱，C企业最弱；品牌价值，A企业最强，B企业基本不弱，C相对很弱						
客户总成本比较	A企业比B企业高；虽然C企业资金成本较低，但风险成本很高（如果发生，每天5000元）						
客户让渡价值比较	B企业客户总价值最大，客户总成本最低，客户让渡价值最大						

　　上述案例产品价值，从技术指标来说，都能满足甲方要求，但产品可靠性A/B企业基本相当，C企业无经验可靠性不足。从客户让渡价值来说，可能有两种分析逻辑：先"PK"掉C企业，拿掉"人"的因素；再"PK"掉A企业，依靠综合优势取胜。

　　"PK"掉C企业逻辑：C企业可以表述，虽然有其他类似系统设备经验，但缺乏此系统经验，同时C企业拥有与甲方的良好客户关系，以及不差甚至更强的阐述服务和人员价值。如果直接"攻击"C企业系统能力不足，意思是"C企业较差的"！给客户的感觉是"替他"决策，可能心理上会很不舒服，甚至出现反驳。使用风险成本的沟通方式，沟通的状态是让客户自己比较，意思是"其他选择会更好"，从而做出更理性的选择。这种沟通方式，对B企业来说，进退自如，给客户足够尊重，也不会出现"尴尬"情况。

　　"PK"掉A企业的逻辑：客户总价值基本相当，甚至B企业服务价值更强，但选A企业资金成本大，因此，B企业有客户让渡价值优势。

图6-9 案例3：客户让渡价值分析

客户总价值			客户总成本		
价值分类	A企业（中标方）	B企业（对手）	成本分类	A企业（中标方）	B企业（对手）
产品价值	有煤炭行业AR/VR成熟培训系统经验（客户希望成为集团内管理标杆）；在线学习、在线考试系统相对弱（但此类功能比较普遍，后续开发较容易）；AR/VR学习报表功能更强	煤炭行业AR/VR成熟经验相对弱；在线学习、在线考试系统经验更丰富（其核心业务）；AR/VR学习报表功能相对较弱（受制于核心产品）	资金成本	报价符合甲方预算（280万元）	显著低于甲方预算约20%
服务价值	软、硬件使用服务更可靠	软、硬件使用服务相对弱	时间成本	都是使用新的培训方式，两者基本相同	
人员价值	技术人员经验更丰富	技术人员经验相对欠缺	精力成本		
品牌价值	在煤矿培训服务领域基本相同（也不是客户采购关注因素）		风险成本	AR/VR经验丰富，有成功案例	AR/VR经验欠缺，可能出问题
客户让渡价值					
客户总价值比较	产品、服务、人员三项客户价值，A企业显著高于B企业				
客户总成本比较	虽然A企业资金成本高于B企业20%，但选A企业风险成本很小，选B企业风险成本很大。A企业客户成本还是有优势				
客户让渡价值比较	A企业客户让渡价值优势明显				

这个案例中双方互有优势，核心关键在于甲方将此项目定义为"政绩项目""安全管理红线项目"。因此，特别重视核心AR/VR产品和服务价值。本项目核心内容是AR/VR培训方式，是"皮"；其他在线培训、在线考试、报表统计等应用，是"毛"，虽然也很重要，但"皮之不存毛将焉附"。

基于此，A企业凭借自己客户让渡价值优势，敢于报价，并成功中标。

当然，最后项目孵化决策，还是要借助本章后续竞争对比分析表，进行更精准评估。

解决方案设计迭代步骤

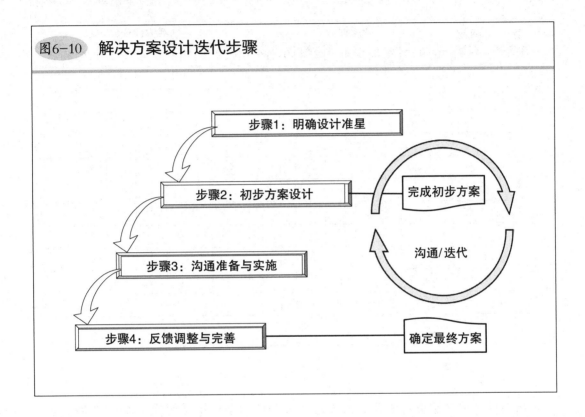

图6-10　解决方案设计迭代步骤

步骤1：明确设计准星

步骤2：初步方案设计　　完成初步方案

沟通/迭代

步骤3：沟通准备与实施

步骤4：反馈调整与完善　　确定最终方案

总体来说，解决方案设计分初步方案设计和确定最终方案两大阶段，每个阶段两个步骤，共计四大步骤。

随着项目孵化不断推进，对客户需求和竞品信息逐步深入了解，设计准星也会不断调整，包括准星对象数量和具体内容。

同理，初步解决方案也是在不断形成与客户沟通中，不断迭代，直至确定最终解决方案。

从某种意义上说，有价值、有时效的方案内容循环迭代次数越多，最终方案质量会越高，成功的把握性就越大。在循环迭代中，判断出明显处于劣势，成功的把握性很小，甚至没有，也可能作出及时放弃止损或陪标等项目运作决策。

图6-11　解决方案竞争对比分析表

根据以下三点进行打分：①对手真实准确信息；②以往成功与失败案例经验；③资深销售人员分析判断

客户需求项	评定权重	对手评分												我方评分											
		10	9	8	7	6	5	4	3	2	1	0	得分	10	9	8	7	6	5	4	3	2	1	0	得分
技术方案																									
商务方案																									
	——				——												——								

从项目立项开始进行孵化，就要准备并开始动态运用《解决方案竞争对比分析表》，根据以下三点进行打分：①对手真实准确信息；②以往成功与失败案例经验；③资深销售人员分析判断。

尤其是招投标项目。在运用第五章"彰显亮点——种草点与拔草点"工具时，就要开始相关应用。项目孵化罗盘中要项和权重的判断，也是与此内容是一致的。

以《解决方案竞争对比分析表》更能看清项目孵化罗盘中要项、权重以及得分的依据，反过来，确定了项目成功要项中涉及解决方案内容的孵化方向，也要进一步在《解决方案竞争对比分析表》中进行更确定性分析，以明确指导制订具体解决方案内容。

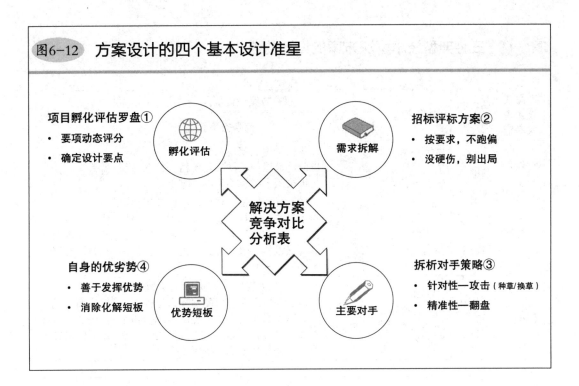

图6-12 方案设计的四个基本设计准星

项目孵化评估罗盘①
- 要项动态评分
- 确定设计要点

孵化评估

需求拆解

招标评标方案②
- 按要求，不跑偏
- 没硬伤，别出局

解决方案
竞争对比
分析表

自身的优劣势④
- 善于发挥优势
- 消除化解短板

优势短板

主要对手

拆析对手策略③
- 针对性—攻击（种草/换草）
- 精准性—翻盘

解决方案设计有四个基本准星，第一准星是项目孵化评估罗盘。在项目孵化初期，客户招评标办法或方案可能还未确定，竞争对手还不清晰，因此，第一个准星是项目孵化评估罗盘。

随着对客户需求逐步深入了解，开始应用第二个设计准星。当然，在客户招投标方案发布后，要完全按照招投标方案确定方案内容，即第二个准星为最终确定方案的唯一准星。

第三个准星和第四个准星是并行交替运用的。解决方案设计过程中，遵循三个基本方针，或者说权衡以下三个方面：满足客户需求，超越竞争对手，彰显自己亮点。

| 图6-13 | 三种典型技术解决方案的设计要点 |

产品或技术需求类型	特征与释义	典型采购	解决方案设计要点		价值主张类型
			总体状态	商务方案要点	
个性化	定制性战略性	系统集成、个性软件、关键设备等	重技术弱商务	以价值锚定法定价为主；以赋能性维保条件强化价值，尤其是在关键决策人举棋不定的状态下	核心价值碾压高质高性价比
选配性	情景多选择性高	应用软件、重要设备、各类工程等	根据竞争，权衡技术与商务	以成本加成法设定定价基准，基于主要对手态势、客户采购预算、项目等级情况以及关键决策人关系综合考量制定；尽可能以相对价格方式，提高实际价格水平	优质高性价比使用成本最优卓越服务保障
标准型	同质化透明度高	大宗原辅料、标准零部件、通用设备等	弱技术重商务	竞争导向法定价，有适度的品牌价值（体现在可靠性、保障性和风险性）；主要以相对价格方式，提高实际价格水平和满足客户实际需求，如订货量、交货方式、付款方式、维保条件等	组合商务优势使用成本最优绝对价格领先

技术解决方案大体分为三类：个性化、选配性和标准型。

方案2是视觉系统为核心的个性化应用设备和系统。实际项目很可能是复合型的，比如案例1中速度传感器基本属于标准型部件，但因为需为其消解发动机设计问题，就存在个性设计问题；方案3是在个性化设计要求AR/VR内容及充分利用已有信息系统设备的基础上，需有在线学习与考试等选配要求。

针对不同类型，有基本价值主张可供选择。所谓价值主张，就是方案致胜的基本定位。客户需求内容决定了其需求类型，这也是由产品和技术需求属性决定的。

选择价值主张类型具体根据自身优势、项目分级、对手态势以及客户决策情势等综合确定。核心价值碾压就是在技术上具有绝对优势，甲方认可度高或议价力弱。高质高性价比和优质高性价比的客户让渡价值基本相同，取决于客户对技术方案认识，类似图6-8案例2中A企业与C企业。使用成本最优是"为用而买"的结果来应对技术或商务方案优势。卓越服务保障是应用在产品和商务上无优势，但无显著劣势情况。组合商务优势是综合的价格防守方法。绝对价格领先是冲标的方法，当然，也可能是主动进攻、保证成功的选择。

图6-14 做好方案的沟通引导

解决方案设计沟通，始于线索追踪，贯穿商机孵化全过程！

- **容易出现的问题**

①客户内部无支持者

②客户决策链不清楚，关键决策人（影响人）关系不到位

③需求和竞争把握不准，风险未被识别

④投标方案不被客户接受

⑤投标资料不完整导致废标

机会给有准备人

· 不离预设——意料之中

遭遇战变埋伏战

· 瞬息完毕——随机应变

沟通是成败关键

在确定最终方案之前，不管正式还是非正式，一定要与客户决策链成员沟通，及时纠偏，避免意想不到的纰漏，甚至"踩雷"，如客户需求不准、主要对手瞄偏等。积极与客户沟通，也是向客户传达尊重与重视的态度。"一揭两瞪眼"的遭遇战是项目运作的大忌。

解决方案沟通是贯穿在项目孵化沟通之中，以初步的解决方案内容与客户沟通，除了及时了解方案本身问题和不足，也能以此为"探路石"或"钓饵"，主要在如下三个方面。

第一，判断决策链成员的支持态度。除了"线人"和"教练"，对其他表示支持或中立人的态度，要前后判断和交叉判断，切莫盲目乐观。

第二，沟通中，"听话听音"，了解可能的竞争对手，尤其是与使用者、影响者等非决策者、执行者人员沟通。

第三，初步解决方案的沟通，也是从使用者、影响者乃至执行者中发展项目"外线"的机会。

图6-15　示例：沟通不足导致的损失

评标标准	分值	A得分	B得分	C得分
1.船体制造	25	20	20	17
2.动力——可靠性、性能、经验	25	19	23	10
3.冷冻设备——可靠性、性能、经验	25	21	22	15
4.售后服务及所有设备零件供应	15	15	15	10
5.标准化	10	5	10	—
合计	100	80	90	52

投标人	A	B	C
报价	424000	560900	400000
得分合计	80	90	60
价分比	5300	6232	6667
名次	1	2	3

反映出两种典型状态
· 价格冲击、简单粗放
· 沟通差、研究弱

5300×1.15=6095×80=487600　　（+74560）　　（498560）　　（533360）

从上述示例中可见，该项目中标方得分是较高的，但报价是较低的。虽然项目成功的把握性很大，但相对于可能较稳妥的中标价格低63600万元，大约15%，按照利润来算，可能利润损失50%～100%。这是一个典型的项目孵化粗放，以价格商务冲标的做法。

这个项目虽然可能赢单（特指赢得订单），但未必盈单（特指该订单盈利）。具体问题如下。

第一，不了解参与投标的对手，在下"盲棋"，没有认真做量化的竞争对比分析，表现在综合得分远远低于C企业；或出于对B/C企业的"恐惧"，为了成功或保险起见，低价冲标。

第二，客户在技术标中核心设备占75%权重的情况下，出台"价分比"评标方案，仍然低价冲标。说明不仅对客户"优质高性价比"采购定位和需求状态缺乏判断，同时，与决策链成员沟通不到位，"线人"或"教练"未发挥作用或没有。

另外，此案例也反映出该项目运作"铁三角"成员内部沟通与研究不足，也在一定程度上反映出该企业项目激励机制导向不足。

图6-16　做好方案沟通引导的要点

❖ **了解客户的典型使用场景及其痛点**

❖ **透析其本质，揭示难题和后果**

❖ **结合我们的方案，计算投入产出，使客户下决心**

与客户沟通解决方案，如果直接沟通方案内容本身，给客户的认知就是"王婆卖瓜"，是难有共鸣和反馈的。

首先，应从"职务—痛点""场景—痛点"上阐明客户真实需求。在确认客户对客户痛点的肯定反馈基础上，以不指明对手的"影射"方式向客户预警，良好解决痛点所需关键的、成熟的产品、技术或服务能力。如案例中，预警C企业无成熟产品和经验。

其次，透彻解析客户采购的本质需求，阐明难点或后果，向客户传递"我最懂你"，我的方案也是"量身定做"的。如案例1（见图6-7）中，传递给客户信息：发动机有缺陷，但不是"绝症"，我的方案能解决。

最后，结合自己的方案，阐述客户让渡价值是最大化的，也可使用成本等根据具体的数量分析。如前述三一重工的全生命周期使用成本最低。

图6-17　如何有效引导客户需求

暗示客户的潜在需求——激发需求

- 标杆企业、类比分析、数据分析

注重客户第一满意度——深化需求

- 核心痛点是关键，必须有针对性、时效性和情景性

增加有力的额外价值——强化需求

- 及时告知优惠政策与时限，增强服务保障等，将谈判变成优惠

引导客户需求就是实现"种草"，尤其是客户被第一次"种草"，这是最理想的状态。有效引导客户需求有三种基本路径。

一是激发需求，即帮助客户清晰其潜在需求。激发客户需求大体有两种状态：第一种客户需求是不确定或待确定的。这类客户通常的表现是在正式招标或洽谈之前，发出"咨询邀请"或"邀标"；第二种在客户有基本需求基础上，激发客户更高需求甚至改变需求。如某工程机械项目客户本是"为用而买"转为"为卖而买"。激发客户需求一定要以"事实说话"，包括标杆企业、类比分析、数据分析等方法，让客户认识到是"自己想要"，而不是"我让你要"。

二是深化需求。深化需求的目的是让客户改变采购标准，尤其是价格预算标准，因此，一定要在客户主要痛点上，甚至核心痛点上，否则，即使客户认可新需求，也可能不改变采购标准，尤其是价格标准。如案例1（见图6-7），按照跨国企业采购管理制度，K企业64元/台的采购标准是刚性的。成功说服客户以72元/台成交的关键就是掌握了K企业产品缺陷的难言之隐。

三是强化需求。强化需求的目标是"促进"客户下决策。主要通过增加业务之外的利益，以增大客户的机会成本，增强客户让渡价值。

图6-18	价值致胜沟通注意事项与要点	

技术 方案	内容要点	目标与方案有切实创新性、方案成熟度高或可靠性强
	沟通注意事 项与要点	技术或使用专家参加，高度互动，全面了解，层层深入 深入客户使用场景，确认客户采购目标，全方位了解技术需求 理解真实需求，认知最大困难度，聚焦竞争力贡献和个性化满足 详细介绍满足程度与可靠性，并有典型的符合客户状况佐证 强调技术赋能和使用指导支持，保证高效使用
商务 方案	内容要点	对接技术方案内容，少增加成本的商务方案 加强增进信赖关系：感知、共情、增益、体验、比较、安全
	沟通注意事 项与要点	突出投资收益和卓越体验、强调信赖关系的价值

价值致胜是"真功夫"，以理服人，重点在技术方案的成熟性和可靠性，不能引起客户质疑，沟通注意要点。

一是技术或使用专家等关键影响者必须参加，以"真理越辩越明"的意识引导不断提问，使得客户全面理解、认同。

二是让客户感知对其场景的深入、全面了解，以此，证明方案的针对性、满足性甚至先进性，并有典型客户实例为佐证。

三是强调服务保障能力，并有具体化、数量化的合同承诺，并有可查实的组织人员及管理规范等真实保障。

价值致胜的商务方案要简约，尤其保持价格刚性或应对客户还价的原则性，但可在售后服务、维保条件等边际成本较低或为零内容，给客户还价"下台阶"，并以"更赚钱"或"更省钱"的价值贡献，巧妙赞扬客户"物有所值"的决策理性，将沟通焦点转移到非价格内容。

图6-19		价格致胜沟通注意事项与要点
技术方案	内容要点	精干简约，控制成本，适应价格竞争 以可靠性或保障性条款，影响客户决策标准 寻求改变采购规则，以系统解决（服务）方案"降维"打击对手
	沟通注意事项与要点	满足和尊重客户价格敏感性的决策标准 强调可靠性或保障性的风险与价值 着眼收益和综合成本考量
商务方案	内容要点	交易方式更灵活，如分期、信用支持、量大价优、以租代售等 综合成本最低化，如更优维修、更长维保，配件价格实惠等
	沟通注意事项与要点	简练的、无争议的定价理由 突出2~3个相对价格策略 强调物有所值，长期成本或综合成本优势

价格致胜是"狭路相逢"，有简单直接的价格"拼刺刀"，也有看清客户价格不坚定性，实现价格"软着陆"。这里要注意判断清楚客户是不是真的价格致胜。就如前货船项目本质是价值致胜，结果判断成价格致胜，致使报价严重"跑偏"。

针对只能"拼刺刀"的情况，在技术方案上要精干简约，绝大部分甚至全部资源一定聚焦在直接价格竞争上，商务方案也要简约。

针对可能实现价格"软着陆"的情况，在技术方案上，可有两个处理方法：一是以可靠性或保障性条款或能力，影响客户采购标准。例如，某饲料企业小麦供应商，针对该企业因小麦呕吐毒素超标更换供应商情况，以自己健全的检验设备和管理流程，成功"抵御"饲料企业较低价格的要求。二是寻求改变客户采购规则，也就是将客户决策理念由"价格致胜"转为"价值致胜"。就如前述采购工程机械由初期需求"为用而买"——低价购买有限设备，转为最终决策"为卖而买"——买更多设备解决方案。

将低价采购转为综合成本最低也是一种价格"软着陆"的方式，具体方法是通过更好维修、更长维保、配件价格优惠等，尤其是运用边际成本低、客户感知强的服务。

图6-20	五种不同决策链角色及沟通重点		
分类/特点	考虑重点	公司内角色	沟通注意事项
经济买家	整体收益和竞争优势提升 审批权，决策者	总经理	·对采购整体或核心目标的理解，满足程度恰如其分 ·对接核心痛苦，实现"种草" ·专业性、可靠性与安全性证明
技术买家	整体收益和竞争优势提升 建议权，否决权，影响者	技术中心 或质检部	·对技术要求、场景、"痛苦"的专业了解与理解 ·技术符合度与创新性，传递合作技术价值，实现"种草" ·注意甄别其立场，尤其是在项目初期
使用买家	满足性、可操作性或 方便性，效果影响评价 使用权，影响者	生产部	·以尊重赢得信任，充分获取真实需求与痛苦，并可能获得最新真实的关键信息——竞品信息、采购发起缘由及发起人、技术方案可能机会点等
执行买家/ 商务买家	具体执行或者建议及参考 否决权，执行者	业务部或采购部	·甄别敌对或中立状态 ·传递可以信赖，拉近心理距离
控制买家	付钱程序、相关风险 形式为主，建议权	财务部	·付款方式合理、规范 ·拉近心理距离，为合同付款做好准备

　　与客户决策链成员进行初步解决方案沟通，一般遵循如下要点。

　　第一，与核心决策者沟通要诚恳、专业和简练。核心决策者一般是最"为公"的状态，与其沟通不用试探，关键是以专业能力讲清对企业核心痛点和采购目标的认知，然后让其了解你的解决问题能力和证据。

　　第二，与技术买家沟通要专业、共情和谨慎。技术买家虽然其技术思维与核心决策者投资思维是不一样的，但在技术方面都可能持开放态度，是稳固"种草"的必然人选。因此，沟通最关键是专业表现，没有准备好，留下"坏印象"，较难扭转，而且其还会"映射"到技术方案能力上。沟通时，要注意与其产生"惺惺相惜"的共情感，促进对技术方案的理解和支持。同时，也要多次从其对技术方案的反馈状态，交叉判断其真正的立场与倾向。

　　第三，与使用买家沟通要直接、尊重和谦虚。使用买家除了技术需求，对手信息可能也知晓。其有可能是无坚定倾向的"线人"，但一般不会是"教练"。

　　第四，与执行买家沟通要谨慎、多交叉判断。关键要识别出其是反对者，还是中立者。除了沟通中察言观色之外，还要多方交叉验证。

　　第五，与控制买家沟通要耐心、细致和恭敬。不能使其成为支持者，至少是中立者，但决不能成为反对者。此阶段需要与财务人员进行沟通。

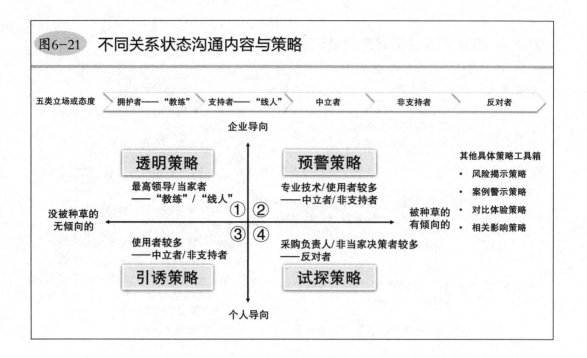

图6-21 不同关系状态沟通内容与策略

决策链成员大体分为五种状态，中立者和非支持者是多数，尤其是项目初期。将中立者和非支持者转化为支持者，是决策链成员孵化的重点，尤其是关键决策人与影响人。

对①类人沟通目标是获得真实反馈和积极支持。"透明"指的是基于"场景—痛苦"阐述客户让渡价值最大化的方案本身，不涉及与决策链成员的人际关系。与"教练"和"线人"也是沟通双方应对称信息的人际关系，不涉及其他"线人"。

对②类人沟通目标是使中立者、非支持者向支持者转变。沟通的核心是扭转已经先入为主的认识。人因"恐惧"比"欣喜"转变更快、更坚决，因此，要采用预警策略。如案例3（图6-9），已经有长期合作培训机构，也有一定AR/VR产品服务能力，但毕竟不成熟，将项目打造成管理标杆是有风险的。

对③类人沟通目标也是使其向支持者转变。针对其工作职责的核心关切，从"职位—痛苦"角度沟通为主；在个人需求沟通上，注意"私下社交尺度"，避免副作用，重点在"阳光"性的，如安排技术交流、协助发表论文等。

对④类人沟通目标是使其成为中立者。沟通要点是试探与甄别其反对程度，即是否为对手的"教练"或"线人"，具体表象如避重就轻、吹毛求疵等。转化其倾向的核心策略就是风险揭示或相关影响策略。

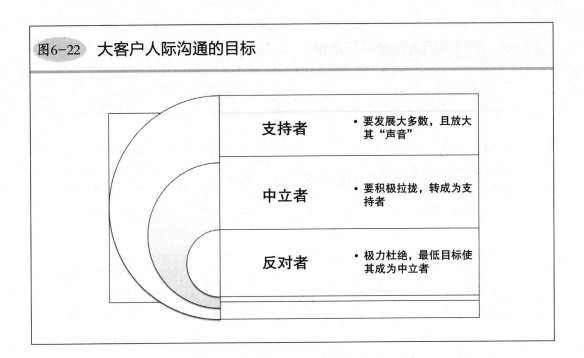

图6-22 大客户人际沟通的目标

支持者	• 要发展大多数，且放大其"声音"
中立者	• 要积极拉拢，转成为支持者
反对者	• 极力杜绝，最低目标使其成为中立者

"把朋友搞得多多的，把敌人搞得少少的"是决策链沟通的目标。决策链成员分为三类：支持者、中立者和反对者。

支持者要"多多益善"，尤其是关键决策人和影响人！除了自身对项目成功的"加分"作用，还有就是对中立者的影响作用和反对者的抑制作用。与关键决策人和影响人的初步解决方案沟通顺利与否，是确定解决方案的标志，也是解决方案设计关键的里程碑。"一对一"和"参观看样"的沟通方式是优先选择，在此基础的"会议沟通"才能更有把握，也通过他们的"肯定声音"（包括肢体语言向与会者传递）发挥出显著的影响或抑制作用。

中立者是没有任何倾向的，按目标、事实和规矩办事，为企业"当家"的人居多。非支持者是暂时没有确定倾向，是可以重点争取的对象。两者表象特征差别就是对"真实力"技术方案内容的积极反馈程度。采用图6-21所示的策略将两者转为支持者，至少保持中立者。

反对者主要指影响者、使用者以及执行者，尤其是执行者。采用图6-21所示的策略至少将其转化为中立者，甚至支持者。当然，视情况对其个人动机要有一定程度满足。

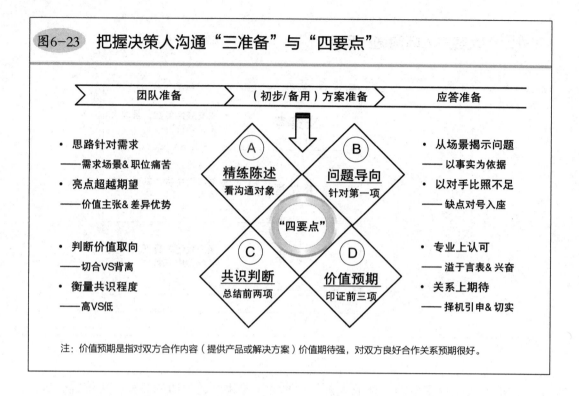

图6-23 把握决策人沟通"三准备"与"四要点"

团队准备 ＞ （初步/备用）方案准备 ＞ 应答准备

· 思路针对需求
——需求场景&职位痛苦
· 亮点超越期望
——价值主张&差异优势

A 精练陈述
看沟通对象

B 问题导向
针对第一项

"四要点"

· 从场景揭示问题
—— 以事实为依据
· 以对手比照不足
—— 缺点对号入座

· 判断价值取向
——切合VS背离
· 衡量共识程度
——高VS低

C 共识判断
总结前两项

D 价值预期
印证前三项

· 专业上认可
—— 溢于言表&兴奋
· 关系上期待
—— 择机引申&切实

注：价值预期是指对双方合作内容（提供产品或解决方案）价值期待强，对双方良好合作关系预期很好。

做好关键决策人沟通，总结起来就是"三准备""四要点"。

"三准备"：一是团队准备。沟通人员职位要"对等"，以体现尊重和重视。二是方案准备。"场景—痛苦"需求基础上初步解决方案以及备用方案。三是应答准备。预设客户可能提出的问题，并准备解答备用，如高层决策者提问的技术方案、成功案例以及可能的资源与关系合作方面等。

"四要点"：一是要注意针对不同职务或性格的决策人，基于客户场景/"职位—痛苦"，精练陈述解决方案的价值主张以及自己优势，激发客户兴趣点。二是一定要基于客户场景和目标阐述问题，绝不能引起客户质疑与争辩。以客户不反感方式引出假设的不利选择，"顺理成章"与不指名对手比较。三是及时判断客户对需求分析与解决方案价值的共识状态。尤其要注意客户未提问、质疑解答未置可否等"坏征兆"，现场尽力消解，这也是必须有备用方案和应答准备的原因。四是把握沟通氛围，寻机提升热度。在专业上，与客户有共鸣，一定要溢于言表，让客户感受"更懂他"。择机引出关系深化的切实事项，增强客户选择的机会成本，并进一步判断对解决方案的共识程度。

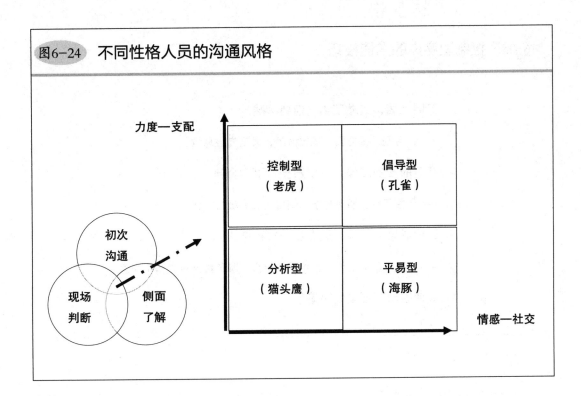

图6-24 不同性格人员的沟通风格

掌握决策链成员的沟通风格是做好准备及沟通的关键。沟通风格主要体现在两个方面控制欲和关系欲，大体分为四种沟通风格。

一般来说，控制型或倡导型主要是掌握实际权力的决策人或关键影响人，不管语气如何，关键问题或事项的回答简洁、坚定、有力度甚至不容置疑是典型特征。相对来说，倡导/表现型可受沟通氛围影响，也相对容易深化关系与同化认识。分析型的多为技术人员，平易型的使用者相对较多。

了解决策链成员的沟通风格主要有三个时机：一是初次沟通。以多倾听、多提问为主，记录沟通情景，综合判断出其沟通风格。二是侧面了解。向谈话投机的决策链成员或相关工作人员侧面询问，当然，如果有"线人"和"教练"，在初次沟通之前就要知晓。三是现场判断。如果只是在解决初步方案，那么在沟通中，尤其是"破冰"阶段就要尽快判断，以根据对象沟通风格，把握沟通技巧。

图6-25　控制型客户的沟通技巧

> 简明扼要，直截了当，避免啰唆

　　——讲问题、提方案，逻辑清晰，表现专业形象

> 完善的准备工作，提供数据和事实资料

　　——尽量了解、洞悉想法，做备选或突破性方案

> 谈论成果的目标，重点在受益和价值

　　——忌直接反驳或使用结论性的语言，避免直接对立和不同意

> 促使果断、自主地决策

　　控制型客户沟通要点就是表现得专业、干练，不能让客户感到业余、拖沓。对于没有绝对优势的项目，一旦面对控制型关键决策人出现不良状态，那么"出局"概率是很高的。沟通技巧上应注意以下三点。

　　一是绝不能"主谈"认识。也就是决不能引起质疑。认识是主观的，很容易引起质疑。控制型人最反感"拖沓""忽悠"，因此，基于场景讲问题、讲方案，多讲事实、数据，少讲或不讲认识。

　　二是绝不能"据理争辩"。据理争辩可能被认为是对其权威的挑战，赢了道理，输了项目，毫无意义。除非接受专业分析或要求给出更多建议的前提下，不要试图去改变其对解决方案的价值取向，只能迎合，提供针对性方案。

　　三是绝不能"帮"其决策。也就是绝不能自我肯定。即使客户询问对手提供方案的评价，也不要做出肯定回答，只表达是基于对需求的"场景—痛苦"的理解，基于己方优势，尽力能做出的方案，并真诚希望能有合作的机会。

　　总之，要专业足足、恭敬满满。如果在私下或"一对一"的沟通场合，可以不着痕迹赞扬企业秩序井然，显示其管控高效，引起其好感，或有助于改善沟通氛围或印象。

图6-26　倡导型客户的沟通技巧

> 重情感，多交流，花点时间建立关系和好感

　　——找机会联络与接触，并保持温度

　　——做好良好沟通和深化关系的准备

> 营造气氛，使其感觉良好

　　——注意其情绪波动和兴奋点变化，避免有负面感觉，引起抵触

　　——少说多听，忌他讲话表现时不时插话打断，也忌对其表现无动于衷

> 交换双方的期望和想法，注意远见和创新导向

　　——适度引导，热情反馈，展示可靠能力和合作愿望，寻求进一步沟通

　　倡导型客户不会像控制型有"冰冷感"，甚至还会有"温热感"，但实际上更难实效沟通。对个人沟通技能、情商、素质甚至兴趣爱好等要求更高。倡导型客户沟通技巧要注意以下三点。

　　一是了解兴趣、爱好，为以后交流和深化关系做准备。了解倡导型客户的专业状态和兴趣爱好更有利于建立关系与好感。短期可以恶补的，有针对性准备，并在沟通中择机起"话题"；选择适合与其沟通的"铁三角"团队成员，也是很有效的做法。

　　二是在沟通过程中，注意其情绪变化和兴奋点。倡导型客户沟通的主动性较强，对听者情绪反映也很敏感，尽量少打断或不打断其讲话，并有积极回应，不能让其有"对牛弹琴"的感觉和印象，引起心理抵触和负面联想。

　　三是以"话架"定位进行互动，将沟通引向有利己方价值方向。以询问、探讨等方式，引导进行专业方面讨论，阐述其价值主张和解决方案要点。对其表达并作热情反馈，并展示可靠能力和合作意愿，为下一步沟通和进一步深化关系做"铺垫"。

图6-27 分析型客户的沟通技巧

> **摆事实，讲逻辑，以专业水准交流**

　　——详细明确，忌流于问题表面

　　——避免空谈或任其偏离沟通的方向与目的

> **分析方案优劣，阐述合理性和细节**

　　——列出翔实资料，突出数据和逻辑性

　　——主动提出问题，且给出合理解释

> **举出证据和保证，使其感到有把握，是正确选择**

　　分析型客户决策链成员常常为关键影响者，也是"种草"的关键对象，尤其是在专业技术性较强的采购项目。分析型人最大特点的就是逻辑思考与评价能力强，而且也常常以此作为确认专业能力的依据。分析型客户沟通技巧也要注意三点。

　　一是讲话主线逻辑必须清晰，凸显专业形象。分析的本质是逻辑，逻辑性是判定专业形象与能力的依据。既要防止流于简单表象和肤浅问题，也要避免"套话"，偏离沟通方向的"空谈"，要以事实为依据替代逻辑的"实谈"。

　　二是多提问，鼓励发言，增强交流互动性。在产品和技术上，分析型人员会很大程度代表甲方的根本立场或态度，因此，要多发问引发其多表达，尤其注意其隐忧和期望，这是改善方案与调整客户机会成本的重要依据。例如，某发酵设备生产企业与甲方技术负责人沟通时，了解其担心其运行人员能力不足，会影响设备运行，提出代运、代维的系统解决方案，加大了甲方其他选择的机会成本，实现成功赢单。

　　三是以实证增强信任，坚定其选择。分析型客户多行事谨慎、思维缜密，需要"眼见为实"或可以确认的事实，方能坚定其认识。

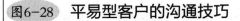

图6-28 平易型客户的沟通技巧

➢ 以轻松的方式沟通，找出共同点

　　——指出目标方向，并告诉你能提供帮助

　　——多提封闭式问题，并以观点适度影响、牵引

➢ 突出安全性，合乎一般俗理

　　——满足其对企业忠诚度、注意安全的心理

　　——提供低风险方案，留有足够余量

➢ 注意深化关系，成为持续沟通对象

平易型人在决策链中通常是影响者、使用者居多。只要给予足够尊重，会很快获得好感，沟通会比较顺利，获得信息会更具体、准确。与此类型人沟通，也有三个注意要点。

一是沟通环境、方式要轻松，避免引起不安。尽量在工作场合沟通，但注意创造"一对一"沟通环境，使其有更多表达的空间和意愿。在沟通中，多做封闭式提问予以引导，使其确认双方的认识和价值主张是一致的。

二是满足其对方案安全性的心理。作为决策链成员，有很强的海豚型性格，可能比较开放、外向，但平易型岗位人员一般比较谨慎，因此，不要表达任何有违其对企业忠诚度的想法或意见。如果其是关键决策人，要先用稳妥的低风险方案，再建议其他更激进的方案。

三是保持沟通关系，可能发展成为无意识的"外线"。可以轻度多次，不能"重度"社交，以免弄巧成拙，引起警觉性，中断联系，或在内部不做有利"发声"。

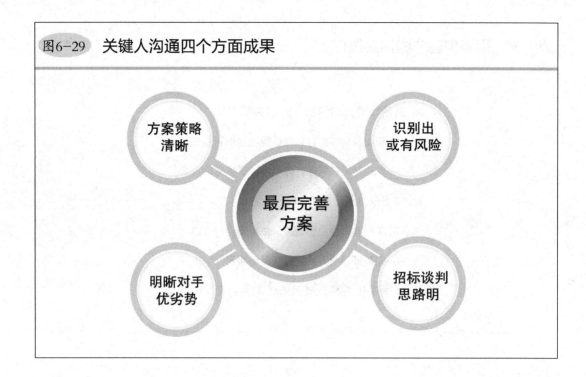

图6-29　关键人沟通四个方面成果

方案策略清晰

识别出或有风险

最后完善方案

明晰对手优劣势

招标谈判思路明

初步解决方案沟通，是项目孵化沟通的重要组成部分，也是核心内容之一。结合前期项目孵化沟通，衡量初步解决方案关键人沟通质量有四个标准。

一是方案策略清晰。对客户场景与痛苦认知的共识与差异，对方案价值主张以及方案具体内容的认可程度及问题，清晰需要调整的原因和内容。

二是识别出或有风险。初步解决方案沟通，方案很大程度就是"道具"或"标靶"，关键的沟通目标是识别方案风险和可能竞争威胁。如案例2（图6-8），在初步方案沟通中（因为已有成熟解决方案，项目早期就进入解决方案沟通阶段），很快了解到该客户长期供应商，也是其园区内企业有意参与竞标。

三是明晰对手优劣势。需求本质是竞争推动的，解决方案的沟通中，必须能"眼观六路，耳听八方"。从客户不经意的言语、细微的表情差异中，结合前期积累的可能对手资料，综合判断对手优劣势，做客户让渡价值的综合比较分析，确认胜出的方案要点。

四是招标谈判思路明。甲方出于获得最好利益考量或常规流程要求，都会在开标后进行谈判。因此，要对甲方技术方案核心项和商务方案价格项重视程度有清晰判断，并做好谈判让步或给对方还价"台阶"的准备。

案例1：竞争对比分析

客户需求项		评定权重	对手评分											得分	我方评分											得分
			10	9	8	7	6	5	4	3	2	1	0		10	9	8	7	6	5	4	3	2	1	0	
技术方案	结构特性	30%										√		0.3	√											3.0
	电器特性	20%		√										1.8		√										1.8
	项目节点	30%				√								2.1		√										2.7
	ppm≤500	20%								√				0.6	√											2.0
	合计													4.8												9.5
商务方案	价格	100%			√									8						√						4

不同评标方法的竞争对比评分

综合评标方法 （技术标：商务标）	S企业	B企业
5:5	9.5×0.5+4×0.5=6.75	4.8×0.5+8×0.5=6.4
4:6	9.5×0.4+4×0.6=6.2	4.8×0.4+8×0.6=6.72

　　由于B企业无法满足S企业部件性能要求，所以，S企业技术方案得分远高于B企业。这个项目如何按照K企业招标价格报价，S企业必定胜出，但利润损失也非常大。

　　这个项目比较特殊，就是S企业与K企业母公司为上下游关系，因此，掌握K企业部件缺陷的售后服务成本数据，也由此能够精准定价，第一年72元/台，第二年改为招标相同价格64元/台。

　　再用竞争对比表分析一下。由于部件性能对比差距明显，技术方案得分S企业显著高于B企业，那么S企业就要判断价格应高于K企业招标价格多少。B企业64元/台，得8分；S企业报价72元/台，得4分。基于坚定K企业评标标准是技术不弱于商务，按5：5评标标准，还是有微弱优势。

　　启示：如果能够较为精准测算客户让渡价值，就以客户让渡价值为基准，设计与调整解决方案。如果客户让渡价值不能较为准确衡量，则考虑用竞争对比分析罗盘，进行细致和经验式的判断项目成功可能性。

图6-31 案例2：竞争对比分析

客户需求项		评定权重	10	9	8	7	6	5	4	3	2	1	0	得分	我方评分											得分
															10	9	8	7	6	5	4	3	2	1	0	
技术方案	技术参数	40%	10											4.0			8									3.2
	方案可靠性	30%	10											3.0			8									2.4
	软件开发能力	30%				7								2.1	10											3.0
	小计													9.1												8.6
商务方案	价格	40%				7								2.8			8									3.2
	付款方式	30%				7								2.1		9										2.7
	服务保障	20%			8									1.6		9										1.8
	供货保障	10%		9										0.9	10											1.0
	小计													7.4												8.7
	—														—											

注：相对与竞争对手——技术型，技术方案稍弱，但商务方案较强。

综合评标方法（技术标：商务标）	A企业（竞争对手）	B企业（我方）
5:5	9.1 × 0.5+7.4 × 0.5=8.25	8.6 × 0.5+8.7 × 0.5=8.65
6:4	9.1 × 0.6+7.4 × 0.4=8.42	8.6 × 0.6+8.7 × 0.4=8.64

如果能够较为精准测算客户让渡价值，就以客户让渡价值为基准，设计与调整解决方案。如果客户让渡价值不能较为准确衡量，则考虑用竞争对比分析罗盘，进行细项的、经验式的判断项目成功可能性。同理，这是前面案例2的竞争对比分析。

图6-32　案例3：竞争对比分析

客户需求项		评定权重	对手评分											得分	我方评分											得分
			10	9	8	7	6	5	4	3	2	1	0		10	9	8	7	6	5	4	3	2	1	0	
技术方案	AR、VR培训	40%						5						2.0			8									3.2
	在线学习	25%			8									2.0				7								1.75
	在线考试	15%				7								1.05					6							0.9
	报表管理	10%					6							0.6			8									0.8
商务方案	价格	10%			8									0.8					6							0.6
	交付运维服务																									
合计						—								6.45				—								7.25

同样，案例3的客户让渡价值只能定性具体化分析，因此，要用竞争对比分析罗盘。

由于客户对项目的"管理标杆"定位，以预算额控制招标价格——按预算找最好的解决方案，因此，招标方案主要在技术方案，但也要考量对手报价因素。对手太低价格冲标可能性不大，因为客户技术方案的机会成本损失较大，并且对手习惯也是做高毛利业务。

基于上述分析和客户对技术方案认可程度，以对对手信息的了解（在项目孵化和初步解决方案沟通中，知晓了对手），做出了符合客户预算的报价（虽然按照竞争对比罗盘，报价可以再高些，但客户有预算限制，实际性不通）。竞争对比分析罗盘得分大约为对手的1.12倍，属于正常乐观的决策。

项目成功后，了解到对手报价大约低于客户预算20%，竞争对比分析罗盘运用基本得当。

第七章

合同谈判与交付管理要点

　　本章主要讲述成长型企业 LTC 体系的投标谈判（OTO）和交付回款（OTC）两部分内容。为了让大家更清晰地理解投标管理及合同谈判策略等相关内容，本章前两个内容主要是研讨投标管理、合同谈判策略及管理要点的问题。本章第三个内容是 LTC 体系中 OTC 阶段的主要管理事项。尤其是在市场形势不太好的情况下，项目按进度回款成为一个比较突出的问题。

　　项目投标、合同签订、交付确认和及时回款等工作，都涉及对外的责任承诺与交易法律责任，因此，成长型企业 LTC 体系中管控点大部分都在 OTO、OTC 阶段，如投标管控点、合同管控点、回款进度管控点、合同变更控制点等，本章对这些管理要点也会进行讨论。

项目投标与谈判管理要点

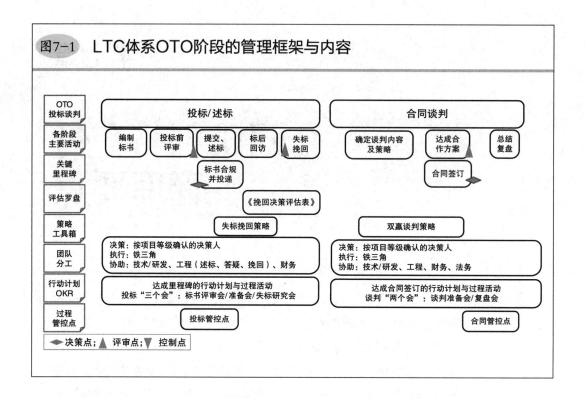

图7-1 LTC体系OTO阶段的管理框架与内容

上面的内容就是LTC体系中OTO（商机到合作）阶段的主要工作内容、里程碑、管控点等的管理框架。由于成长型企业的业务领域集中、管理相对扁平化和直接，我们基于华为LTC的流程体系，做了大量简化工作，以便成长型企业的运用。

由于很多成长型企业没有专业的投标管理部门和相关人员，很多企业还是销售管理部的文员负责做标书，经常出现一些合规性的低级错误而出局。我们设计了投标管控点，以便在正式投标前进行把关，由项目负责人组织"铁三角"会同相关部门进行内部评审。

在合同谈判及签约阶段，我们根据成长型企业合同管理不尽规范的实际情况，设计了合同管控点，就是在正式签订合同前做好最后的把关。

成长型企业LTC的基本理念是，充分授权赋能给一线业务人员和"铁三角"，但要把关风控的规范和制度必须是刚性的。

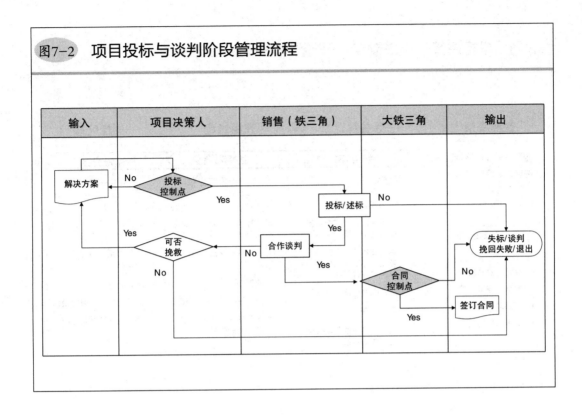

图7-2 项目投标与谈判阶段管理流程

这是成长型企业LTC体系中（OTO）阶段的管理流程示意图。大家研读一下，以便投标和签约管控点有清晰的理解。

图7-3 投标决策—标书制定—开标过程—失标处理

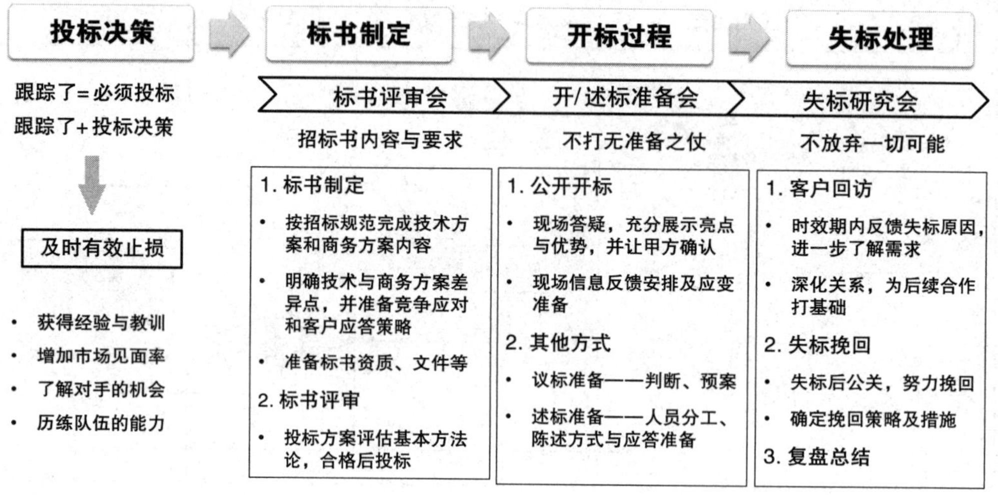

上面描绘的是招投标项目的一般的投标管理步骤。

基于我们前期的项目孵化进度，可以决定要不要正式投标，做到有的放矢。除非甲方额外要求配合，否则，及时止损也是好的决策，当然有时陪标也能陪出品牌影响力和圈层关系。

一旦决定投标了，就必须做到全力以赴，不打无准备之仗。从标书制定、递交、述标、开标应对等各个环节，都要列在流程管理之中。对其中的重点工作，我们后面会具体展开说明。

图7-4　OTO阶段里程碑及关键点检查表

阶段里程碑		阶段主要活动与角色分工	关键点检查
投标/述标结束	标书评估	· 项目负责人组织项目"铁三角"小组及各相关部门（"大铁三角"）评估解决方案和我方投标书 · 相关人员按照《解决方案及标书评估规范》进行评定 · 如果通过，可以投标；如果不通过，项目组修正后，相关部门或人员审核后，方可投标	· 方案内部通过，标书合规
	提交标书/述标	· 项目"铁三角"主导者负责按期提交标书	· 标书按时送达
	失标挽回成功	· 失标第一时间，项目小组填写《挽回决策评估表》，反馈给项目负责人，以便判断决策 · 根据挽回可能性和当期、后期风险情况，项目负责人做出是否挽回决策	· 挽回评估与决策

重点是我方投标书的评估，这是正式的亮相，之前项目孵化中工作都要体现在投标书上，如我们的需求解读、解决方案的价值亮点及我方各种优势等。

不仅项目小组"铁三角"要内部检核，查遗补漏，而且要在项目负责人的组织，在公司相关各部门面前进行模拟述标和答疑。这样既是考核项目小组"铁三角"，以便完善方案和标书，又是很好的训战结合的培训指导。

投标失败是常事，对于投标失败，我们要及时分析，找到其中原因，看能否挽回。现实中，尽管挽回成功的概率不大，但我们还是要尽力去争取。因此，我们专门设计了失标挽回决策管理环节，后面我们结合相关表单工具与大家分享。

图7-5	投标控制点：解决方案及标书评估表

· 按照项目分级，各相关部门"大铁三角"根据公司不同级别项目的评估标准进行可行性评估
· 项目决策人拍板，但各部门有一票否决权

评估部门	评估内容	一般项目 （或C类）	竞争型项目 （或B类）	战略型项目 （或A类）
生产	产品供应	效率高，能满足	效率一般，能满足	需改造后能满足
工程	内容进度	成熟可高质量实施	有部分瓶颈，但能克服	外包部分环节，增加投入，风险可控
技术/研发	技术要求	高度体现技术优势	未体现优势，但可行	需额外投入，才可行
售后	维保条件	现有体系完全满足	个别不成熟，但可特殊服务	增加投入后可满足
财务	利润状况	符合利润率标准	符合现金流平衡标准	符合边际贡献标准

这是一个客户企业的投标评估的表单工具，大家可以借鉴一下。

他们按照不同级别的项目，组织企业各部门制定了相应的评估标准，其实也是一种责任承诺，同意了就要承担责任，当然也有相应的项目奖金等利益，使各部门都会积极而慎重地参与评估，把好投标前的最后一关。

尤其是一些战略型项目，对企业而言具有一定的风险，需要额外投入人力、物力去创新和提升自己的竞争能力。这就要求各部门离开自己的舒适区，敢于挑战自我，这也是企业生存发展所必需的。

总之，这样的投标前的评审会有多重意义：一是真正对项目投标进行了把关，避免了错误，完善和优化了方案与应对策略；二是让企业各个部门，也就是项目的"大铁三角"真正参与到项目中，目标、责任和利益都捆绑起来；三是锻炼了队伍，标前的评审会也是现场模拟开标时的述标与应答的情景，让项目小组"铁三角"得到演练。

图7-6　失标控制点：挽回决策评估表

· 如未中标，要第一时间对招标方过程、中标方内容进行分析与评估，以事实为依据，确定是否有挽回可能，并结合挽回后风险，决策是否实施挽回行动。挽回决策按照项目分级管理

挽回要项分析	具体要项评估			挽回可能性（1低～5高）	挽回风险评估			相关人意见	是否挽回决策
	要项描述	事实依据	可行性		当期风险	后期风险	综评		
招标方过程				评分：1～5分，从低到高 得分： 1. 两方有任一项违规，为5分； 2. 违反招标细则，视挽回或重新招标可能性，为1～5分； 3. 我方修改投标方案，重新中标可能性，为1～5分； 4. 综上评定可能性，3分以上为高，3分以下为低	风险评定： □高 □中 □低 理由简述：	风险评定： □高 □中 □低 理由简述：	□高 □中 □低		□是 □否
中标方内容									

这是我们为某客户设计的项目失标挽回决策评估表，都是尽可能量化的评估，用于投标失败情况下的及时反应。

一般来讲，从现阶段市场环境看，失标挽回的概率不是太大。有时即便不顾风险，强行翻盘，把甲方和友商都得罪了，恶化了竞争环境，今后的生意也不好再做了，再加上行业的负面影响问题，那就更不好估量了。因此，我们进行失标挽回管理就是要达到这样的目的：绝不能随便放弃一个项目机会，要有礼有节地挽回项目，又要审时度势，综合判断得失。

图7-7 合同谈判中的主要问题及原因分析

思维方式问题	规划准备问题	过程控制问题	对象认知问题	团队协同问题
缺乏双赢思维和换位思考，沟通不畅、进度受阻	**缺乏形势预判和相应策略计划准备，仓促上阵**	**谈判氛围和节奏把握不好，进退失据，难以达成双赢结果**	**对甲方了解不够，谈判人员构成、角色和分工判断不清**	**仅靠个人发挥，缺乏团队支持和后方赋能**
• 不能换位思考，沟通"频道"不对，客户感到不专业、不受重视 • 不能从需求命题、难以真正理解客户及其的需求，丧失机会	• 谈判目标分析粗糙，进程缺乏计划和应对策略，问题预警分析不足，"遭遇战"式临时应对，失误多 • 必要的谈判对象与对手信息了解欠缺，甚至己方信息消化不足	• 一味急于求成，无原则妥协与让步，结果难接受或接受难兑现 • 对僵局、弱局判断不清，策略应对不及时，贻误时机 • 被快速触及底线，陷于"尴尬"或"鸡肋"状态	• 对甲方谈判人员角色与责任不清楚，对其关注内容不敏感、缺针对性准备 • 对甲方谈判人员态度判断偏颇，导致应对失误、陷入被动	• 谈判人员专业性不足，培训、赋能缺乏 • 谈判人员角色定位不清、规矩不明，导致出现意外或打乱节奏 • 谈判前缺乏模拟演练，谈判后缺乏复盘总结

这是成长型企业在项目销售谈判中的常见问题，我们做了上述梳理，并分析了其中原因，包括从思维认知到行为方式，从应对策略到团队协同等方面。

首先，随着客户企业项目采购的越来越规范，加之竞争越来越激烈，个人现场搞定的英雄主义行不通了。因此，LTC体系强调"铁三角"协同规划和执行进行项目谈判阶段工作。

其次，要统一思想和充分准备，这样才能真正实现团队协同作业，明确谈判的预期目标和底线原则、基于预判的各种情况准备策略计划，并做好角色分工。

最后，就是现场把握与谈判技巧问题。这方面的提升，一是要多练习与总结，不断提高自身专业素质与能力，如表达能力、逻辑分析和沟通技巧等；二是对谈判内容和相关信息、数据烂熟于心，现场快速反应，体现专业性，把握谈判主动权。

图7-8	OTO投标谈判里程碑及关键点检查表		
阶段里程碑		**主要活动与角色分工**	**关键点检查**
合作谈判成功	谈判准备会	·以"铁三角"为主成立谈判小组，并明确角色分工 ·基于项目孵化进程，预判客户可能问题，并准备相应预案，应对特殊情况 ·规划谈判预期目标、进程节奏与妥协策略，保证谈判有效推进	·谈判策略 ·角色分工 ·预备方案
	签订合同	·根据谈判结果，项目"铁三角"提交相应合同进行评审 ·评审通过后，履行合同签订；否则，项目合同修改，或终止 ·合同签订后，进入下一个执行与交付阶段	·合同评审 ·合同签订
	复盘总结	·项目负责人组织"铁三角"和相关各部门进行谈判过程复盘，对谈判及合作质量进行评估 ·对合作全过程进行复盘，总结经验教训，作为公司学习赋能资料和个人工作记录，备案留存	·复盘总结

这是LTC中项目谈判的三个主要工作内容及其管理要点，简明扼要地展示给大家。

第一，组织项目谈判准备会。由项目负责人组织"铁三角"成员研讨和分析谈判的态势，列出我方优劣与劣势，并制定扬长避短的谈判策略，把困难想得多一些，做好预案，并按角色分工，提前模拟谈判情景，做好充分准备。

第二，签订合同前，有个我方最后确认的环节，类似投标前的评审会。对合同谈判中的重大变化，如技术参数、安装条件、交付日期和维保内容等，相关各部门要重新评估，确保合同约定的交付和后续服务等要求能顺利达成，这是LTC中的重要管控点。

第三，谈判阶段的复盘总结。这个工作以前成长型企业不够重视，导致很多失误反复出现，业务水平精进不快。成功的经验和失败的教训，这些宝贵的知识都只存在当事人的头脑中，无法用于培训和推广。因此，复盘总结非常重要。

双赢的合同谈判策略

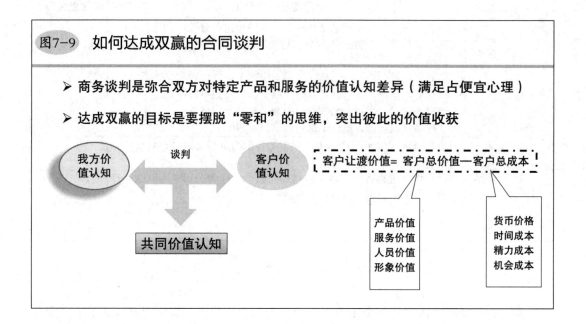

图7-9 如何达成双赢的合同谈判

➢ 商务谈判是弥合双方对特定产品和服务的价值认知差异（满足占便宜心理）

➢ 达成双赢的目标是要摆脱"零和"的思维，突出彼此的价值收获

我方价值认知 ←谈判→ 客户价值认知

共同价值认知

客户让渡价值= 客户总价值—客户总成本

产品价值
服务价值
人员价值
形象价值

货币价格
时间成本
精力成本
机会成本

LTC体系不仅是一个流程管理体系，更是一个项目赢单的策略体系和工具方法库，将各阶段的主要工作内容、目标以及达成的策略方法对应地列出，让成长型企业一看就能用。

首先，我们自己要坚持双赢的价值理念。在信息对称、同质化竞争的形势下，靠小聪明和利用一时的信息差，是难以达到项目销售成功的，坚持客户价值为王的双赢合作才是正道沧桑。

其次，如何与客户达成共赢的谈判理念的问题。我们要认识到，双赢的基础是有一致的价值认知，"我之蜜糖，人之砒霜"，是无法实现双赢的。前面我们在项目解决方案设计阶段就具体运用了"客户让渡价值最大化"原则和方法，将客户各方面的价值优化，并显现出来，做到有图有真相，让客户感到我们诚意满满。如三一集团就要求，给客户的价值承诺尽可能有数据和具体评价指标，让客户看得见、摸得着。

最后，沟通价值。通过让渡价值原理，将各方面的价值与客户相关人员进行有针对性的沟通，如遇客户技术谈判者，就用专业数据重点阐述产品价值。

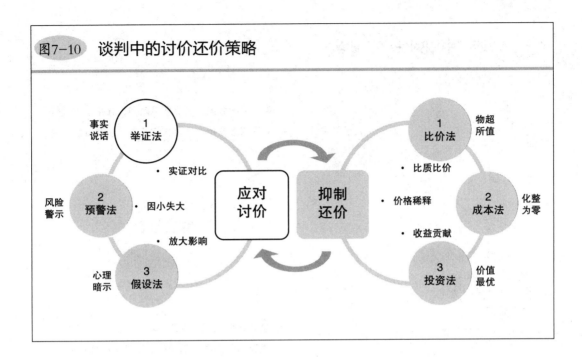

图7-10　谈判中的讨价还价策略

　　讨价还价是合同谈判的重要内容之一，如何有效应对？这是我们多年来指导客户在这方面总结的应对策略。

　　应对讨价有以下三个主要策略。

　　一是举证法，用数据和第三方检测等事实证明我方与对手的价值差异，强调一分钱一分货。二是预警法，就是提醒对方不要因小失大。如我们设备可能价格高2万元，但全周期综合使用成本要低8万元，投资回报有保障，否则，便宜买友商的，可能投资回报很低。三是假设法，放大风险引起对方焦虑。如举例告知对方如降价减配，可能产生更多损失等。

　　有效抑制对方还价有以下三个策略。

　　一是直接对比，将配置、参数和质量等方面与对手产品一一对比。如三一重机经常搞设备大比武活动，同一作业场景，大家PK看结果。二是成本法，就是把账算出来，体现货真价实，如我们的是什么材料和工艺，对手的是什么样的，成本差是多少，别看我们贵一半，但使用寿命能多一倍等。三是投资法，就是前面一直强调的客户让渡价值最大原理，尤其是对客户的高级谈判人员，是非常有效的策略。

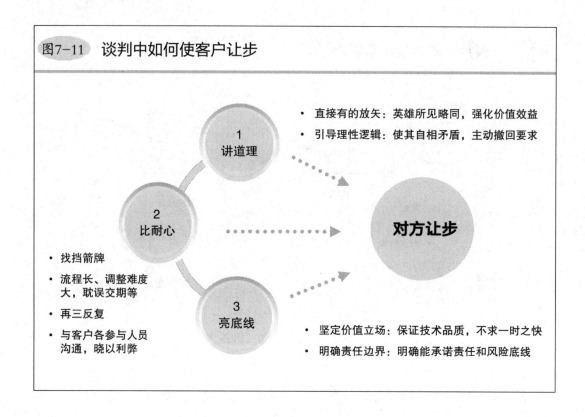

图7-11 谈判中如何使客户让步

项目谈判也不只是一味地被动让步妥协，要坚持原则与底线，拒绝客户的过分要求与不现实的预期。为此，我们总结了以下三个有效策略。

1. 讲道理。积极引导和强化客户的价值关键点，阐述因果关系，让客户自己觉得要求过分，并自相矛盾，没有道理。例如，在客户要求我方三年后回购其购买设备，但又不买保外服务，此时我们阐明两者因果关系，并进一步指出回购对他们价值最大，所以要额外购买我方保外服务。

2. 比耐心。对客户的不合理要求，要揭示其代价和风险。例如，临时增加服务内容，或调整安装条件等，要告知需要的时间和成本过高，且对客户得不偿失。

3. 亮底线。语气温和，但立场明确地告知，我们能够给予的最大承诺与承担的风险底线，且已经高于行业惯例和平均水平了，让客户知难而退。例如，在支付账期方面，客户提出再延长的无理要求，我们阐明现有账期已经好于主要对手，如要再延长，我们有相应的其他第三方的金融解决方法，不能再承担更多风险。

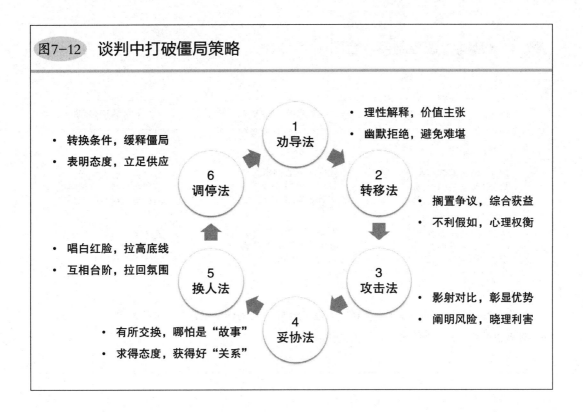

图7-12　谈判中打破僵局策略

- 理性解释，价值主张
- 幽默拒绝，避免难堪

1 劝导法

- 转换条件，缓释僵局
- 表明态度，立足供应

6 调停法

2 转移法

- 搁置争议，综合获益
- 不利假如，心理权衡

- 唱白红脸，拉高底线
- 互相台阶，拉回氛围

5 换人法

3 攻击法

- 影射对比，彰显优势
- 阐明风险，晓理利害

- 有所交换，哪怕是"故事"
- 求得态度，获得好"关系"

4 妥协法

　　这是我们团队在辅导企业中，引导项目"铁三角"总结提炼的谈判中打破谈判僵局的一些策略，供大家参考。

　　需要强调的是，LTC体系中各个阶段都有相应的策略工具库，这些都是来源于企业各个案例的复盘总结，无论项目成败，都必须坚持做好复盘，那么以上这样的实战策略方法就会越来越丰富。

图7-13　合同管理控制点：合同评审

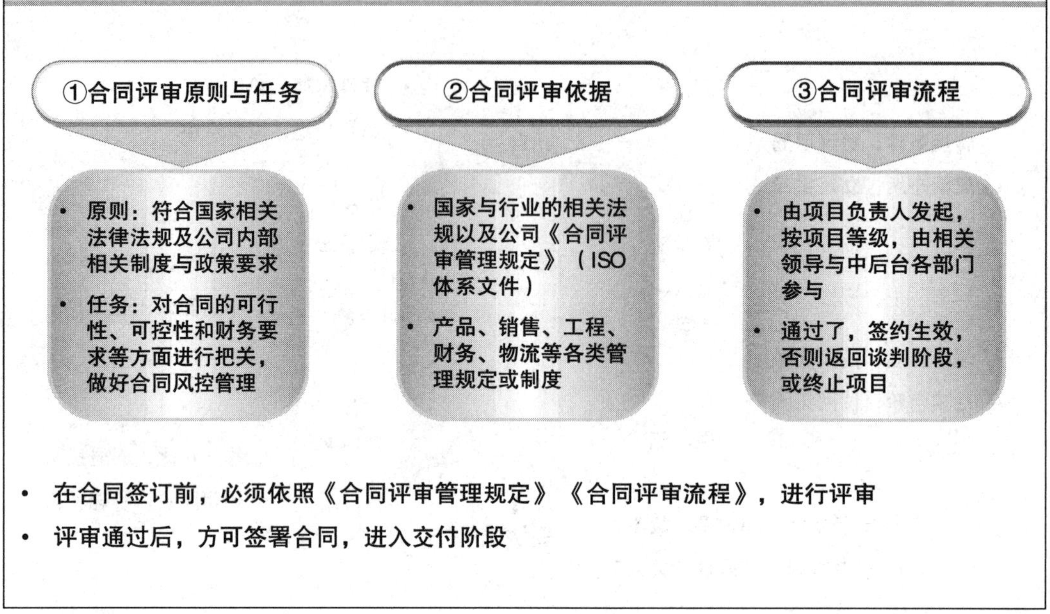

①合同评审原则与任务

②合同评审依据

③合同评审流程

- 原则：符合国家相关法律法规及公司内部相关制度与政策要求
- 任务：对合同的可行性、可控性和财务要求等方面进行把关，做好合同风控管理

- 国家与行业的相关法规以及公司《合同评审管理规定》（ISO体系文件）
- 产品、销售、工程、财务、物流等各类管理规定或制度

- 由项目负责人发起，按项目等级，由相关领导与中后台各部门参与
- 通过了，签约生效，否则返回谈判阶段，或终止项目

- 在合同签订前，必须依照《合同评审管理规定》《合同评审流程》，进行评审
- 评审通过后，方可签署合同，进入交付阶段

　　成长型企业的项目销售合同一般都不太规范，通常都是法务部门检核一遍，简单地提一提法规方面的意见，而其他相关的部门都不关心，也不参与，信息也不对称，使合同交付阶段有很多这样或那样的问题，甚至引起巨大风险，导致重大损失。

　　因此，在LTC体系中，我们在这个阶段专门设立了合同评审控制点，考虑到大部分成长型企业的项目销售标的金额小、技术成熟度高、交付比较简单等特点，这里只进行简单梳理。

　　以上内容所示的是OTO阶段的合同管理控制点具体做法，大家可以结合自己企业的管理实际加以借鉴运用。需要强调的是，协同项目的各相关部门（"大铁三角"），都要正式参与评审，必须从各自专业角度进行把关，明确出示意见与建议，并承担相应的责任。其目的就是把"大铁三角"的各个角色主体都与利益和责任捆绑起来，为下一阶段的合同顺利交付做好保障。

图7-14　"铁三角"总结复盘表

阶段	总结要项	问题和成绩	经验和教训
方案设计阶段	技术方案		
	商务方案		
投标述标阶段	投标过程		
	失标处理		
合作谈判阶段	合作目标		
	付出成本		
	客户关系		

　　项目销售管理流程到了合同签订环节，基本上是销售主体工作告一段落的时刻，此时组织项目"铁三角"和相关部门进行复盘总结是比较合适的。

　　上面给出了一个总结复盘的基本内容，项目孵化、投标与合同谈判等阶段主要工作的得失情况，由项目"铁三角"各角色担当者进行填写，并进行会议研讨，列入相应的项目案例资料库。大家可以根据企业自身项目销售情况，对各个项目内容进行优化和调整。

　　复盘总结工作要作为项目绩效的重要考核指标之一，它既是阶段性工作总结，也是带队伍的重要环节，是真正训战结合培养新兵的好方法。

交付实施阶段注意事项

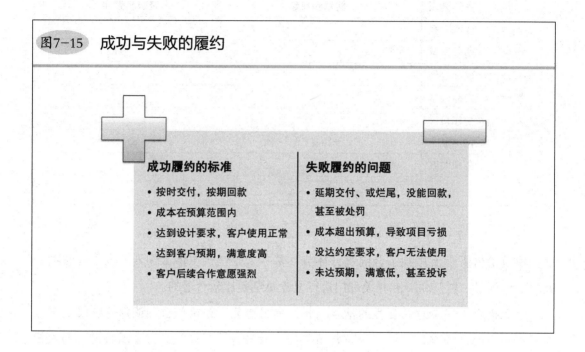

图7-15 成功与失败的履约

成功履约的标准

- 按时交付，按期回款
- 成本在预算范围内
- 达到设计要求，客户使用正常
- 达到客户预期，满意度高
- 客户后续合作意愿强烈

失败履约的问题

- 延期交付、或烂尾，没能回款，甚至被处罚
- 成本超出预算，导致项目亏损
- 没达约定要求，客户无法使用
- 未达预期，满意低，甚至投诉

成功的交付履约如上面所标注的，顺利交付验收，及时回款，成本费省了，项目利润高了，客户还非常满意，还要做下一单，不但挣了钱，还树立了口碑。

失败的项目交付基本上是赔了夫人又折兵，上述列举了交付履约失败项目的主要问题。仔细分析后，我们发现，产生这问题的主要原因是合同交付的组织管理不力导致的。在LTC体系中，合同签订前是由项目"铁三角"以及相关部门（"大铁三角"）都评审通过了的，合同交付是在我们技术、生产和服务能力范围内的事，因此，出现合同交付失败的原因就是合同执行组织中出了问题。

由于很多项目交付成功，需要甲方、乙方的密切协同配合才能顺利完成，而且我们合同事前约定得再具体和翔实，也无法穷尽交付现场的一些变化。因此，项目"铁三角"要积极与客户相关各方主动沟通，建立协同机制，做好执行计划，并明确双方的分工与责任，并设计过程跟踪与检核等管理办法。

图7-16　完美合同履约是客户关系的基础

1. 及时回款、控制成本，实现项目预期的盈利目标

2. 加强客户信赖，发现与引导新需求，顺利进行合同变更、增项等

3. 是最好的推广手段，发现更多销售线索

4. 挖掘客户全周期价值的契机

   • 增购、置换、后续项目和转介绍等

在存量内卷竞争下，成功开发一个新客户、拿下一个新项目是一个难度很高且营销成本也很高的事。如果因为合同履约不到位，而导致前功尽弃，是非常可惜的。我们不但要把本次合同履行好，超越客户预期，感动客户，而且要能引发新的需求和订单。

因此，完美的合同履约是客户关系深化的基础。

图7-17　项目交付实施阶段注意事项

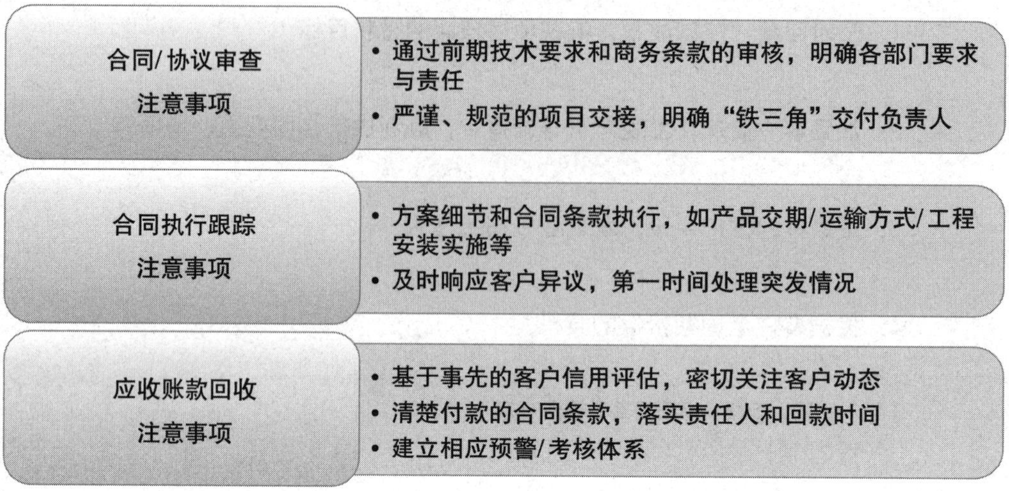

合同/协议审查 **注意事项**	• 通过前期技术要求和商务条款的审核，明确各部门要求与责任 • 严谨、规范的项目交接，明确"铁三角"交付负责人
合同执行跟踪 **注意事项**	• 方案细节和合同条款执行，如产品交期/运输方式/工程安装实施等 • 及时响应客户异议，第一时间处理突发情况
应收账款回收 **注意事项**	• 基于事先的客户信用评估，密切关注客户动态 • 清楚付款的合同条款，落实责任人和回款时间 • 建立相应预警/考核体系

这是合同交付阶段的主要三大工作及其注意事项。

1. 合同交付前的交接工作。LTC要求在合同签订前，组合项目"铁三角"和各相关部门"大铁三角"参与合同评审，就是为合同交付履约做好各部门的动员准备，让大家对称信息，并提前做好相应的准备工作。现在正式进入交付阶段，就要从规范的层面交接手续，明确各自的分工与责任。一般情况下，项目"铁三角"的主导者有客户负责人AR转成交付负责人FR了。

2. 合同具体执行及跟踪工作。交付责任人FR要制订具体的项目交付执行计划，明确我方各部门的分工与责任，而且也要明确客户相关部门的分工与责任，做好交付过程中的对接工作，并列出顺利交付所需要的人力、物力和相关资源。在具体执行过程中，保持密切跟踪，客户有需求及时响应，将问题和异议解决在交付现场。

3. 项目及时回款问题。这是一个成长型企业普遍头痛的问题。

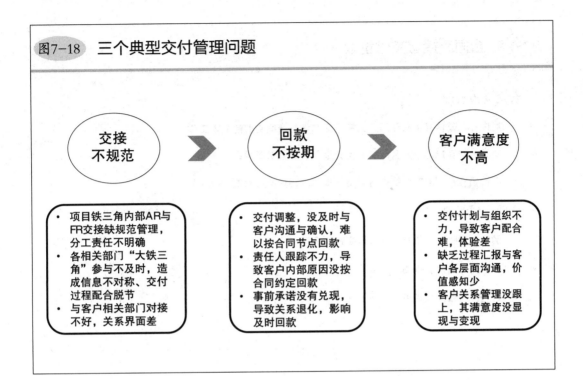

图7-18 三个典型交付管理问题

交接不规范
- 项目铁三角内部AR与FR交接缺规范管理，分工责任不明确
- 各相关部门"大铁三角"参与不及时，造成信息不对称、交付过程配合脱节
- 与客户相关部门对接不好，关系界面差

回款不按期
- 交付调整，没及时与客户沟通与确认，难以按合同节点回款
- 责任人跟踪不力，导致客户内部原因没按合同约定回款
- 事前承诺没有兑现，导致关系退化，影响及时回款

客户满意度不高
- 交付计划与组织不力，导致客户配合难，体验差
- 缺乏过程汇报与客户各层面沟通，价值感知少
- 客户关系管理没跟上，其满意度没显现与变现

针对上面列出的交付管理中的三大问题，我们分享一个实战案例供参考。

1. 某企业销售经理大张，跟踪近两年的项目终于拿下了，合同签订后，立即向合同执行负责人技术部王工办理了相关交接手续，一起与客户开了项目执行启动会后，大张就去跟进另一个项目了。可项目交付并不顺利，客户很多沟通协调的事还是直接找大张，由于两年来大张与甲方各部门私交都很好，往往一顿饭就能解决的问题，王工三五个对接会都推动不了。这是典型的交接了工作，却没有交接客户关系的问题。

2. 执行中王工发现客户一个设备的安装条件还不成熟，建议推后一个月实施，而将另外一个设备提前安装，于是让大张出面给设备科李科长打电话说一声，李科长也同意了。但到了月底验收时，工程监理不认账，因为没有书面文件，于是采购部门无法启动付款流程，导致回款推迟。这是典型的执行变更不规范的问题。

3. 由于吃了这个亏，以后王工变得谨慎了，凡事都是公事公办，从来不私下主动沟通。结果由于客户内部人员关系复杂，分工不明确，导致来回扯皮，交付延期，客户表示不满意。这是典型的关系界面缺失的问题。

图7-19 合同交接与交付管理

- 合同交接管理
    - 对内：向公司各相关部门"大铁三角"做好合同交底的交接工作
    - 对外：向客户沟通好合同的交付计划及所需的资源保证
    - 其价值在于"把客户的声音完整、准确地传递给所有履约的人"
- 合同交付管理
    - 确保合同履行、及时回款和提高客户满意
- **主导权由（AR）转向（FR）**
    - 项目铁三角依然是团队，而不是分手

　　在很多成长型企业中，合同交接与交付管理没有受到足够的重视，其过程不够严谨与规范，给合同顺利交付与及时回款留下了很多隐患。因此，我们在成长型企业LTC体系中专门设计这方面的管理规范，并具体地列出相关要交接的内容和方式。

　　需要特别注意的是，合同签完交接给后面的交付负责人及团队，不是之前的销售团队的解散或分手。在LTC体系中，从线索到回款的全流程都是项目"铁三角"为主导，也是第一责任主体，只是"铁三角"的内部主导权由销售负责人（AR）转向了交付负责人（FR）。这样减少了很多合同交接中遗漏和扯皮的问题，同时也拉动公司各个相关部门"大铁三角"的直接协同。

　　这种管理方法与机制特别适合成长型企业的管理现状，因此，我们在设计成长型企业LTC体系时，在总结一些大型企业的管理办法的基础上，做了大量简化，聚焦在合同交接、交付中的成长型企业的主要问题上。

图7-20　项目交接单主要内容

客户信息1	项目概况2	文档资料3	口头承诺4	项目风险5
• 基本情况 • 各部门职责及负责人 • 相关流程与制度 • 决策链相关人员及分工 • 对项目的基本态度	• 项目目标及客户预期 • 现场交付环境与保障条件 • 非标产品和服务 • 增购和二次续约等相关事项	• 售前正式资料 • 招标投标文件 • 相关资料清单 • 正式合同和附件 • 项目任务书及执行计划	• 前期阶段的口头承诺 • 以前的遗留问题/未完工作 • 各部门的额外需求 • 一些个人的需求等	• 合同约定交付的已明风险 • 存在不确定因素的潜在风险 • 评估其发生概率 • 防范措施和预案

这是我们为某企业导入LTC中设计的项目交接单，简要地列出了需要交接的主要内容，大家可以借鉴使用。

其中开头承诺部分的交接，大家要关注一下，这个地方经常出问题。在前期项目孵化中，我们会与客户各部门深入互动，引发其需求和建立信赖，客户肯定会有很多现实的问题和吐槽，我们不可能都在合同中注明。更何况有些特殊需求也没有办法在合同上注明的，如与标书无关的技术咨询、赋能、原有的遗留问题等，还有些是私下的需求等。

我们建议口头承诺的交接要分类进行比较好，如是客户官方的需求，我们可以交接给项目的FR，主动召集客户各方分别进行对接研讨，在交接工作同时，也联结了客户关系。对于私下的个人需求承诺，最好还是由承诺人自己亲自去办理，其他"铁三角"成员可以协同或者具体承办。这样不仅实现了承诺，而且让对方觉得保密性好，得到了尊重与保护，以后会更加信赖我们。

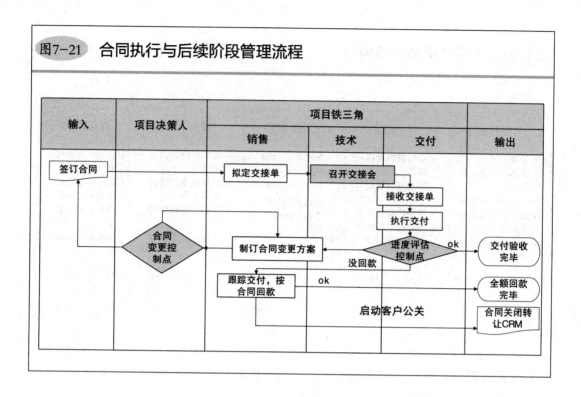

图7-21 合同执行与后续阶段管理流程

　　这是成长型企业LTC体系中合同交接后进入具体执行阶段的主要流程示意图。主要是两个控制和决策点。

　　一是执行中需要变更合同的管控。由于客户及其他内外部因素，导致原来合同交付条件不具备，需要进行相应调整，以确保整体交付顺利推进，最终完成合同约定工作。这里可能会产生新的风险和交付困难，需要项目"大铁三角"的相关部门进行评审，为项目决策人提供决策依据，以便做出正确决策。例如，甲方要改变某个设备的交付时间和顺序，我方决策是要考虑相关部门能否完成，可能的风险如何，成本会不会提高等。

　　二是交付进度评估与回款问题的管控。对合同交付不正常，且严重影响项目回款的情况要进行系统评估，分析判断当前的形势，评估相关风险，决策是变更合同，还是加强跟踪回款，或是启动特别公关，甚至终止合同等，如客户经营状况恶化，资金链断裂等。

图7-22　合同回款策略与技巧

事先要判断客户信用与回款状态，要有预案

- 分期的回款方案设计，尽量加大先期回款，预先控制风险
- 围绕客户回款流程，全方位施加影响，增强回款力度

项目交付规范管理，增加项目回款跟进力度

- 项目经理第一责任人，"铁三角"都是回款责任人，盯紧付款约定
- 加强跟踪执行力，有"钻劲、韧劲、柔劲"

针对客户特点和状态，灵活创新回款策略

- 申请项目补贴、国家政策支持；参加互惠性采购
- 变换或接受变更回款方式，少收不嫌少

　　在项目销售管理方面，我们被成长型企业问得最多的问题之一就是项目及时回款的问题，下面我们列出主要回款策略。

　　一是事前就为及时回款做准备。如合同回款条款的设计，明确阶段性回款的条件、比例、时间和方式等，尽可能加大前期回款比例。同时，基于客户回款流程，找到关键决策人，平时就做好沟通，建立好的关系界面。

　　二是明确回款责任人，加大回款跟踪力度。除非少数客观情况外，大部分回款不及时是追踪力度的问题。我们有个客户企业真正做到了全员回款，技术和工程部门在交付中，就把客户启动回款流程的各种阶段性验收的文件和数据都准备好，让客户签字确认，保证及时启动回款流程，销售人员第一时间联系各决策人，确保都签好字。同时，财务人员及时与对方财务沟通（事前就有"线人"），保证及时办理付款手续。

　　三是因势利导地灵活调整回款策略。例如，一家做智能制造工程的企业就创新了回款策略，基于各级政府对企业智能化技改有大力度补贴的情况，我们提出甲方只要首付50%货款，其他的我们替甲方申请各种补贴，作为项目回款，甲方只需提供相关资料即可，这样极大地提高了赢单能力和回款力度。

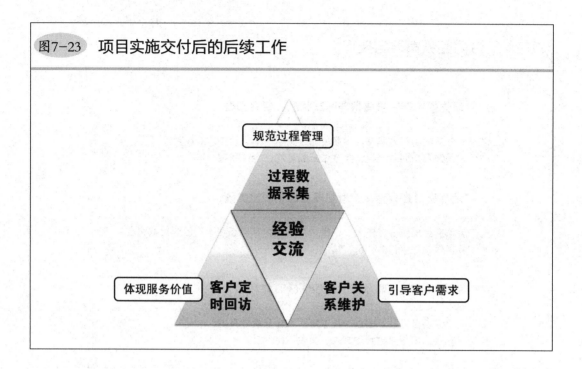

图7-23　项目实施交付后的后续工作

规范过程管理

过程数据采集

经验交流

体现服务价值　客户定时回访　客户关系维护　引导客户需求

　　合同顺利交付，全部回款到账，客户满意度很高，这样项目合同就可以关闭了，进入到后续阶段。项目合同交付的结束，是客户关系和价值经营的开始。我们在下一章会就这个话题进行详尽的学习。

　　项目后续的另外一个工作是项目全流程各阶段的数据资料的整理，建立项目案例库，在项目复盘中能及时总结得失，提炼有效策略和经典案例，丰富LTC的策略工具箱，形成战训结合的教案。

　　用一句话概括——成功了有经验，失败了有教训。

第八章

客户关系管理与提升要点

本章是 LTC 体系中的最后一个流程阶段，主要讲解客户关系维护与深化的管理要点、策略与方法等内容。

1. 在存量内卷的市场新形势下，优质老客户成为越来越重要的资源，很多企业将客户关系管理升级为客户价值经营了，就是经营客户关系，获得全生命周期的客户价值。

2. 从开始的尝试性购买，最后阶段成为其唯一排他性供应商，不断深化客户关系。我们要做哪些工作，其策略方法是什么？

3. 定期进行不同等级客户的日常拜访，是关系维护与提升的必要措施。在微信、抖音等新社交媒体成为沟通标配方式的当下，如何与客户日常高效互动沟通？

4. 项目销售周期长，客户使用的运维工作更多，其间难免有一些这样或那样的问题。如何有效处理，让客户一次抱怨变成一次感动？

客户关系管理的新理念

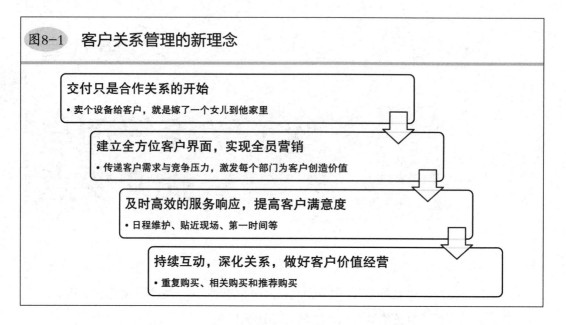

图8-1 客户关系管理的新理念

交付只是合作关系的开始
- 卖个设备给客户，就是嫁了一个女儿到他家里

建立全方位客户界面，实现全员营销
- 传递客户需求与竞争压力，激发每个部门为客户创造价值

及时高效的服务响应，提高客户满意度
- 日程维护、贴近现场、第一时间等

持续互动，深化关系，做好客户价值经营
- 重复购买、相关购买和推荐购买

客户关系管理不是合同交付了就结束了，恰恰相反，这只是客户关系管理与价值经营的第一步。已有的客户是存量内卷竞争的市场阶段中，最能直接见利见效的客户资源，复购订单、推广新品给他们，激发他们转介绍客户，这个理念要与全公司的每个部门与员工达成共识。

每当我们去企业讲营销课，企业领导都会问：什么部门和级别的员工来听比较合适？我们回答道：多多益善，只要不耽误工作，都来才好。企业存在的唯一理由就是有客户，而创造价值是唯一能获取客户的办法，每个员工都要参与营销工作，为客户创造价值。因此，全员营销在大客户市场营销中更为重要，尤其是中、后台部门的各级员工，都要听到客户的需求，感受到竞争的压力。

客户满意度是关系管理的第一指标，只有超越客户预期，才能有效提高客户满意度。例如，三一集团提出和做到的"12127"：一刻钟回复客户、两小时到达现场、一天解决常见有配件问题、两天解决没配件的特殊问题、七天保证处理完毕，问题关闭。因此，三一的客户常常开玩笑地讲，三一品牌是修出来的品牌，发展初期就是"产品不够，服务来凑"的。

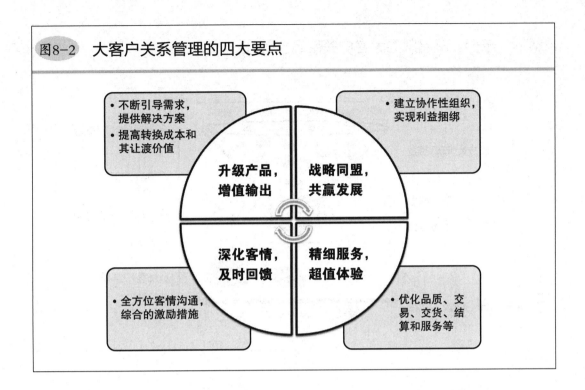

图8-2　大客户关系管理的四大要点

- 不断引导需求，提供解决方案
- 提高转换成本和其让渡价值

升级产品，增值输出

- 建立协作性组织，实现利益捆绑

战略同盟，共赢发展

深化客情，及时回馈

- 全方位客情沟通，综合的激励措施

精细服务，超值体验

- 优化品质、交易、交货、结算和服务等

　　首先，要有实实在在的价值，这是客户关系管理的基础。我们的解决方案给客户带来的让渡价值越高，客户的忠诚度就越高，且价格敏感度会越低。因此，我们免费给客户升级软件、定期主动保养和同步运行数据等，让客户省心、放心和可心。

　　其次，不断深化合作。例如，成立相关的对接小组，进行联合开发新产品、培育新市场和共同构建服务体系等合作项目，实现利益的深度捆绑。

　　再次，不断让客户体验到我们的服务价值，创造感动点。如三一的"12127"服务标准，就是把客户感动了，不但包容他们一些早期设备的缺点，而且还口碑相传，推荐新客户。

　　最后，做好客户的回馈工作。除了逢年过节人情往来的礼物和企业周年庆等公关活动的招待外，要针对客户的各种有益活动进行激励，如关注、点赞、转发视频和直播，参与我方活动以及转介绍新客户等。

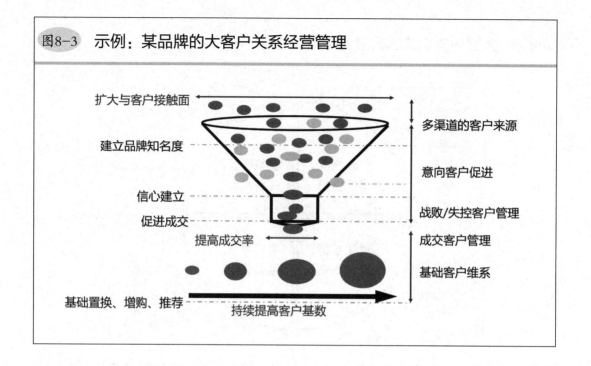

图8-3　示例：某品牌的大客户关系经营管理

一个做工程机械的客户企业用一个漏斗模型来说明他们的客户关系经营管理。

1．扩大客户触达的各种渠道。做好整合品牌推广，构建代理商、工程商和隐形渠道等多元化渠道，实现抖音、视频号和小而美工地观摩互动等线上线下的全域导流。

2．提高项目成交率。不仅有品牌的高举高打的影响力，还有LTC体系的项目跟进管理；不仅有对成交客户的关系维护，还有对战败客户的二次开发，定期跟踪接触过，了解其现有供应商合作情况，伺机切入。

3．持续提高客户基数。就是提高设备的保有量，占据大部分市场份额。在工程机械领域，几乎是"吨位决定地位，地位决定品位"的竞争规则，因此，对老客户持续维护与跟进，对其快到生命周期的产品，或要国三转国四的基础置换提高专项销售政策；对其增购的订单，提供多种优惠交易方式，如以租代售、低首付、低息等；对其推荐的客户，赠送保养和配件等回馈。

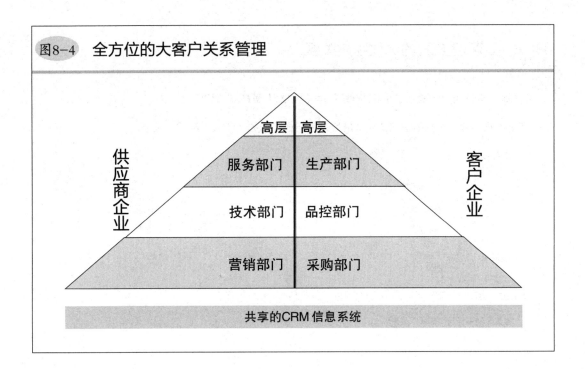

图8-4 全方位的大客户关系管理

供应商企业

高层 高层
服务部门 生产部门
技术部门 品控部门
营销部门 采购部门

客户企业

共享的CRM信息系统

LTC强调的深化客户关系和经营客户价值，我们前面反复强调，这是企业各个部门的责任，要全员参与。就是要从以前的只有业务人员跑客户、跟订单的状态，提升到各个部门都与客户相关部门直接对接与互动沟通的局面。

企业高层要率先走出去，与客户高层密切互动，交流对行业趋势的看法、探讨双方未来战略性合作机会以及现在合作中主要问题的解决策略等。一般企业交往中都有对等接待的原则，这样的高层互动能为具体业务开展营造好良好氛围。

其他技术、服务、品质等部门，除了在LTC项目流程中参与"铁三角"与客户互动交流外，还要在合同之后，定期与客户的相关部门进行对接交流，发挥各自的专业优势，与客户找到共同语言。例如，一家做安全教育系统集成的企业，其技术部门的王工经常与客户信息中心的技术人员远程交流，协助处理各种缺陷，逐渐对客户系统和设备情况了如指掌，后来因客户人员流失，王工成为客户企业最了解系统运维的人员了。于是，客户企业主动提出一年48万元外包给这家企业维护。

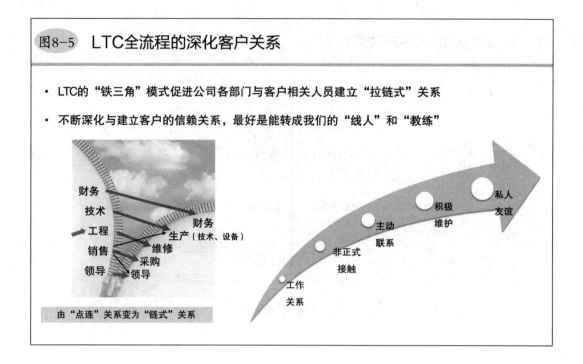

图8-5 LTC全流程的深化客户关系

- LTC的"铁三角"模式促进公司各部门与客户相关人员建立"拉链式"关系

- 不断深化与建立客户的信赖关系，最好是能转成我们的"线人"和"教练"

LTC各个阶段中，"铁三角"都会引导企业各部门参与项目跟进，使各部门与客户的相关人员建立了初步的工作关系。接下来，各部门就要主动联系客户，不但在项目孵化和合同交付中互动合作，实现顺利回款结案，而且要在客户价值经营中发挥作用。

初期由营销人员穿针引线，建立初步客户关系界面，各部门就要乘势深入。在工作关系方面，深入客户经营活动中，了解其使用场景、挖掘其痛点，协商制订解决方案；在专业上，要赢得客户认可与尊重，进而发展更多合作，这样我们就"全链"连接客户了。

除了界面是全方位外，关系深度也要进一步。从初步的工作关系，逐步开始人情往来，交上朋友，一起娱乐和运动等；再进一步能随时交流，像哥们儿一样，开开小玩笑；最后发展个人友谊，成为无话不谈的知心朋友。

这样，我们每个部门在大客户的相关条线上都有"教练"和"线人"了，生意自然就不是问题了。

不同阶段的大客户关系策略

图8-6　不同阶段的大客户关系策略

尝试阶段

交易阶段

信赖阶段

伙伴阶段

客户采购量少，交易在较低层次进行，主要是新客户或原流失客户

客户期望基本达到，如质量好、使用方便等，逐步加大采购量，一般内占20%~30%

双方建立信任关系，但客户仍会选择对手，内占40%~80%

双方有更广泛和战略性业务合作，确立了伙伴关系，内占近100%

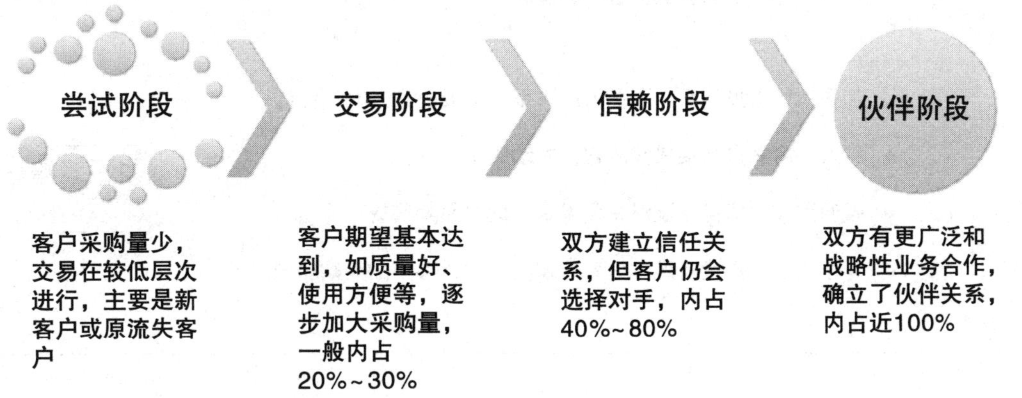

注：内占：特指该客户的生意份额，也即在客户全部采购中的占比。

客户关系深化不可能是一蹴而就的，需要我们一步一步地加强服务、促进了解，最后建立信赖，成为伙伴。

上面展示的是客户关系深化的四个阶段。

1. 尝试阶段的客户大部分都是新客户，或者以前流失的客户，其信任关系不是稳固，还是采购部门的小量试探性采购而已。

2. 交易阶段的客户，经过试用基本达到预期，逐步加大采购量，进入正式供应商序列，一般供货比例在20%~30%，可能属于备胎型供应商。

3. 信赖阶段的客户已经高度信任我方的产品和服务能力，成为主力供应商，采购量占比在40%~80%，还没有完全信任，还会有一两个备胎供应商。

4. 伙伴阶段的客户已经完全信任我们了，双方成为战略合作伙伴，我们是唯一排他性的供应商。

以上四个客户关系阶段，在大宗生产原料和标准零部件等供应市场上尤其表现明显，如钢材、原粮和标准化汽车零部件等。

图8-7　尝试阶段的沟通目的与方式

主要目的与工作

1. 逐步建立客户关系，编织关系网
2. 提升客户期望 —— 让客户对现状不满
   ➤ 针对性的对比，加重客户痛苦，创造成功机会
   ➤ 提供比目前供应商更出色服务，更具竞争力的产品或解决方案
   ➤ 更好地满足一些个人需求。

❖ 加强销售人员与客户联系人的关系，必要时安排高层会晤

❖ 深入了解客户购买决策流程，主动跟踪

❖ 强调和体现优势，及时兑现承诺，树立品牌信誉

❖ 专业建议，排忧解难，提高影响力，成为客户的采购顾问

主要策略方法

　　万事开头难！这是客户关系破冰的阶段，主要以销售人员为主导，其他部门响应性支持。要求销售人员有敏锐的客户洞察力，发现现有供应商的弱点和问题，切中客户采购的痛点，针对性提供我方的解决方案，进而成功渗透进去，完成第一单交易。

　　在前面图2-25中，我们客户企业的集团兄弟公司采购了甲方的发动机，发现了其发动机传感器问题，但甲方是一个有大企业病的国际巨头，没有太重视，以为是国内使用环境特殊导致的。兄弟单位只能找我们来内部自行解决，所以我们就有了初步方案能小批量地解决这个问题。

　　我们分析发现，这是其发动机的硬伤，今后一定会大规模爆发的。我们销售人员就主动告知甲方这个问题的隐患和我们的解决方案，并邀请实地考察和出示了相关权威机构检验的数据，算是初步"种草"。

　　果不其然，这个问题很快在全球范围内爆发，原来的国际巨头的供应商拒不认错和配合，甲方只能紧急招标采购，寻找新供应商。本来，我们作为非专业的、小规模企业（成立不到5年），是不可能有资格投标的，但这次的招标书几乎是给我们量身定制的。

图8-8　交易阶段的沟通目的与方式

主要目的与工作

➤ 把握放大生意的机会
- ✓ 客户上新项目、降低成本等采购机会
- ✓ 竞争对手品质问题，服务差错和关系危机等
- ✓ 客户组织调整、人员变动等时机

➤ 创造新生意机会
- ✓ 从使用和需求等基层部门运作开始
- ✓ 利用客户内部矛盾，打破现有平衡
- ✓ 发现新市场或新技术等，创造客户需求

主要策略方法

- ❖ 分析竞品优劣，针对性压制对手，抢夺份额
- ❖ 加强沟通，多方面获取信息，提升关系，逐步建立私交
- ❖ 持续提高性能、质量及使用维护方便性，提高性价比
- ❖ 注重细节，及时响应客户需求
- ❖ 稳定销售人员，保持关系界面一致性

交易阶段的客户关系提升主要目的就是扩大生意，拿下更多订单，这就要打破原有供应商平衡的利益格局。图8-8列出了很多具体策略和实战方法。总体来讲就是，存量上，压制对手，虎口夺食；增量上，积极引导，创造需求。

这个阶段不能仅仅靠销售人员唱独角戏了，技术、生产和服务等各部门都要积极参与进来。上个阶段销售人员破冰成功，各部门要顺势而上，主动与客户相关各部门对接，种上我们的草，拔掉对手的草。

分享一个实战案例。我们一个做医疗设备的客户L公司，其一个老客户某地区二甲医院要加购两台DR（X光机），作为开发区的主力医院，用于区内企业员工的日常体检，国际品牌S也是该医院的主力供应商，供应了很多大型设备，且提前引导客户，给主管院长种上草了。因此，标前公示的技术参数都是偏向他们的，如何逆境抢单？

我们技术和服务部门先做了基层使用科室的工作，获得了对我方原有设备的使用和服务保障的高评价数据，再向上找到本次采购的金主——开发区主任，汇报国家优先采购国产设备的政策，展示原有技术参数性价比不高，且友商近年的中标价格混乱，暗示可能有猫腻和风险。在各部门协同下，我们成功截和，赢得订单。

图8-9　**信赖阶段的沟通目的与方式**

**主要目的
与工作**

➢ 持续扩大和保持最大业务份额，从主要供应商发展成为长期供应商

➢ 升级客户高层关系：高层人员进行销售和定期互访

➢ 增加客户让渡价值，进而提高忠诚度

　• 多做增值服务，让客户越来越依赖，感觉留下来快乐，离开却很痛苦

❖ 各部门参与，多层次、多方位沟通，尤其是高层互动

❖ 积极客户引导需求，量身定做，提供个性化解决方案

❖ 差异化对待和亲情化服务，让客户安心、顺心、舒心

❖ 坚壁清野，及时压制企图越位的竞争对手

❖ 定期各种形式的回馈活动，提高客户价值感知

　➢ 加强大客户培训、公关联谊、服务维护、技术交流等

**主要策略
方法**

这是客户关系管理的关键阶段，尽管此时我们已是客户第一供应商。但众多竞争对手虎视眈眈，要抢夺订单，如何压制对手，让客户关系更上一层楼？

首先该客户的负责人应是公司营销副总，或老板亲自维护，具体实务由销售人员执行，各部门积极参与，优先满足该客户需求。用三一集团的话来讲，只要客户有价值，我们服务无底线。不要太计较短期某一单的得失，要多做些保姆式服务，发展长期合作，提高合作门槛，挡住其他对手，具体做法参见讲义内容。

我们一个做工业链条的客户Z，是某客户的第一供应商，供货比例为60%以上。现某竞争对手原是第三供应商，供货比例为15%左右，发动价格战要抢第四季度的全部订单份额，提出通补3%的降价政策，即把全年供货量都降价3%，甲方借机压我们降价。面对这样的挑衅，我们进行了猛烈回击，提出第四季度订单可以降价3%，但订单全包。给甲方一算账：尽管只是第四季度降价，但降价金额比对手大，且明年新产品优先供货，这样反杀对手。

图8-10　伙伴阶段的沟通目的与方式

主要目的与工作

➤ 巩固长久客户关系，防范关系倒退与中止

➤ 战略互补，双边锁定，深层次合作

➤ 建立高层协调机制，形成常态化的沟通

❖ 展开战略性项目合作，共同投入，实现双赢

❖ 主动共享资源和技术，不断提升客户价值

❖ 各部门与客户组成专业团队，共同运作，真正融入其中

❖ 定期的高层互动与部门联动，保持战略的同步

❖ 提供个性化VIP服务，提升客户价值感知

主要策略方法

这是客户关系最好的阶段，我们与客户的合作是独家排他性的，但不能掉以轻心。要始终保持对市场和客户的敬畏之心，防止我们懈怠，导致关系危机，甚至停止合作。

这里有反面案例分享给大家，算是警示作用。

我们一个客户做风电安装工程的企业S，与能源行业所谓"五大六小"的头部客户关系非常好，几乎是御用供应商。某客户的河北一项目工地反映，S公司设备故障导致停工，要求立即维修，或提供备用设备，但S公司临时有其他工程，一时无法派人服务，于是凭借多年合作的熟悉关系，一拖再拖，等派人到现场才发现一时修不好，要紧急调来备用设备。屋漏偏逢连夜雨，上工地的山路中断了，结果前后耽误一周，导致这个工期延后。客户事后追查，我方全责。

由于甲方是重点工程，集团直辖管理，尽管多方解释，但还是成为甲方全集团的负面典型，S公司上了供应商黑名单，5年内失去投标资格。

这个案例的教训深刻，不管客户关系如何好，我们都要有敬畏之心，急客户所急，为客户创造价值是关系深化的基础与前提。

做好客户的日常沟通与互动

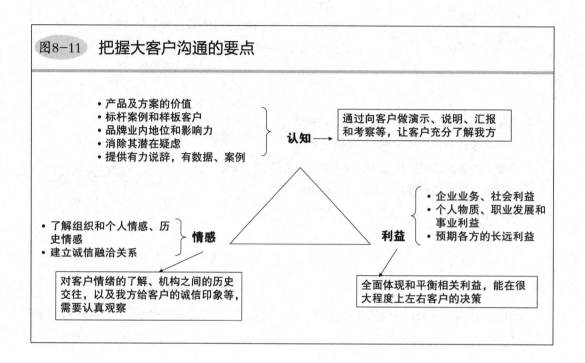

图8-11　把握大客户沟通的要点

- 产品及方案的价值
- 标杆案例和样板客户
- 品牌业内地位和影响力
- 消除其潜在疑虑
- 提供有力说辞，有数据、案例

认知 → 通过向客户做演示、说明、汇报和考察等，让客户充分了解我方

- 企业业务、社会利益
- 个人物质、职业发展和事业利益
- 预期各方的长远利益

利益 全面体现和平衡相关利益，能在很大程度上左右客户的决策

- 了解组织和个人情感、历史情感
- 建立诚信融洽关系

情感 对客户情绪的了解、机构之间的历史交往，以及我方给客户的诚信印象等，需要认真观察

我们在辅导企业提升营销能力时，经常会以企业人员的身份，与基层销售人员一起去拜访客户。我们发现在与大客户沟通中，销售人员的话不少，但说到位的少，沟通次数不少，但关系突破慢。上面专门列出了与大客户沟通的要点。

第一步，讲认知以获得信赖，因为没有信赖就没有买卖。通过上面所列的方式，让客户尽可能地全面了解我们，包括我们企业的文化、规模、品牌、产品、技术、产能、服务以及我们的团队和组织管理，做到有图、有数据。

第二步，讲明利益。尽可能用数据说明，用实际案例支撑我们的预测，明明白白给客户算好账，包括短期的、长期的、企业的和个人的账目。讲利益以获得动力。

第三步，讲情感以获得黏度。理解客户的文化，找到双方的共同点，让客户产生共情，让客户觉得我们人品靠谱，值得深化关系，成为朋友。

需要提醒的是，这三步的顺序不要搞错了，认知在前，再有利益，最后才是情感。

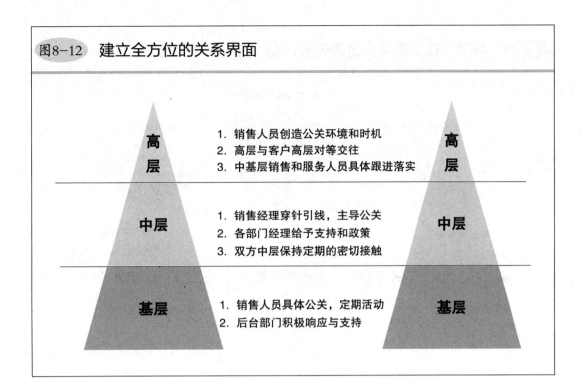

图8-12　建立全方位的关系界面

高层
1. 销售人员创造公关环境和时机
2. 高层与客户高层对等交往
3. 中基层销售和服务人员具体跟进落实

中层
1. 销售经理穿针引线，主导公关
2. 各部门经理给予支持和政策
3. 双方中层保持定期的密切接触

基层
1. 销售人员具体公关，定期活动
2. 后台部门积极响应与支持

在大客户关系管理中，与"铁三角"一样，也需要各部门和各级人员分工协同，做好各自的工作。

其中，销售经理要发挥主导作用，无论是LTC的各阶段的客户关系管理，还是在日常的客户关系维护方面，销售经理都是主导者和第一责任人。中、后台部门经理要积极参与，不但要支持销售经理的公关工作，还要主动与客户相关部门经理与员工进行对接与互动，共同维护客户关系界面。

企业高层尤其是成长型企业的领导者更要主动联系客户的高层，在销售经理的安排下，踢好临门一脚，推动合作中关键问题的解决，打开更大空间。同时中层、基层要及时跟进落实。

例如，国内某头部品牌路机在西南某省公路局的项目中的客户关系管理就是典型案例，面对份额占60%以上的国际著名品牌的直接竞争，他们销售经理安排双方高层互访交流。借势该省的招商引资活动，省领导与我方集团董事长直接交流，敲定投资、重点项目和人才交流等全方位战略合作，不光是该项目，而且全省路局优先我方供货，从而取得决定性优势。随即组织项目落地，中基层合同执行到位，成为标杆工程项目。

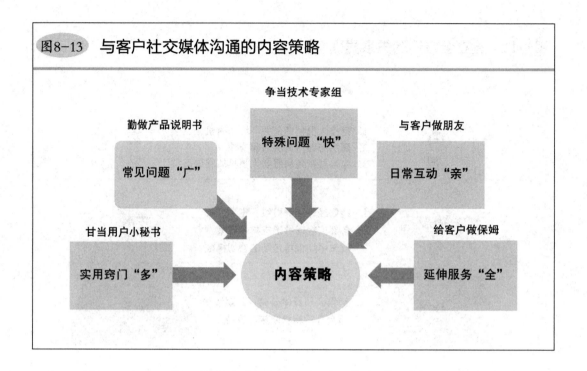

图8-13 与客户社交媒体沟通的内容策略

随着微信、抖音等社交媒体日益成为人们沟通主要工具后，大家发现，与客户交换名片的时候越来越少了，互相加微信却越来越多了。有些销售人员加了客户微信之后，天天不是公司广告，就是产品推广信息，把客户搞得不胜其烦，纷纷给他拉黑了。还有的销售人员好不容易加了客户微信，结果却很少联系对方，连逢年过节的问候都没有。

如何在社交媒体上，尤其是在微信上与客户进行日常沟通？沟通内容最重要。做好上面的这五点（多、广、快、亲、全）就好。

首先，我们要认识到，微信上大部分是朋友间的沟通，不是简单谈生意的场景，要先有生活味道和人情世故才行，所以先要拉拉家常，发些生活小贴士，营造朋友间的沟通氛围。

其次，我们是销售人员，在专业上要体现产品说明书和技术专家的形象，打造产品专家人设。日常互动时语气要亲切，初期是称呼职位，逐步朋友相称呼，就更亲切了。

最后，做好延伸服务，日常生活中的一些琐事小事的服务和帮忙，如送些口罩、搞点土特产等，就拉近关系了，又不会给对方造成太大的压力。

有效处理客户异议的方法

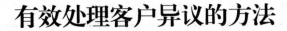

图8-14　大客户关系中的问题迹象

- 购买数量和订单金额减少，内占下降

- 抱怨逐渐增多，而且反馈方式越来越正式

- 经常提到竞争对手，且不分场合

- 沟通氛围变化，私下交流与互动减少，关系开始疏远

- 客户组织结构和关键岗位人事调整后，与我方只是公务接触

大客户关系不是一蹴而就，更不是一劳永逸的。我们要随时保持关注，有风吹草动就要提前预警，各部门就要进行响应，防患于未然。否则，只能是事后后悔。

一般大客户关系出了问题，不是一下就翻脸不认人的，之前就有很多蛛丝马迹。图8-14列举的是常见问题迹象，其中订单减少，特别是我方的供货比例下降（内占），这是最直接的问题表现。其原因不是客户满意度下降，就是竞争对手挖墙脚了。

平时，对客户的日常服务需求和抱怨要重视，要第一时间处理。很多客服经理感慨地说，客户的事都是大事，但响应及时都是小事。前面我们分享的那个负面典型的案例就是这个道理。

客户在产品更新、经营战略变化、部门及人事调整都是关系可能出问题的时候，要及时主动接触和交流，摸清其真实原因和可能影响，表达我们"因客户而变"的愿意和行动。

对于竞争对手的"小动作"，我们要通过"线人"或"教练"，及时掌握情况，坚守底线，越线则坚决回击。

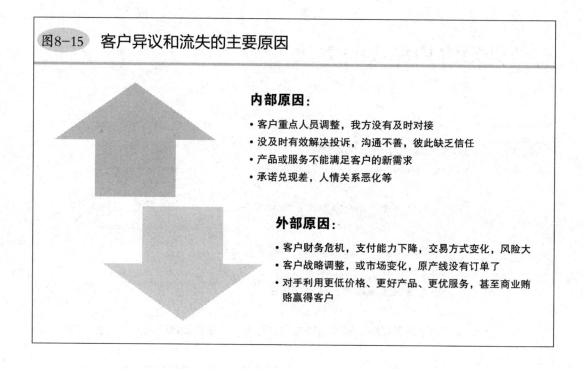

图8-15 客户异议和流失的主要原因

内部原因：

• 客户重点人员调整，我方没有及时对接
• 没及时有效解决投诉，沟通不善，彼此缺乏信任
• 产品或服务不能满足客户的新需求
• 承诺兑现差，人情关系恶化等

外部原因：

• 客户财务危机，支付能力下降，交易方式变化，风险大
• 客户战略调整，或市场变化，原产线没有订单了
• 对手利用更低价格、更好产品、更优服务，甚至商业贿赂赢得客户

这些是我们总结的产生客户投诉甚至流失的主要原因。除了少部分是客观原因之外，大部分是我们企业的主观原因导致的。因此，在项目销售复盘时，要多谈主观原因，少谈客观原因。

仔细分析这些主观原因，大部分都是可以有效避免的，如客户决策链上的重要人事调整、小客诉处理不及时、部分承诺不兑现等。如果积极主动拜访客户新领导、积极响应客户抱怨，即使有些承诺实现不了，也提前与客户沟通，取得客户谅解，或者提出替代方案等。

至于我们的产品和服务没有赶上客户的战略调整和市场变化，被替换了，或被终止了，则要思考深层次的问题了：这样流失的客户是个别的，还是未来会越来越多？我们自身的战略要不要调整？核心竞争力还能不能应对未来的竞争？

这些问题的答案，显然不是成长型企业营销部门就能回答的，需要高层主导，各部门参与研讨，从企业战略层面进行判断和创新才有答案。这个是战略领导力的专题内容，我们在这里就不展开了。

因此，提醒大家：客户抱怨无小事，处理好了没大事。

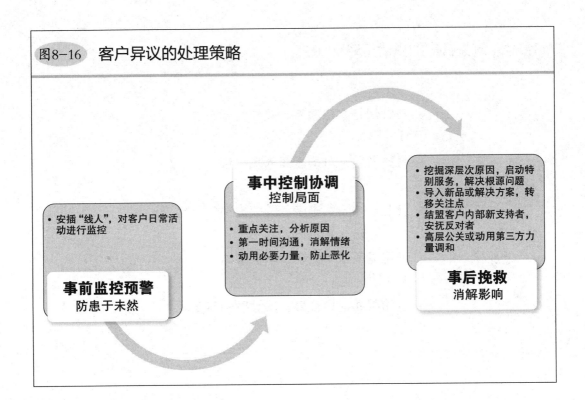

图8-16 客户异议的处理策略

事中控制协调
控制局面

- 重点关注，分析原因
- 第一时间沟通，消解情绪
- 动用必要力量，防止恶化

- 挖掘深层次原因，启动特别服务，解决根源问题
- 导入新品或解决方案，转移关注点
- 结盟客户内部新支持者，安抚反对者
- 高层公关或动用第三方力量调和

事后挽救
消解影响

- 安插"线人"，对客户日常活动进行监控

事前监控预警
防患于未然

前面我们提醒读者和学员朋友了：客户抱怨无小事，处理好了没大事。

最好处理策略就是不让客户投诉发生。事前就要及时掌握情况，预见可能的客户异议，及时处理与安抚。例如，现在很多企业的售后服务都开展了主动保养模式，借助AI和远程技术，实现即时在线监控和维护，并同步数据给客户，告知设备运行情况，让客户安心。

大数据显示，造成客户投诉的80%的原因是我们员工态度不好。因此，及时回复和到场，就是表达尊重客户的态度，接下来的故障处理就好办了。这也是三一集团为何要践行"12127"服务承诺的底层逻辑。

事后补救方面，我们分享一个案例：某工程机械头部企业，错将两台前一个客户A试用过五天的压路机（当时试用后简单重新喷漆），卖给其兄弟单位B，结果不到两个月，外漆脱落露出了A公司的Logo，引起客户B强烈不满。我们第一时间赶到现场，将设备的数据和照片取证了，及时主动向A/B公司的上级单位某省路局报告，集团领导登门道歉，并向行业发表公开道歉信，并推出相应的补偿和优惠措施，圆满地化解一次品牌危机。

让一次客户投诉，变成一次客户感动。这就是事后处理客诉的目标。

图8-17　流失客户的复活策略

❖ **持续保持客户联系，关注其动态**

❖ **做好备胎，等待重新入场机会**

❖ **及时告知公司进步，继续提供优化建议**

❖ **利用竞争对手失误，积极渗透**

❖ **主动帮助客户救急，关键时刻有表现**

我们对待有价值的客户，应该是这样的态度："即使你虐我千万遍，我依然待你如初恋。"因此，不管因为什么原因导致双方没有继续合作，我们依然要关注客户的变化，只要客户有难处，我们就要尽力去帮助。同时，展现我们的进步与诚意，相信日久见人心，我们肯定能再次打动客户，重新合作的。

给大家分享一个案例：我们咨询过一个企业甲，做智慧园区管理系统的，某天突然接到一个紧急求助电话，是我们之前有投标失败的园区运营商乙打来的，说园区管理系统已崩溃快两天了，安保、停车和照明等系统工作不稳定，后天还有个市里领导的观摩考察活动，现在的供应商搞不定了，希望我们出手解燃眉之急。销售部门将需求转给技术部门，技术人员都不愿意，抱怨说，想当初剽窃我们的方案思路，让现在的供应商中标，中间很多暗箱操作，耍我们一通，现在出问题就是报应。而我们建议还是不计前嫌，出手解难，因为客户乙还有二期、三期工程招标，而且其兄弟单位也有上系统的需求。结果，我们让客户感动加内疚，在后续项目都优先我们中标了，而且还推荐了两个兄弟单位的项目。

第九章

LTC体系中的
"铁三角"模式

在华为，先有"铁三角"，后有LTC。近30年来实践证明，"铁三角"组织管理模式对项目销售非常有效，其目的是更好地满足客户需求，高效地为客户创造价值，提高客户满意度。一句话，就是以客户为中心。

对于成长型企业来说，"铁三角"模式同样适用，能更直接、简单地打破部门壁垒，围绕客户价值进行有效协同。

"铁三角"如何用？不同行业有不同的用法，不同的企业有不同的用法，同一个企业的不同客户也有不同的用法。本章结合成长型企业LTC管理体系的特点，讲解项目"铁三角"的组建与运行管理；介绍成长型企业各部门的高效协同管理，如何形成公司层面的"大铁三角"，项目"铁三角"如何与公司的技术研发、采购、生产、财务以及风控法务部门协同一起为客户创造价值。

LTC中的"铁三角"组织及管理要点

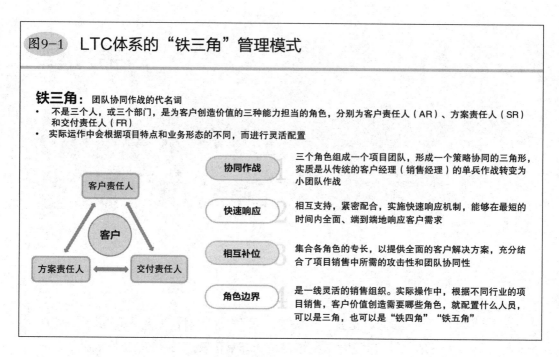

图9-1 LTC体系的"铁三角"管理模式

铁三角： 团队协同作战的代名词
- 不是三个人，或三个部门，是为客户创造价值的三种能力担当的角色，分别为客户责任人（AR）、方案责任人（SR）和交付责任人（FR）
- 实际运作中会根据项目特点和业务形态的不同，而进行灵活配置

协同作战	三个角色组成一个项目团队，形成一个策略协同的三角形，实质是从传统的客户经理（销售经理）的单兵作战转变为小团队作战
快速响应	相互支持，紧密配合，实施快速响应机制，能够在最短的时间内全面、端到端地响应客户需求
相互补位	集合各角色的专长，以提供全面的客户解决方案，充分结合了项目销售中所需的攻击性和团队协同性
角色边界	是一线灵活的销售组织。实际操作中，根据不同行业的项目销售，客户价值创造需要哪些角色，就配置什么人员，可以是三角，也可以是"铁四角""铁五角"

客户责任人
客户
方案责任人　交付责任人

LTC项目销售流程管理体系的主要组织担当者就是"铁三角"小组，该模式由华为首先提出并运用。

"铁三角"的本质是为客户创造价值需要的三种核心能力的组合结构，一是客户关系能力，主要担当者是客户责任人；二是提供有价值的解决方案的能力，主要担当者是方案责任人；三是交付和服务的能力，主要担当者是交付责任人。例如，在大型设备销售项目中，客户经理对应的是客户的采购人员、业务管理人员、市场人员以及客户高层；产品经理对应的是技术总工、客户的技术团队以及客户的技术高层；交付经理对应的是客户的运维、安装、验收的管理人员及高层，当"铁三角"形成，他们都会互补，共同为客户服务但又有侧重。

但不要机械地理解就只能是三个角色，应该是项目需要什么能力，我们就配置什么角色。例如，汽车零部件销售项目，由于标准化程度高，信息对称，销售经理直接对接客户采购和生产部门就可以，只有在新品和定制时，才配上产品经理，因此只要两角就够了。

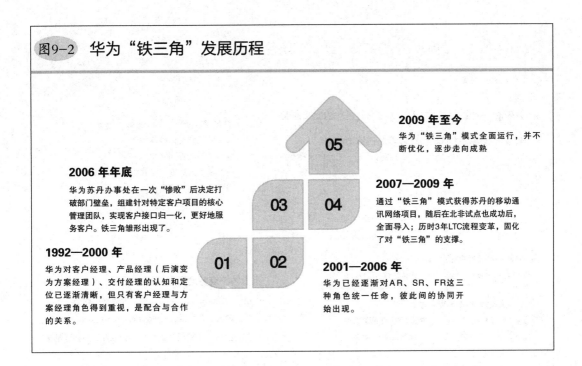

图9-2 华为"铁三角"发展历程

2009 年至今
华为"铁三角"模式全面运行,并不断优化,逐步走向成熟

2006 年年底
华为苏丹办事处在一次"惨败"后决定打破部门壁垒,组建针对特定客户项目的核心管理团队,实现客户接口归一化,更好地服务客户。铁三角雏形出现了。

2007—2009 年
通过"铁三角"模式获得苏丹的移动通讯网络项目,随后在北非试点也成功后,全面导入;历时3年LTC流程变革,固化了对"铁三角"的支撑。

1992—2000 年
华为对客户经理、产品经理(后演变为方案经理)、交付经理的认知和定位已逐渐清晰,但只有客户经理与方案经理角色得到重视,是配合与合作的关系。

2001—2006 年
华为已经逐渐对AR、SR、FR这三种角色统一任命,彼此间的协同开始出现。

华为"铁三角"是来源于炮火中的实践。经过摸索、试点、迭代和优化,才逐步成熟,这是经过市场和业务实战检验的好模式,而与LTC流程管理结合后,其威力更大了。

图9-3　A. LTC体系中的"铁三角"角色管理

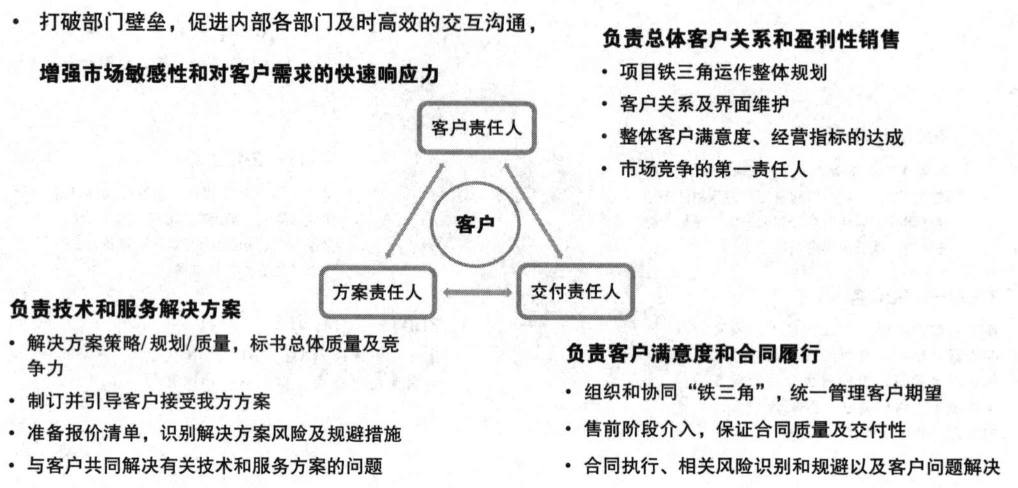

- 打破部门壁垒，促进内部各部门及时高效的交互沟通，
增强市场敏感性和对客户需求的快速响应力

负责总体客户关系和盈利性销售
- 项目铁三角运作整体规划
- 客户关系及界面维护
- 整体客户满意度、经营指标的达成
- 市场竞争的第一责任人

客户责任人

客户

负责技术和服务解决方案
- 解决方案策略/规划/质量，标书总体质量及竞争力
- 制订并引导客户接受我方方案
- 准备报价清单，识别解决方案风险及规避措施
- 与客户共同解决有关技术和服务方案的问题

方案责任人　　交付责任人

负责客户满意度和合同履行
- 组织和协同"铁三角"，统一管理客户期望
- 售前阶段介入，保证合同质量及交付性
- 合同执行、相关风险识别和规避以及客户问题解决

　　"铁三角"核心的三个角色是客户责任人（AR）、方案责任人（SR）和交付责任人（FR）。注意这是角色，角色不等于岗位。通常一个项目的一个角色由一个人担任，但是对于小型的或者成熟度很高、规范化很高的项目，可能是兼职人员担任。对于复杂的、大型的项目可能有多个人担任一个角色，甚至一个大项目有若干个小"铁三角"。

　　"铁三角"是由相关部门派出的人员担任，他们是项目的核心成员，在项目过程中协同运作，但是他们也不是一个人在战斗，如果遇到问题，他们可以向部门的"娘家人"求助，通常把这些叫作扩展组成员。其实质是将企业各专业条线部门，前、中、后台部门的能力和资源等，通过有人直接加入"铁三角"担当角色的方式，进行了协同和整合，而且是紧紧贴近客户需求与项目竞争来展开的，这是一种非常直接有效的管理机制。再加上以项目为经营单位的考核和激励，就使这些部门及人员在项目上形成了"利出一孔，力出一孔"的命运共同体。

　　这就减少了很多协调、沟通的流程、文件和会议等管理环节与成本，也能更好地适用于成长型企业。

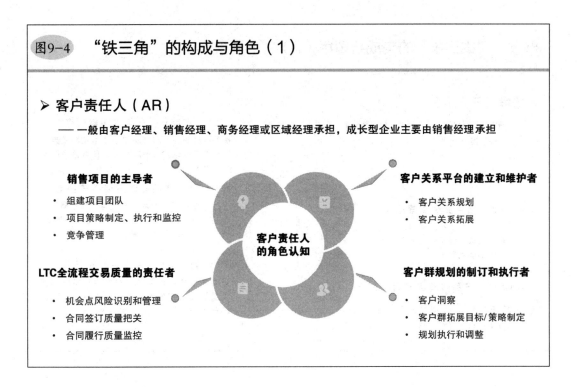

图9-4　"铁三角"的构成与角色（1）

> 客户责任人（AR）
　——一般由客户经理、销售经理、商务经理或区域经理承担，成长型企业主要由销售经理承担

销售项目的主导者
- 组建项目团队
- 项目策略制定、执行和监控
- 竞争管理

客户关系平台的建立和维护者
- 客户关系规划
- 客户关系拓展

客户责任人的角色认知

LTC全流程交易质量的责任者
- 机会点风险识别和管理
- 合同签订质量把关
- 合同履行质量监控

客户群规划的制订和执行者
- 客户洞察
- 客户群拓展目标/策略制定
- 规划执行和调整

从客户责任人的定位和职责分析上看，在不同行业的不同企业，有不同的角色或岗位描述。有的称之为客户经理，有的称之为销售经理、营销经理、商务经理，还有的企业由区域经理、大客户经理、渠道经理、市场经理承担。无论是什么称谓，作为一个成功的AR，必须有这四大核心价值，扮演四种角色。

1. 作为销售项目的主导者，负责销售目标的制定，组建团队、项目运作管理与监控和竞争管理等，这些是销售目标完成的基础。

2. 作为客户关系平台的建立和维护者，必须进行客户关系规划和拓展，实施客户关系关键行为和结果达成。

3. 作为LTC全流程交易质量的责任者，必须对机会点的风险进行有效管理，对合同签订进行质量把关，对合同履行进行质量监控。

4. 作为客户群规划的制订和执行者，要理解客户战略，洞察客户需求，从客户的角度理解客户业务发展前景和面临的痛点；制定客户群的目标和策略，并管控执行，同时有权对目标和策略进行相关调整。

这些都是LTC销售管理流程体系的重要角色，与解决方案责任人和交付责任人形成"铁三角"的匹配运作，而不是简单的卖产品。

图9-5 "铁三角"的构成与角色（2）

> **方案责任人（SR）**
> —— 通常由产品经理、技术经理承担，部分企业由技术型的销售经理承担。

Plan：产品市场规划者
基于市场洞察做出产品规划和中长期预测。针对不同市场、行业和分客户做有差异性的解决方案

Profit：产品盈利与回款守护者
参与定价、商务政策与竞争策略等，保证赢单和盈利，对方案是否满足客户的需求全面负责

01

05

方案责任人的角色认知

Place：项目突破点管理者
从产品和技术方面找到突破口，在项目找到客户痛点，匹配我方卖点，进行产品和服务的布局

02

Promotion：方案推广责任者
呈现解决方案价值，引导客户决策链关键人感知和认可价值，推动项目推进，保证种草成功

03

04

Product：产品与解决方案制订者
明确和引导客户需求，组合产品和制订解决方案，提炼其价值点

从方案责任人的定位和职责分析上看，总结起来，在"铁三角"销售模式中，有上面呈现的五个角色要承担。在成长型企业中，更要一专多能，仅仅懂技术和产品是不够的。

例如，我们有个客户是做安全教育系统集成服务的，其市场涉及范围非常广，作为一个成长型企业，不可能什么项目都去做。因此，我们建议选择和聚焦三个重点行业，推出高价值和有竞争优势的专业化解决方案。于是由技术部门先基于技术发展趋势，找到企业比较优势的产品组合和典型应用场景，作为市场突破口，如矿业安全教育、政府公关安全教育和应急引导教育等细分赛道，再由市场和销售部门去重点推广与开发。

在这个案例中，技术部门其实是产品市场规划者的角色了，而且在项目LTC各个环节跟进中，在"铁三角"中SR的作用非常明显。这个经验尤其是在新技术、新产品和新应用等技术驱动的项目值得借鉴。

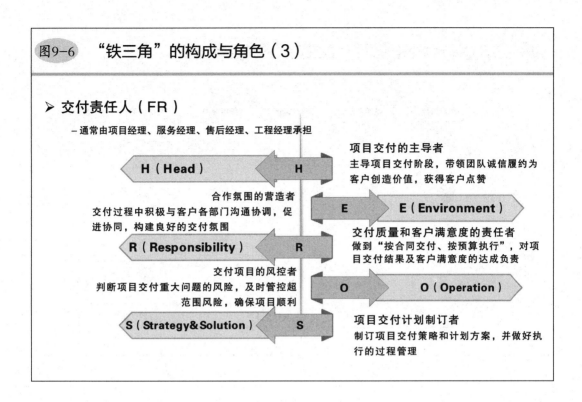

图9-6 "铁三角"的构成与角色（3）

> 交付责任人（FR）

－通常由项目经理、服务经理、售后经理、工程经理承担

H（Head）　　H

项目交付的主导者
主导项目交付阶段，带领团队诚信履约为客户创造价值，获得客户点赞

合作氛围的营造者
交付过程中积极与客户各部门沟通协调，促进协同，构建良好的交付氛围

E　　E（Environment）

R（Responsibility）　　R

交付质量和客户满意度的责任者
做到"按合同交付、按预算执行"，对项目交付结果及客户满意度的达成负责

交付项目的风控者
判断项目交付重大问题的风险，及时管控超范围风险，确保项目顺利

O　　O（Operation）

S（Strategy&Solution）　　S

项目交付计划制订者
制订项目交付策略和计划方案，并做好执行的过程管理

相信很多企业都遇到过这样的情况：销售人员历经千辛万苦、一路披荆斩棘地拿下一个项目，但由于交付出现了问题，导致客户不满意，甚至项目"烂尾"了，回款也被客户以此理由拒付了。因此，企业在行业内的口碑和信誉也将受到沉重打击。

交付在项目销售中是一个非常重要的环节。应该有这样的理念：交付一个项目给客户，就像嫁了女儿到了人家家里。某种意义上，项目交付才是客户关系的开始，而不是终止。尤其在内卷的存量市场中，老客户的复购、转介绍至关重要。

因此，交付责任人必须扮演好以上讲义所示的五大角色。

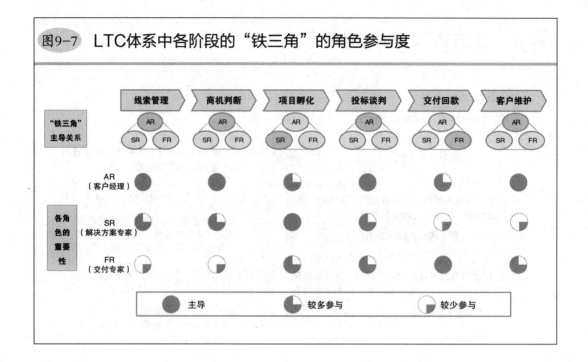

上面讲义非常直观地表现了项目"铁三角"的各角色，在LTC管理体系中六个阶段的责任担当的程度。

1. 线索管理阶段。主要是获取和验证线索，AR主导，同时SR要明确产品应用市场的方向，协助具体项目的客户引导，FR则参与较少，除非有特殊需求。

2. 商机判断阶段。主要是商机判断与立项管理，一般项目由AR来主导，SR在技术方面参与较多，分析客户需求与痛点，对比友商优劣势等，有些专业性高的项目，可能以SR为主导，FR则参与较少，除非特殊要求。

3. 项目孵化阶段。主要是制订解决方案和引导客户认同，SR主导，AR负责客户沟通与关系维护，搞定决策链，FR给出交付方案的专业建议，让客户放心。

4. 投标谈判阶段。主要是投标与合同判断，以AR为主导，SR和FR也会高度参与，毕竟是决胜关键时刻。

5. 交付回款阶段。主要是保障交付和及时回款，以FR为主导，使交付让客户满意，AR主要负责回款，SR参与较少。

6. 客户维护阶段。主要是售后服务与客户维护，争取加购或复购，转介绍等，以AR为主导，SR参与较少，FR由于售后需要，较多参与。

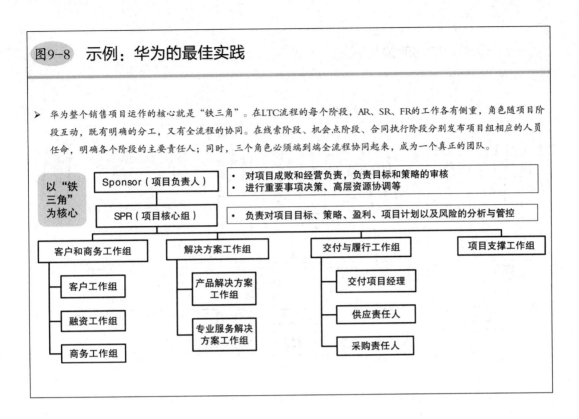

图9-8 示例：华为的最佳实践

➤ 华为整个销售项目运作的核心就是"铁三角"。在LTC流程的每个阶段，AR、SR、FR的工作各有侧重，角色随项目阶段互动，既有明确的分工，又有全流程的协同。在线索阶段、机会点阶段、合同执行阶段分别发布项目组相应的人员任命，明确各个阶段的主要责任人；同时，三个角色必须端到端全流程协同起来，成为一个真正的团队。

这是华为的最佳实践：华为"铁三角"就是由单兵作战转为小团队共同面对客户的团队作战，整个销售项目运作的核心就是"铁三角"。

在LTC流程的每个阶段，AR、SR、FR的工作各有侧重，角色随项目阶段互动，既有明确的分工，又有全流程的协同。这种协同工作模式不仅提高了工作效率，也增强了团队之间的凝聚力和协作能力。

在线索阶段，AR负责收集和整理客户信息，为后续的销售活动提供支持。SR则负责与客户进行沟通，了解客户需求，并为客户提供解决方案。FR则负责协调内部资源，确保项目的顺利进行。

在机会点阶段，AR、SR、FR三个角色需要紧密配合，共同制定销售策略，并为客户提供专业的建议和支持。在这个过程中，三个角色需要充分发挥各自的专长，为客户提供最佳的解决方案。

在合同执行阶段，AR、SR、FR三个角色需要继续协同工作，确保合同的顺利执行。AR负责跟踪合同执行情况，并及时向客户汇报进度。SR则负责与客户保持沟通，解决客户在合同执行过程中遇到的问题。FR则负责协调内部资源，确保合同的顺利完成。

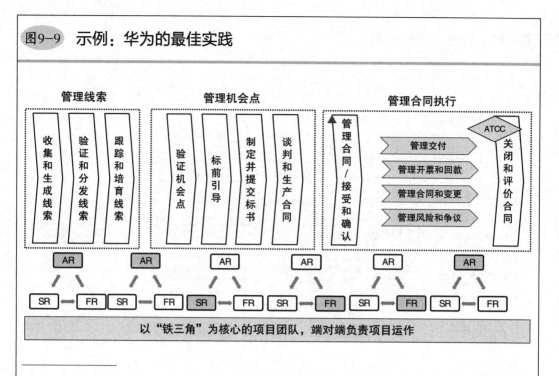

图9-9 示例：华为的最佳实践

注：AR：客户责任人；FR：交付责任人；SR：方案责任人。三角符号：代表关键点。ATCC：指代关闭合同决策（Authorize to Contract Close, ATCC）。

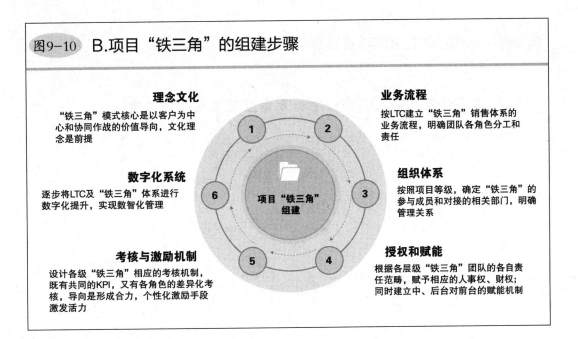

图9-10　B.项目"铁三角"的组建步骤

理念文化
"铁三角"模式核心是以客户为中心和协同作战的价值导向,文化理念是前提

业务流程
按LTC建立"铁三角"销售体系的业务流程,明确团队各角色分工和责任

数字化系统
逐步将LTC及"铁三角"体系进行数字化提升,实现数智化管理

组织体系
按照项目等级,确定"铁三角"的参与成员和对接的相关部门,明确管理关系

考核与激励机制
设计各级"铁三角"相应的考核机制,既有共同的KPI,又有各角色的差异化考核,导向是形成合力,个性化激励手段激发活力

授权和赋能
根据各层级"铁三角"团队的各自责任范畴,赋予相应的人事权、财权;同时建立中、后台对前台的赋能机制

项目"铁三角"组建

项目"铁三角"是一种协同作战思维模式,它以客户为中心,强调团队之间的协作和配合。在组建项目"铁三角"时,需要遵循以下六个步骤。

第一步,建立企业理念文化氛围。"铁三角"模式的核心是协同,以客户为中心和协同作战思维模式的价值导向是组建"铁三角"的前提。因此,在组建之前,必须先让团队成员都能够理解和认同这种思维模式。

第二步,梳理关键客户流程,建立"铁三角"销售体系的业务流程,明确"铁三角"团队的责任和关键角色。同时,还需要明确"铁三角"团队的责任和关键角色,确保每个人都能够发挥自己的优势。

第三步,根据"铁三角"团队的责任和定位确定每个人在团队中扮演的角色,并在此基础上组成相应的各级资源团队。同时,还需要构建一个完善的组织体系,确保团队能够高效地运作。

第四步,通过授权来保证"铁三角"高效和敏捷运行。同时,还需要建立中、后台对前台的赋能机制,为前台提供必要的支持。

第五步,为各级"铁三角"团队设计相应的考核机制。考核导向是让"铁三角"拧成一股绳,形成合力。同时,还应该根据三个角创造价值的方式不同而采取差异化的考核要求和激励手段。

第六步,逐步将"铁三角"销售模式及体系进行数字化。这一步需要将传统的由人驱动转变为流程驱动和系统驱动,通过数字化手段来实现数智化。

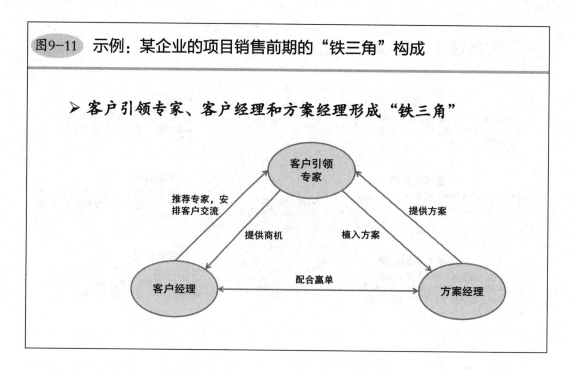

图9-11 示例：某企业的项目销售前期的"铁三角"构成

➤ **客户引领专家、客户经理和方案经理形成"铁三角"**

前面我们讲了"铁三角"的构成是灵活多变的，要根据不同行业、不同客户、不同的项目，进行结构调整。

这是我们提供过咨询服务的客户L公司，在项目销售前期的"铁三角"模式如图9-11所示。这个客户是做医疗器械生产销售的，项目前期，客户经理会搜集和分析目标医院的相关信息，快速与关键角色人建立联系，这时会引入与客户决策链有密切关系的人员，如学术权威、区域经销商等，这个角色为"客户引领专家"。"客户引领专家"利用其学术资源、人脉资源和商务资源等，协助客户经理与甲方医院建立信赖关系，同时协助方案经理有针对性地解读甲方的需求，制订方案，并影响甲方选择标准，这样就形成了项目销售前期的"铁三角"，三方协同配合，以赢单为最终目标。

在这个示例中，项目"铁三角"前期是"客户经理+外部专家+方案经理"，与一般的"铁三角"不同，"外部专家"就是结盟的外部人员，发挥引荐、推荐的作用，帮助快速获取商机、建立客户信任。因此，项目"铁三角"的组成，要以项目推进的需要为中心，按照LTC流程上的角色需要因地制宜组合。

图9-12	示例：某企业的不同级别项目的角色分工

项目组成员		决策者	项目经理	客户代表	解决方案代表	交付代表
常规项目	一般项目	销线四级干部	客户经理	客户经理	营销经理	工程项目经理
	重要项目	销线三级干部	销线四级干部	客户经理	营销经理	工程项目经理
	重大项目	销线三级干部	销线四级干部	销线四级干部	营销经理	工程项目经理
	特别重大项目	销线二级干部	销线三级干部	销线四级干部	产品营销部长	工程项目部长
	省市局集采项目	销线三级干部	销线四级干部	客户经理	营销经理	工程项目经理
	国南网集采项目	销线二级干部	销线三级干部	国南网办主任	产品营销部长	工程项目部长
受控销售项目		产线二级干部	销线三级干部	销线四级干部	产线市场经理	工程项目部长
战略类项目		销线二级干部	销线三级干部	销线四级干部	营销部长	工程项目部长

这是我们一个客户企业（一家电力工程建设的国企），其项目"铁三角"构成的规则。

按照项目不同等级，决定"铁三角"不同的参与人员及其相应级别，项目等级越高，其参与的人员级别也越高，不同项目的需求安排不同的参与人员。这充分体现了"铁三角"模式既能优化不同项目的人力资源配置，又能高效精准地授权赋能。

图9-13　C.“铁三角”管理的运行机制

以项目经营为中心，形成利益共同体

将赢单与盈单结合起来，既要拿下订单，又要能盈利，以项目经营为利润核算单位，不但项目“铁三角”是利益共同体，而且企业与“铁三角”也是大利益共同体，彻底解决相互博弈问题

以“铁三角”为组织形式，促使前、中、后台高效协同

“铁三角”的角色构成，直接将中、后台各部门纳入项目运作，让客户的需求与前线炮火呼唤，能直接同步彻底到各个部门，快速、精准的反应，协同作战

价值评估明确，赏罚分明

“铁三角”内角色有明确的分工和责任，基于项目总KPI考核下有不同考核要求，各自价值贡献评估是明确的，且项目奖金包有明确规则，且立项时确认好了

授权赋能，激发组织活力

中、后台不再是项目“铁三角”的上级，而是赋能支持部门，权力按项目需要充分授权给“铁三角”，释放了组织的活力，使得管理简单高效，减小内耗，都围绕客户创造价值这个中心了

　　“铁三角”组织管理模式本质上是“三分管理、七分机制”的原理，不是管控而是管理协调。管控只能劳民伤财，事倍功半，只有靠机制驱动，才能高效简单，见利见效。

　　“铁三角”先解决了利益统一问题，不管是在项目组内，还是在项目与公司之间都实现了利益捆绑，自然都有了协同意愿。再好的关系都不如利益的捆绑。

　　“铁三角”的构成与运行是紧紧围绕如何搞定项目、能盈利来展开的，就是按客户价值创造所需的资源来配置，按客户的流程来驱动相互协同，这样简单明了，直接有效。

　　“铁三角”的价值评估与分配机制是先必须把项目做好，才有奖金可分，然后自己再干好，就能分得更多。在共同利益捆绑之下，再基于各自的角色分工进行考核指标互锁，与各自利益挂钩。

　　“铁三角”彻底改变以前业务一线与中、后台的上下级关系与博弈行为，按规则授权给一线，中、后台就是把专业服务做好，成为有价值的资源，让一线付款。谁代表市场，谁拥有权力；谁使用资源，谁承担责任。

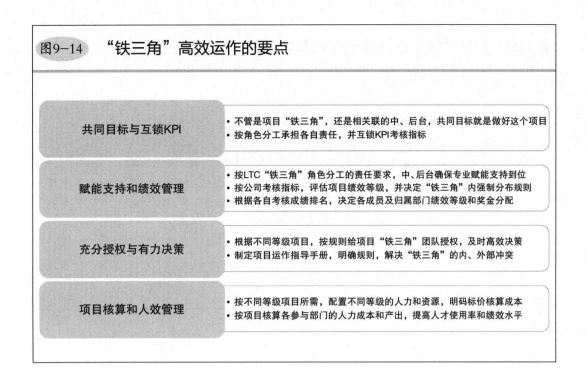

图9-14 "铁三角"高效运作的要点

共同目标与互锁KPI	• 不管是项目"铁三角",还是相关联的中、后台,共同目标就是做好这个项目 • 按角色分工承担各自责任,并互锁KPI考核指标
赋能支持和绩效管理	• 按LTC"铁三角"角色分工的责任要求,中、后台确保专业赋能支持到位 • 按公司考核指标,评估项目绩效等级,并决定"铁三角"内强制分布规则 • 根据各自考核成绩排名,决定各成员及归属部门绩效等级和奖金分配
充分授权与有力决策	• 根据不同等级项目,按规则给项目"铁三角"团队授权,及时高效决策 • 制定项目运作指导手册,明确规则,解决"铁三角"的内、外部冲突
项目核算和人效管理	• 按不同等级项目所需,配置不同等级的人力和资源,明码标价核算成本 • 按项目核算各参与部门的人力成本和产出,提高人才使用率和绩效水平

在"铁三角"模式具体运行上有上述四个核心要点。

一是项目"铁三角"共同目标只有一个,就是做好项目,让客户满意。否则,一损俱损。另外,各成员按角色分工有各自的KPI考核,也与其来自部门KPI关联。例如,SR是技术部派来的,那他的KPI也关联技术部。

二是中、后台部门有了考核,就必须保证按项目需求配置相应人员和资源,并赋能支持让客户满意和"铁三角"认可。另外,强制分布规则强化执行到位。如W项目按公司项目考核标准评为B,那么"铁三角"四个成员的绩效等级分布是1A/2B/1C,SR的考核排名第二,那其绩效等级为B;如果W项目评为A,那绩效分布就是2A/1B/1C,这时SR绩效为A,其部门绩效也提升了。

三是根据不同项目等级,确定项目的第一决策人和责任人,在立项阶段制定好项目运作指导手册,使项目组成员清晰项目运作思路和要求。

四是因为奖金包与项目经营质量直接挂钩了,在项目运作过程中的成本核算和控制就尤为重要,人员使用上绝不会"花冤枉钱",进入"铁三角"的人一定要"物有所值"。这样也倒逼资源提供部门提高专业水平,使企业的人效和绩效水平就能良性地提升了。

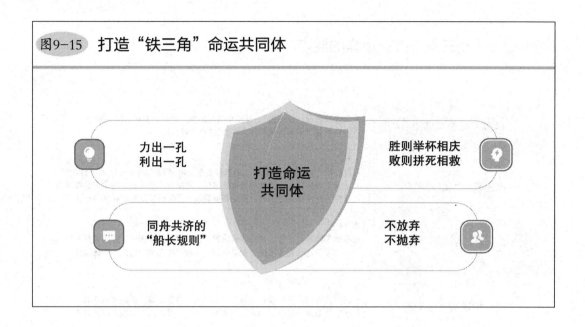

图9-15 打造"铁三角"命运共同体

力出一孔
利出一孔

打造命运
共同体

胜则举杯相庆
败则拼死相救

同舟共济的
"船长规则"

不放弃
不抛弃

LTC中项目"铁三角"某种意义上是个命运共同体。

赢单和盈单是"铁三角"的共同目标，形成"力出一孔、利出一孔"的协同机制：项目做成了，大家才能保饭碗；项目盈利了，大家才能挣到钱。这才有凝聚力、协同力和执行力。

"铁三角"是KPI考核互锁的团队，一荣俱荣、一损俱损，一个成员工作不到位，导致这个项目有可能失败，其他成员的考核与奖金都不好。因此，"铁三角"必须"胜则举杯相庆，败则拼死相救"。

一个项目的失败，不仅"铁三角"的负责人要受到相应的处罚，而且每个成员也会受到处罚。例如，项目考核的强制分布就体现这一原则，项目负责人考评不好，不但项目奖金包减少，而且影响成员绩效考评等级，使得晋升受到影响，甚至项目组都被裁撤。这就是同舟共济的"船长规则"，船沉了，船长和成员都要沉下去。

有了与项目共存亡的组织机制，才能使得"铁三角"做到"不放弃、不抛弃"。

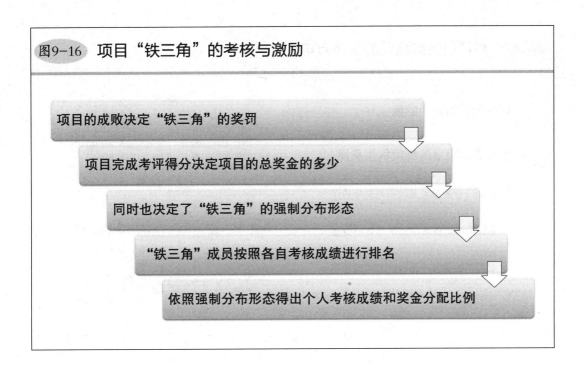

图9-16　项目"铁三角"的考核与激励

项目的成败决定"铁三角"的奖罚

项目完成考评得分决定项目的总奖金的多少

同时也决定了"铁三角"的强制分布形态

"铁三角"成员按照各自考核成绩进行排名

依照强制分布形态得出个人考核成绩和奖金分配比例

项目"铁三角"在项目中既是利益共同体，又是命运共同体，项目的成败不仅决定"铁三角"的奖金分配，更会对"铁三角"成员晋升与职业生涯发展有重要影响。在一个销售项目完成时，企业会组织相关各方对项目完成情况做综合质量评价，其结果直接决定项目奖金以及提成金额的大小。同时，项目质量考评结果还决定了该项目"铁三角"各成员的个人绩效得分，这主要是通过考评结果的高低决定"铁三角"内部个人绩效排名分布。

这时"铁三角"成员要想个人绩效得分理想，首先必须保证项目综合质量评分高，才能使"铁三角"绩效分布状态更好（成员考评优良比例更高），然后才是个人考评分数高，才能决定个人奖金分配比例与金额大小。

从以上项目"铁三角"考核与激励的机制及流程看，要想"个人碗里多"，就必须先保证项目"大锅里的多"，从而保证"力出一孔，利出一孔"，使"铁三角"的内部协同在意愿和利益这两个方面得到充分保障。

图9-17 **对项目完成质量的考核方法**

> **项目考评的四个维度**

> **不同等级项目的维度权重不同**

　　– A级项目更多考虑战略与竞争价值

　　– B级项目更多考虑竞争与客户价值

　　– C级项目更多考虑客户与财务价值

财务价值	战略价值
• 项目盈利、回款及时性、投资回报率等	• 行业标杆、重点市场制高点、新市场桥头堡等
竞争价值	客户价值
• 主要对手压制、对手客户争夺等	• 客户满意度、转介绍、二次续单等

　　一般成长型企业对项目完成质量的考核从以下四个维度进行考评。

　　1. 战略价值维度。例如，该项目是否能打造成未来可供观摩和推广的行业标杆项目，是否为重点客户或标志性项目，是否为新市场、新产品的第一单等。

　　2. 客户价值维度。首先是客户是否满意，其次是客户是否有续单和转介绍等。

　　3. 竞争价值维度。该项目中我方份额和重要程度是否高于对主要竞争对手，该项目是否为在主要竞争对手的核心客户抢夺来的。

　　4. 财务价值维度。这个指标是对常规项目的重要考核指标，一般由财务核算而来。

　　在成长型企业中，我们建议简化对不同项目的质量评价方法，在以上四个维度中赋予不同的权重进行差别评价。例如，A级项目是公司重大项目，战略价值与竞争价值考核权重高；B级项目中，竞争和客户价值考核权重高一些；C级项目更多地考虑客户和财务价值维度。

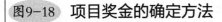

图9-18　项目奖金的确定方法

> **项目奖金=奖金基数×激励系数**

> **不同项目的奖金基数不同**

　　– A级项目多为战略性项目，其奖金基数为固定奖金包

　　– B级项目多为竞争性项目，其奖金基数按销售回款提成

　　– C级项目多为常规性项目，其奖金基数按模拟利润计算

> **激励系数由项目考核成绩决定**

	甲等	乙等	丙等	丁等
考核得分	100以上	80～100	60～80	低于60
激励系数	1.5	1.2	1.0	0.7

项目最终奖金由两个因素决定，一个是项目奖金的基数，另一个是激励系数的确定。如图9-18中的奖金计算公式。

对于成长型企业来说，我们建议采用相对简单的仅根据项目等级进行确定。例如，对于战略性的A级项目，由于其价格、服务、付款方式等商务条款是由公司高层决策的，与项目"铁三角"的关系不大，故采用固定奖金包的形式，在项目立项时事先确定；对于竞争导向的B级项目，其主要竞争策略是抢单、冲量和压制对手，项目利润不是最重要的考核指标，故其项目奖金基数按照回款提成进行核算；其他项目考核主要以财务价值维度为主，故其项目奖金包按照模拟利润，以鼓励"铁三角"做到利润，提高投资回报。

图9-19	项目"铁三角"成员的奖金分配

> **个人项目奖金 = 项目实得奖金 × 个人分配比例**

> **个人分配比例**

　　——参照项目立项约定比例，结合个人考核及分布系数

　　——由"铁三角"主导者决定

　　——如有异议，可以申请上级领导仲裁

项目考核等级	激励系数	"铁三角"成员分布			
		D	C	B	A
甲	1.5	0%	10%	50%	40%
乙	1.2	10%	20%	40%	30%
丙	1.0	20%	30%	30%	20%
丁	0.7	30%	50%	20%	0%

　　对于"铁三角"中个人项目奖金的核算主要由项目实得奖金金额与个人分配比例决定。

　　其中，项目实得奖金金额由项目奖金基数乘项目奖金激励系数得出。而个人分配比例既与项目综合质量考评结果有关，又与个人考评排名有关。其中，项目综合考评结果决定了项目"铁三角"考核分布（即项目综合考评越优，则"铁三角"各成员考核的优良比例就越高）。个人考核的结果决定了在"铁三角"内部的排名，最后得出个人实际在项目中奖金的分配比例。讲义中的表格就是我们某客户企业采用的项目考核结果决定"铁三角"成员绩效分布的示例。

　　这种机制的设计下，如果项目做好了，其项目奖金金额就大了，加上个人绩效优秀的概率也更大了，这样就产生了好上加好的效果。否则，也会产生坏上加坏的结果。因此，项目的成败成为"铁三角"成员利益最大化的决定因素，也促使"铁三角"内部的高度协同，真正体现命运共同体的理念。

成长型企业项目协同管理难点与提升要点

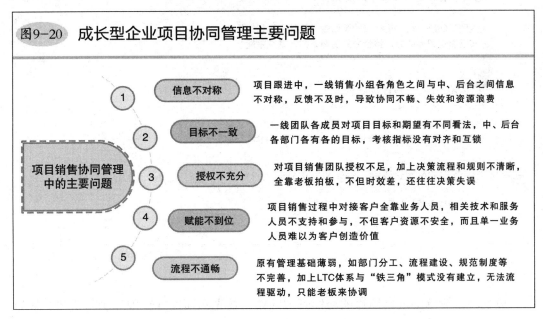

图9-20 成长型企业项目协同管理主要问题

项目销售协同管理中的主要问题		
1	信息不对称	项目跟进中,一线销售小组各角色之间与中、后台之间信息不对称,反馈不及时,导致协同不畅、失效和资源浪费
2	目标不一致	一线团队各成员对项目目标和期望有不同看法,中、后台各部门各有各的目标,考核指标没有对齐和互锁
3	授权不充分	对项目销售团队授权不足,加上决策流程和规则不清晰,全靠老板拍板,不但时效差,还往往决策失误
4	赋能不到位	项目销售过程中对接客户全靠业务人员,相关技术和服务人员不支持和参与,不但客户资源不安全,而且单一业务人员难以为客户创造价值
5	流程不通畅	原有管理基础薄弱,如部门分工、流程建设、规范制度等不完善,加上LTC体系与"铁三角"模式没有建立,无法流程驱动,只能老板来协调

以上是我们团队总结的成长型企业在项目销售协同中的主要问题。其产生的深层次原因如下。

首先,管理认知和理念问题,不能摆脱依靠老板和能人的个体户运作状态,就无法建立组织理性权威,无法推动组织管理变革提升。这是我们团队咨询服务成长型企业多年来最深刻的体会。

其次,组织架构不适合业务特点和企业发展阶段。近年来,很多成长型企业老板天天去参加各种培训,盲目学习一些大企业的成功做法,不理解组织管理没有最好,只有最合适的道理。

再次,就是专业职能发育滞后,中、后台缺乏专业人才,难以赋能支持一线,导致业务人员没有炮火支持,全靠个人单打独斗,面对甲方的各种技术和服务问题,难以招架。

最后,协同机制缺失,没有利益捆绑和考核互锁,导致各部门"铁路警察各管一段",相互推诿,加上信息手段滞后,各部门更加自我封闭,难以协同。

为此,我们认为导入量身定制的LTC体系和"铁三角"模式,是成长型企业最直接可以落地实施的且短期内可以见利见效的组织管理变革方法。

图9-21　构建有机性营销协同组织

把握收放平衡，实现有机性管理

- 战略层的统一性、策略层的灵活性、执行层的权威性
- 实现有组织的努力，整合内外资源，提升系统效能

优化组织架构，打造赋能平台

- 突出关键职能，服务性部门综合化、支持性部门专业化
- 导入LTC项目销售流程管理体系，建立策略工具库，赋能一线

营销管理体系定位清晰，运作机制优化

- 职能结构合理、管理、指导和服务三个角色

　　成长型企业解决项目销售的协同管理问题，首先必须提升管理理念与认知。华为这么多年的组织管理变革，提出了很多创新的管理理念，如奋斗者为本、以客户为中心、灰度领导力等，本质上是协调企业活力与效率的平衡问题。为什么很多企业组织管理面临"一放就乱、一管就死"的困局？划小核算单位，各自为政有活力，资源整合效率低，反之则活力低，就这个平衡没有掌握好。为此，我们提出构建有机性营销组织，就是要实现营销管理中的活力与效率兼得的目标。

　　对于成长型企业的组织管理，就是要实现在战略层面上能集中资源，聚焦突破，企业上下一起发力，具体策略上能做好"快、灵、准"，在业务执行上体现强大执行力。为此，组织结构要优化，服务支持部门综合化，实现大部制，如行政、法务和信息等成为综合管理部门，而技术、市场和服务部门要专业化，这样既能精兵简政，又能集中资源发育关键职能。

　　积极导入LTC体系和"铁三角"模式，将中、后台转变为赋能支持部门，给一线充分授权，激发活力；同时，又能以客户为驱动力，提高各部门协同和资源使用的效率。

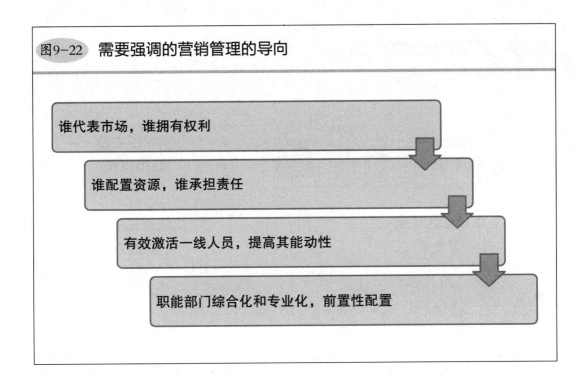

图9-22　需要强调的营销管理的导向

谁代表市场，谁拥有权利

谁配置资源，谁承担责任

有效激活一线人员，提高其能动性

职能部门综合化和专业化，前置性配置

成长型企业的LTC管理与项目"铁三角"，就是基于有机性营销组织管理的理念，强调四个主要导向。

1. 让项目"铁三角"成为项目经营的主体，按项目等级进行相关的授权，"铁三角"的责任人拥有运作该项目的人、财、事、物的决定权，按相应的规则行使权力，能快速灵活地响应客户需求与竞争变化。

2. 项目"铁三角"调动和使用的相关技术、服务、人力和关系等资源，要对项目成败、盈利，还有客户满意度承担责任，要为其调用的资源埋单。

3. 项目"铁三角"的利益和荣辱，甚至职业发展都高度捆绑了，成为"胜则举杯相庆，败则拼死相救"的利益共同体，激发其赢单斗志，使其能穷尽方法、不遗余力。

4. 中、后台部门精兵简政，主要发挥专业支持性职能，并通过成为项目"铁三角"一个角色的方式，直接面对客户，提高中、后台响应速度与有效性。

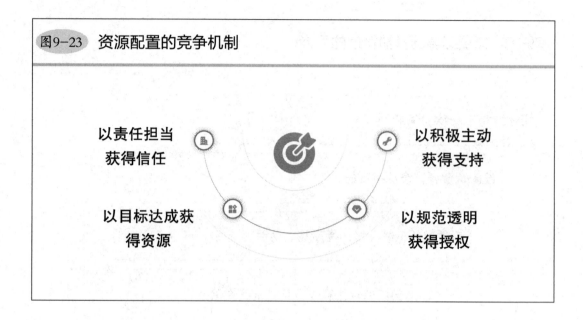

成长型企业资源都是有限的，在"铁三角"模式下，各项目负责人一定会抢资源、要授权的。为做好资源配置工作，我们需要具备四个竞争机制。

1. 以责任担当获得信任。项目"铁三角"是项目经营责任主体，承担考核指标的责任，如赢单、盈利、客户满意和压制对手等，且建立了良好信誉，企业才充分授权和优先配置资源。同样，"铁三角"内部成员也是这样，有能力承担起自己角色的责任，有好的业绩表现，项目负责人才会邀请你加入。

2. 以目标达成获得资源。销售人员不要跟领导讨价还价目标，企业聘请你来工作，是来完成目标的，如目标小了，或没了，你就没价值了。我们只能研讨完成目标所需的资源，如要额外资源，就承诺增量目标。

3. 以规范透明获得授权。按照LTC体系的流程要求，规范透明，让企业领导和中后台看到实实在在的进展情况，才有获得项目进一步授权，同时也能获得更多的资源。

4. 以积极主动获得支持。用"穷尽方法、不遗余力"的"铁三角"行动力，积极主动反馈信息，协商沟通，寻求帮助。一句话，资源有限，早起的鸟儿有虫吃。

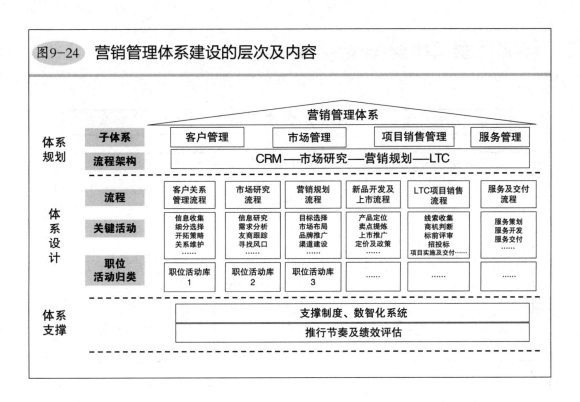

图9-24　营销管理体系建设的层次及内容

华为先有"铁三角"，起初是靠人来驱动的，当LTC销售管理体系变革成功后，将"铁三角"固化在LTC流程上，其威力才越来越显见。因此，成长型企业还要完善配套的营销管理体系，否则，单一的LTC效果不明显。

这是企业营销管理体系简单示意，三层结构（体系规划、设计和支撑）和四个子体系（客户管理、市场管理、项目销售管理和服务管理），对应CRM流程、市场研究流程、营销规划流程与新品开发及上市流程、LTC项目销售流程、服务及交付流程。自上而下，拆解各流程的关键活动，即子流程，如LTC的关键活动有线索收集、商机判断、项目孵化等。最后一层主要为工具模板，主要致力于提高做事的效率与质量。

这三层流程由企业层面严格统一，各体系间的业务集成，包括流程IT化，都需要依据这两级流程作为业务模型。统一流程标准，明确管控要求，提升流程的规范性和标准化程度。稳定架构，企业才能有效管控。同时，营销流程是一个动态过程，不断吸收并固化一线的优秀业务实践经验，持续优化完善。

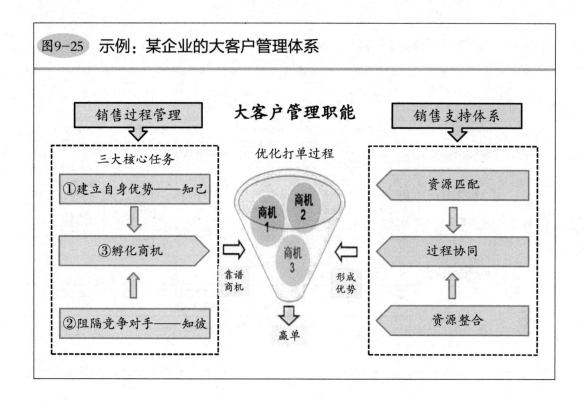

图9-25 示例：某企业的大客户管理体系

这是某企业的大客户管理体系的示意图。左侧是项目销售过程的管理，其目的是提供靠谱商机，右侧的销售支持体系保证项目中形成优势，两边都是围绕赢单这个核心目标的。

在大客户项目销售过程管理（LTC）中，首先是知己，通过了解客户的痛点，结合自己优势和特点，包括产品或服务的独特卖点、公司的声誉和专业知识等，形成自身优势，赢得客户信赖。其次是知彼，了解友商的优劣，如产品、服务、价格和商务政策等。知己知彼了，我们孵化商机中就能有的放矢，拔掉对手的草，种上我们的草，引导客户需求，并成功地改变其选择标准，进而保证赢单。

通过销售支持体系，基于LTC各阶段的需要，精准匹配资源，促进各部门高效协同，以形成各项资源的整合，从而建立赢单优势。

这个示例示意图，清楚地表达了LTC销售体系的内在逻辑。

图9-26　打造赋能支持平台

发育专业营销职能，打造赋能支持平台

用户、客户等市场研究、市场推广、售前支持和专业赋能等职能

构建服务价值链，实现前、中、后台系统协同

市场驱动、优化流程、系统机制和支持职能前置等

升级大数据、AI等管理技术，推进数字化营销管理

构建数字化整合中台、营销知恩阁中台及服务平台、数智化系统

　　项目"铁三角"作为一线客户接触点，基于专业分工和利益协同机制，以"小分队"形式冲锋陷阵，实现客户需求挖掘、转化和价值变现。

　　为保障"小分队"能高效呼唤组织炮火，企业必须打造能提供"铁三角"各角色资源来源以及业务能力建设赋能支持的"大平台"（IT系统支撑、资源整合与调度、财务结算、审批等），强化组织"大铁三角"支撑能力。

　　对于成长型企业而言，首先，赋能平台打造从营销专业职能发育开始，很多成长型企业是没有专门市场部的，也没有专业人员，其市场研究、客户分析和市场推广等职能几乎空白，连支援一线的最简单炮火都难以保证。因此，第一步先将营销自身的专业职能发育出来。

　　其次，再以导入LTC体系为抓手，构建市场驱动的服务价值链，打通各部门的协同流程与机制，形成围绕项目销售的协同管理，将中、后台的各项职能以服务支持"铁三角"的模式，直接前置到项目孵化的过程中。

　　最后，逐步将LTC管理体系，升级为数智化管理系统。

图9-27 **需要发育专业营销职能**

市场研究类职能	• 行业研究、市场行情把握、竞争分析、宏观经济趋势与政策研究、机会捕捉与建议等
营销规划类职能	• 营销战略管理、品牌规划与管理、重要推广助销活动、重点产品规划管理、关键销售策略制定等
销售管理类职能	• 大客户管理、销售计划预算管理、重要业务管理、知识及信息管理、销售绩效管理、人员培训活动等

基于二十多年营销咨询服务实践，尤其是近年来给成长型企业导入LTC的体会，我们建议成长型企业先把上面讲义所示的三类市场营销职能发育起来。

1. 市场研究类职能。包括但不限于讲义上面的列举的内容，其目的就是发现近期的商机和明确远期的方向，为战略发展与市场决策提供依据。

2. 营销规划类职能。包括但不限于讲义上面的列举的内容，通过对市场情况的全面分析，我们能够制定出符合市场需求的营销战略以及如何通过品牌建设、推广活动和产品规划来实施这一战略，其主要输出成果之一就是企业的年度营销规划、品牌建设与市场推广计划等，为一线业务提供支持。

3. 销售管理类职能。主要是以上讲义所列举的内容，通过对销售过程的有效管理和考核绩效管理，提高队伍执行力和协同效率，实现销售目标。同时，做好经验提炼和培训，提升队伍专业能力，加速各级营销人员成长。

这三类营销专业职能所包括的内容，对很多成长型企业还是个不小的挑战。因此，建议按轻重缓急，优先发展其中三五个职能，随着人才成长再逐步完善。

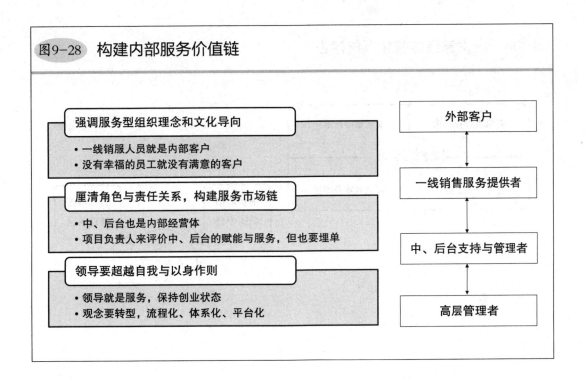

图9-28　构建内部服务价值链

强调服务型组织理念和文化导向
- 一线销服人员就是内部客户
- 没有幸福的员工就没有满意的客户

厘清角色与责任关系，构建服务市场链
- 中、后台也是内部经营体
- 项目负责人来评价中、后台的赋能与服务，但也要埋单

领导要超越自我与以身作则
- 领导就是服务，保持创业状态
- 观念要转型，流程化、体系化、平台化

外部客户

一线销售服务提供者

中、后台支持与管理者

高层管理者

以客户为中心，现在是管理常识了，但把一线销售和服务人员当客户，很多企业领导还没有认同。这就使得客户驱动企业运作实现不了。在"铁三角"模式中，就是把项目小组定位为内部客户，中、后台要为"铁三角"创造价值。只有让一"线人"员有成就感，获得尊重和支持，他们才会兢兢业业为客户创造价值。

成长型企业的中、后台部门同时要做好这三个角色：在LTC中的评估、风控等环节就是婆婆的角色，要原则强，严格把关；在技术、产品和盈亏预算等方面提高专业建议和排忧解难，充当管家角色；在培训、接待和商务服务等方面就是丫鬟角色。这些赋能服务到不到位，要由服务对象——项目负责人来评价，也由他来埋单，形成类似海尔的内部市场链。中、后台部门也是经营者，让内部客户满意了，才能有利润。

这要求我们突破传统的直线职能管理的上下级的权威管理意识，要保持创业状态，自己就是个业务员和服务者，对外服务重点客户，对内引导中、后台服务一线。要用流程、体系和平台化的管理来代替自己权威管理，所以领导要超越自己，不要迷恋自己签字审批的感觉。

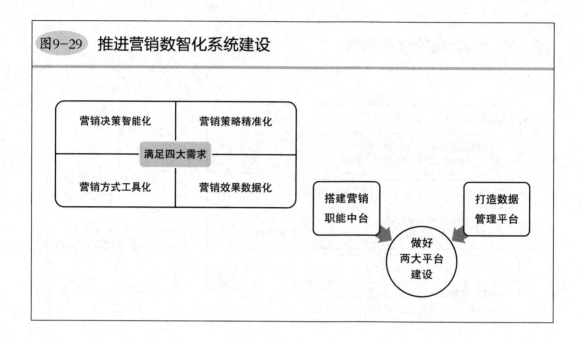

图9-29　推进营销数智化系统建设

LTC体系再怎么简化优化，也是相对复杂的管理系统。推进其营销数智化管理系统建设是必然的选择，主要是满足四大需求与建设两大平台。

第一，实现LTC各阶段营销决策的智能化，基于客户画像、以往赢单和战败的案例等数据，能为商机判断、风控决策等提供数据依据，并不断学习优化。

第二，实现LTC实战策略精准化，如决策链公关、解决方案引导和竞争对手应对等具体策略指导。

第三，实现LTC各项营销方式的工具化，将常见问题解决方法、主要竞争应对策略等，形成一套简单易行的方案，有道具、物料和执行指南，以便迅速实施。

第四，实现LTC各阶段营销效果数据化和可视化，能对营销活动的效果进行量化评估，实现动态的看板管理。

为了实现上述四大需求，企业需要做好两大平台的建设。一是搭建营销职能中台，前面已经讲了；二是打造数据管理平台，这是营销数字化系统建设的话题，这里就不具体展开了。

企业各部门与"铁三角"的有效协同

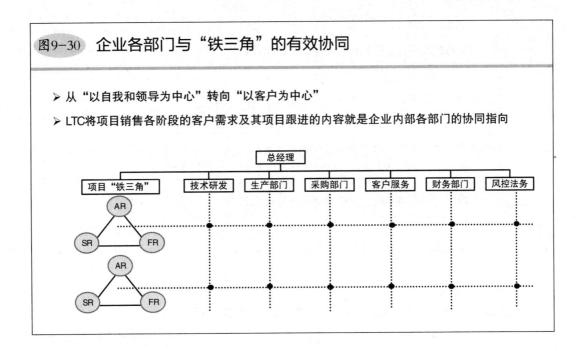

图9-30 企业各部门与"铁三角"的有效协同

➤ 从"以自我和领导为中心"转向"以客户为中心"

➤ LTC将项目销售各阶段的客户需求及其项目跟进的内容就是企业内部各部门的协同指向

成长型企业的组织模式基本是直线职能制的，其他矩阵模式、事业部模式在实际运作中都不是太理想。因此，要成功运用LTC和"铁三角"模式，成长型企业可采用如上组织框架。我们给它命名为：有机性组织模式。

具体来说，就是基于成长型企业现有直线职能制的基本组织架构，加以项目"铁三角"团队，形成柔性、灵动和阶段性的矩阵组织管理模式。其中，项目"铁三角"是个临时性组织，项目立项时就成立，项目终止或履约结束就解散，而且不同项目"铁三角"的成员构成因项目而异。通常除AR以营销部门人员为主外，其他角色来自相关各中、后台部门。这有点像屯田制，要打仗了，立即集结组成特战队，没仗打了，各回各家种地。

这种因业务而变的有机性组织，既比传统机械性组织有了更好的柔性优势，又比化整为零的个体承包制有专业化优势；既能有效发挥组织化专业分工协作的长处和规模优势，又能发挥小而精团队的活力和灵活性。

图9-31　一线业务部门在协同管理中的定位

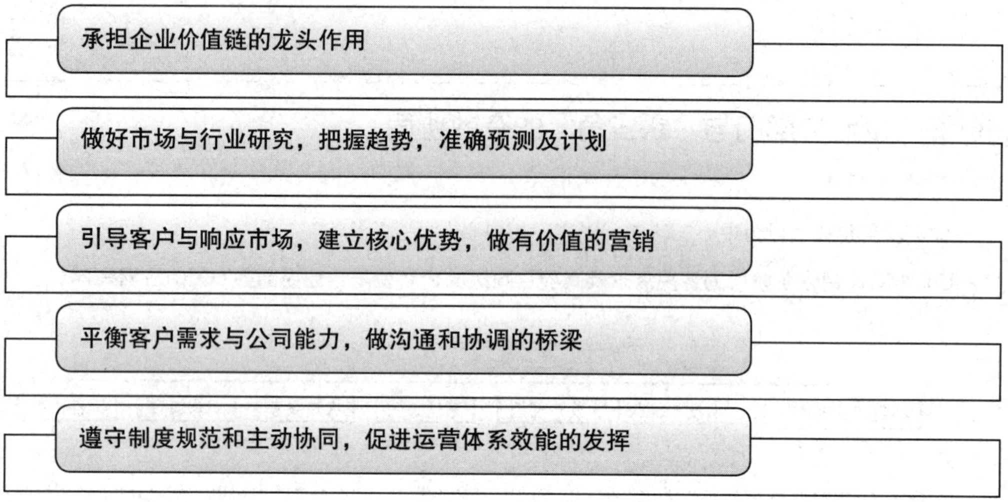

承担企业价值链的龙头作用

做好市场与行业研究，把握趋势，准确预测及计划

引导客户与响应市场，建立核心优势，做有价值的营销

平衡客户需求与公司能力，做沟通和协调的桥梁

遵守制度规范和主动协同，促进运营体系效能的发挥

　　成长型企业的一线业务部门包括营销部门（主要是销售功能）、产品管理部门（按产品划分的经营单位BU）等，一句话就是，直接面对客户和竞争对手，做业务、挣钱的部门。它们是企业价值链的龙头，其职责不仅关乎企业的经济效益，更直接影响到企业的竞争力和市场地位。

　　在LTC中，项目"铁三角"的负责人和主导者基本上都是由营销部门的人员担任，直接影响项目成败，因此一线业务部门必须是企业内部协同的引导者，主要做好四件事。

　　1. 要做好市场与行业研究，洞察趋势与风口，准确捕捉商机，做好预测及计划，引导公司战略方向与资源前置投入。

　　2. 积极开发客户，引导其需求，成功种草，又压制对手，为客户创造价值，见利见效赢单与盈单。

　　3. 按照LTC各阶段客户需求，积极协同中、后台的专业支持与资源，同时又调整客户预期，不断拟合和平衡两者。

　　4. 基于LTC流程体系，发挥"铁三角"驱动作用，主动引导和调动各部门的工作方向与资源配置，响应客户与竞争要求，高效运作。

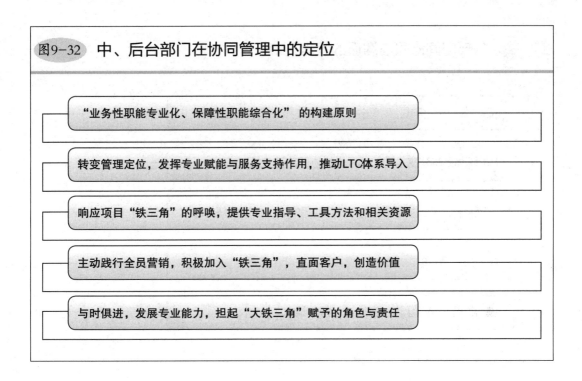

图9-32　中、后台部门在协同管理中的定位

- "业务性职能专业化、保障性职能综合化"的构建原则
- 转变管理定位，发挥专业赋能与服务支持作用，推动LTC体系导入
- 响应项目"铁三角"的呼唤，提供专业指导、工具方法和相关资源
- 主动践行全员营销，积极加入"铁三角"，直面客户，创造价值
- 与时俱进，发展专业能力，担起"大铁三角"赋予的角色与责任

　　成长型企业的中、后台部门很难做到"一个萝卜一个坑"，有限的资源与人才必须集中优先发展业务性职能部门，如技术支持、市场营销和客户服务等部门。而行政、人力和法务等保障性，一般一专多能的配置人员，搞大部门制。这样才能既能精兵简政，又能发育专业职能。

　　同时，从以前的管理部门和后台部门的定位，转向赋能支持部门，服务项目"铁三角"，从而能使企业成功导入LTC体系，推动营销管理系统升级。按照LTC的各阶段项目跟进需要，积极提供专业指导，排忧解难，为项目"铁三角"助力。

　　此外，还要通过参与项目"铁三角"，培养部门人员的营销意识和能力，能有效胜任相关角色，直接深入客户典型使用场景，发现问题，引导需求，提出针对性解决方案，为客户创造价值。

　　在企业的"大铁三角"的系统协同中，各中、后台部门自身的专业能力和服务水平要提高，才能满足一线项目"铁三角"的要求，只有让自己有价值，才能让一线主动协同甚至依赖本部门。否则，就失去价值，可能被裁撤掉。

图9-33　各部门间协同与沟通的管理要点

按"铁三角"模式，明确分工与责任边界，确认责任主体

以LTC体系构建来推动市场导向的协同流程与机制建设

共同目标、利益捆绑和考核KPI互锁等方式，促进信任与协作

建立协同合作的沟通文化，宽以待人、严于律己

诚心以待，恪守承诺，言必信、行必果

这些内容既是企业中部门间的沟通与合作的管理要点，也是LTC与"铁三角"模式对于管理提升的要求。

首先，按照不同项目"铁三角"的构成与运作指南，明确各角色分工与责任边界，并确认责任主体。这样各部门就明确了在不同项目中是什么角色，需要派出什么样的人员、承担什么责任，有多少收益等。

其次，按照LTC流程明确项目推进阶段需要各部门做到什么、何时完成，达到什么目标和有何奖惩等。例如，某项目前期需要引导客户认同我方解决方案的价值主张，需要技术工程师现场演示和互动沟通，两周内达成客户决策链认可的目的。

再次，项目"铁三角"与各部门都是利益共同体，目标就是赢单和盈单，考核也是互锁的，一荣俱荣，一损俱损，必须相互信任与协同。如果两周内达不成搞定客户决策链的里程碑，不但"铁三角"不达标，而且技术部门考核也受影响。

最后，企业文化要强调相互协同的价值导向，诚信、包容和补位等团队文化要重点强调。

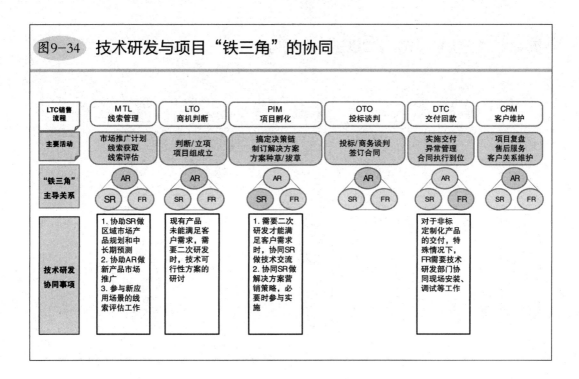

图9-34　技术研发与项目"铁三角"的协同

LTC项目销售流程体系的六个阶段都明确了"铁三角"角色及分工要求，其中技术研发与项目"铁三角"协同的主要内容如下。

线索管理阶段，"铁三角"尽管AR主导，SR也是参与较多，需要洞察和分析市场与客户需求，技术研发部门协助和赋能SR在技术视角下，做好产品规划和中长期市场预测，为发掘新线索提供支撑。这个阶段还要做市场推广活动，尤其是新产品应用等技术性推广，技术研发部门要协助SR制订营销方案，必要时协助AR一起实施推广计划。

商机判断阶段，技术部门要赋能分析客户痛点，匹配公司产品和解决方案，技术研发部门专家做技术可行性判断，尤其是需要二次研发的项目，对其线索评估与商机判断，发表技术方面的专业意见。

项目孵化阶段，技术部门对主导"铁三角"的SR更要直接赋能支持，制订解决方案和引导客户认同，很多个性化客户项目中，往往是定制的方案决定胜负，技术研发部门要直接面对客户，引导其需求，参与方案制订。

项目交付阶段，对于非标定制化产品的交付，特殊情况下，FR需要技术研发部门协同现场安装、调试等工作，保驾护航。

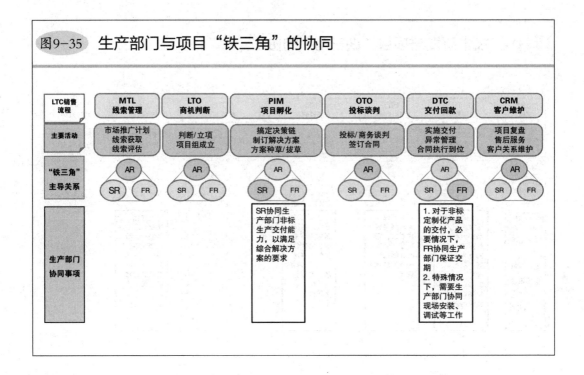

图9-35　生产部门与项目"铁三角"的协同

　　生产部门要参与LTC各阶段的评估点和决策点的表决工作，发表专业意见，如商机判断与立项、项目孵化判断、投标与签订合同等。

　　此外，还要与项目"铁三角"在LTC流程各阶段具体项目跟进中进行密切协同，特别是在客户需求是需要创新二次研发的，SR协同生产部门对于非标生产工艺、设备要求、交付能力等进行确认，以满足解决方案的生产可行性；对于非标定制化产品的交付，FR需要协同生产部门保证交期。特殊情况下，需要生产部门协同现场安装、调试等工作。

　　例如，某客户提出了一项需要企业进行二次研发的采购需求，希望能为其提供一站式集成解决方案，经过与客户各部门的深入沟通，了解到由于其特定的应用场景，我们需要为客户量身定制一款个性化新产品。研发团队迅速展开预研工作，认为我方技术能力能做到，并成功地让客户相信我们的提议。在项目进一步孵化过程中，SR协同生产部门对该产品的非标生产交付能力进行了评估，并设计相关工艺方案和排产计划，最后成功高价中标。在交付和安装阶段，SR与生产部门与客户保持密切沟通，紧密协作，确保按时安装到位，一次性调试成功，得到客户的高度认可，及时回款，并表示二期工程还要与我们合作。

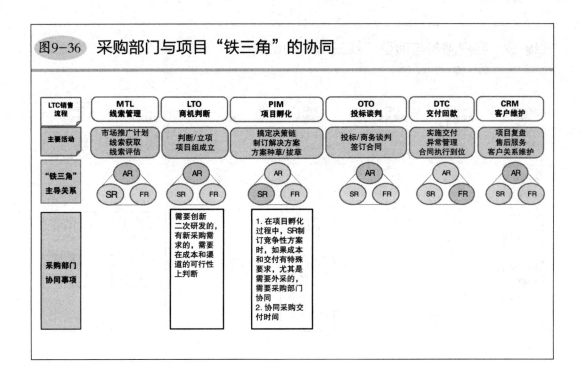

图9-36　采购部门与项目"铁三角"的协同

采购部门要参与LTC各阶段的评估点和决策点的表决工作，发表专业意见，如商机判断与立项、项目孵化判断、投标与签订合同等。此外，还要与项目"铁三角"在LTC流程各阶段具体项目跟进中进行密切协同，特别是在客户需求是需要创新二次研发的，或外采配套的，采购部门与SR会同生产部门，要对于外采配套产品的技术性能、品质要求、价格和交付时间等事项进行评估，以判断能否达到客户要求，是否立项进一步跟进项目。

在新采购需求的可行性判断方面，采购需要综合考虑采购成本、采购渠道和交期等因素。在创新二次研发过程中，可能需要引入新的原材料、零部件或设备，采购部门需要对这些新采购需求进行可行性分析，采购部门还需要关注市场上的新技术、新材料和新设备，以便及时引入到新产品研发和生产中，并确保新采购能够满足产品质量要求、降低成本并缩短交期。

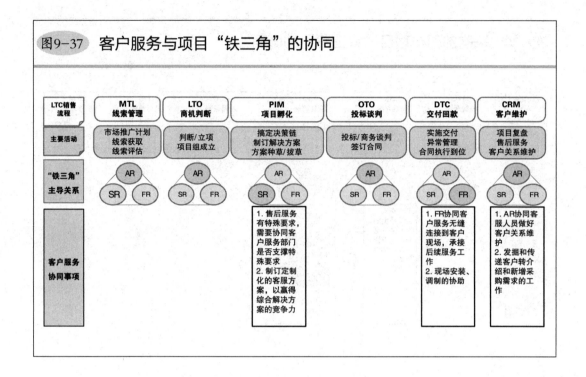

图9-37　客户服务与项目"铁三角"的协同

客户服务部门除了照例参与LTC各阶段的评估点和决策点的表决工作，发表专业意见外，还要注重做好以下几项工作。

在项目孵化过程中，SR制订竞争性方案时，如果对售后服务有特殊要求，需要协同客户服务部门共同制订个性化的客服方案，以赢得全生命周期解决方案的竞争优势。如客户提出五年的全维保服务，后续以旧换新方式复购，此时我方的服务方案就是胜负关键了。

在交付阶段，FR现场安装、调试等工作结束后，客户服务无缝连接到客户现场，承接后续服务工作；同时客服团队在某些时候协助FR进行现场安装和调试。在售后服务过程中，除了做好服务工作之外，客服人员还要协同AR做好客户关系维护，发掘和传递信息，包括客户转介绍和新增采购需求等。

例如，三一集团的很多产品的销售，售后服务人员促成的订单比例达到了三分之一，尤其是老客户的二次购买，服务人员赢单优势比销售人员强，如线索有效、需求把握精准和关系信赖等。

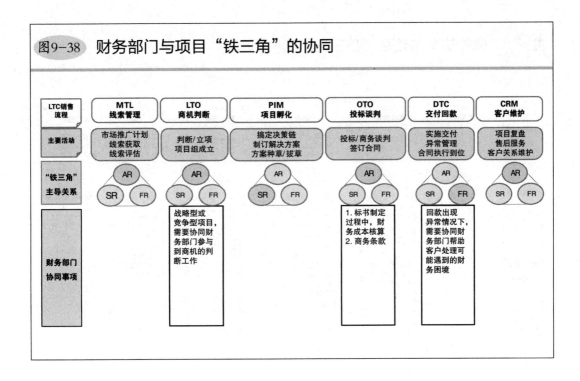

图9-38 财务部门与项目"铁三角"的协同

在所有的企业中，财务与业务一般都是冲突对立的双方，一个要刹车，另一个要踩油门，这个老大难问题。在LTC体系中"铁三角"模式下迎刃而解了。

在商机判断过程中，除一般项目外，战略型或竞争型项目的立项管理时，财务部门要从财务分析角度评估项目的盈利能力和潜在风险，从而做出更明智的立项决策。

在标书制定过程中，财务部门也扮演着重要的角色。他们需要与AR一起核算成本，并制定出更具竞争优势的价格和商务条款。通过与财务部门的密切合作，AR可以根据市场需求和竞争情况，制订出更具吸引力的标书方案，提高中标率。

此外，在回款出现异常情况时，也需要与财务部门紧密合作，帮助客户处理可能遇到的财务困境。在这种情况下，可以与财务部门共同制订解决方案，如提供灵活的付款方式、延期付款或提供其他形式的支持。通过与财务部门的协同工作，可以更好地维护客户关系，确保及时回款，保障公司的资金流动。

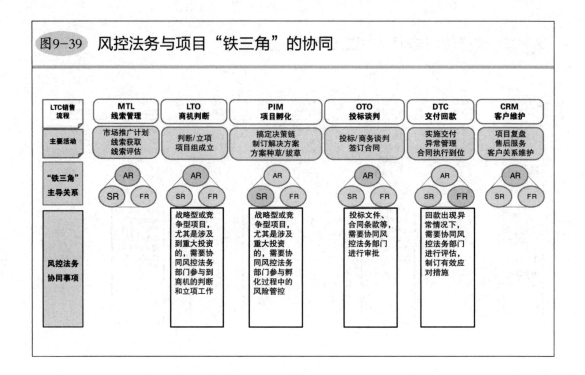

图9-39　风控法务与项目"铁三角"的协同

在成长型企业中，风控与法务部门一般都是一个部门，有的只是个兼职的岗位，或是一个外部法律顾问，对项目销售只是例行公事地看一看。而在LTC中，其与项目"铁三角"的协同还是比较密切的，在项目销售的不同阶段有不同的职能作用。

在商机判断过程中，战略型或竞争型项目，尤其是涉及重大投资和交易金额的，需要协同风控法务部门深度参与到商机判断和立项工作中。

在项目孵化过程中，对解决方案中的商务方案，也需要协同风控法务部门全面评估，及时发现潜在风险，采取规避措施。

在投标谈判阶段，投标文件、合同条款等，需要协同风控及法务部门进行审批把关，有时风控法务部门的意见具有一票否决的权力。

在交付回款阶段，回款出现异常情况下，需要协同风控法务部门进行评估，制定有效应对措施，并及时行动，保障公司的资金安全。

第十章

营销团队建设与能力提升

　　成长型企业要成功导入 LTC 管理体系，最终的决定因素还是人的因素，尤其是营销队伍能否与时俱进，及时加速其职业化转型，提升自身专业能力。本章就是说明如何促进营销队伍转型提升的问题。

　　首先，明确提出 LTC 体系要成功，营销队伍要达到什么样的认知与能力的水平，并结合成长型企业营销队伍管理中的主要问题，指出转型提升的关键所在。

　　其次，强调队伍转型，干部是关键力量。营销干部如何带头实现职业化转型，明确自身角色定位与责任，进而提高队伍领导力，学会带队伍和打胜仗。

　　最后，主要阐明成长型企业的营销队伍建设的要点，从团队结构优化到营销人员的"选、育、用、留"，再到队伍的氛围营造与有效激励等，都是从成长型企业的管理实际出发的实用建议与成果经验。

LTC 管理体系对营销团队的新要求

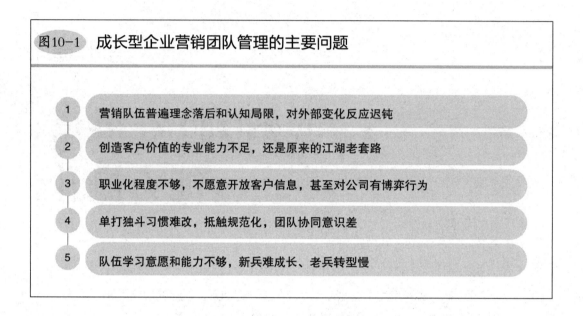

图10-1　成长型企业营销团队管理的主要问题

1　营销队伍普遍理念落后和认知局限，对外部变化反应迟钝

2　创造客户价值的专业能力不足，还是原来的江湖老套路

3　职业化程度不够，不愿意开放客户信息，甚至对公司有博弈行为

4　单打独斗习惯难改，抵触规范化，团队协同意识差

5　队伍学习意愿和能力不够，新兵难成长、老兵转型慢

我们基于多年与成长型企业深入咨询服务的实践，总结出的营销团队管理存在的主要问题。

1. 理念认知问题。一些营销领导自身与时俱进不够，导致队伍处于井底之蛙的状态，难以理解市场新形势和客户新需求。

2. 专业能力问题。跟不上客户的发展与竞争对手的变化，还是原来的路径依赖，一聊天就是吹牛，自身想当年如何搞定关系，打着麻将就把项目搞定了。殊不知早已时过境迁，自己落后、过时了。

3. 职业化程度不够。团队职业化程度不高，耍小心眼，与企业博弈。

4. 职业心态问题。个体游击习性难改，抵触组织化、规范化的管理。

5. 学习愿意问题。难以离开舒适区，学习能力差，对新营销模式，如新媒体营销、数智化营销和管理系统，不理解，也不愿意学习，更不愿意尝试。

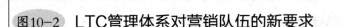

图10-2 LTC管理体系对营销队伍的新要求

价值认知
- 认同公司文化：价值观+使命+愿景、看好企业发展前景，愿意一起长期发展
- 点赞企业经营理念创新、营销模式转型和组织管理变革

专业能力
- 懂市场和理解客户需求、技术和产品等专业知识过硬、服务能力强
- 项目经营意识强、营销策略方法创新、人际沟通与交往技能成熟

职业精神
- 职业定位清晰、行为规范、愿意先奉献后回报、乐于分享与协同
- 拒绝"躺平"，有奋斗精神、目标导向，执行力强、愿意持续学习与改进

成功导入LTC管理体系对营销队伍的新要求，主要体现在价值认知、专业能力和职业精神三个方面。

价值认知方面，主要是营销队伍的基本面，"不是一家人，不进一家门"，价值观层面的文化认同是变革转型的关键。导入LTC体系是企业面对新市场形势、新客户需求的战略性变革提升，某种意义上是企业竞争优势的再造。不管是企业，还是个人，都需要先付出艰苦的努力，才可能有回报，这就要有与企业成为事业共同体的信念。

LTC管理体系对营销队伍的专业要求更高了。要真正为客户创造价值，解决问题，营销队伍就要比客户更了解客户，在技术、产品和服务等方面持续提升，才能让我们的解决方案超客户预期。例如，我们一个客户是养殖解决方案提供商，他们的一线业务员对养殖户的70%常见问题，都能现场给出解答。

职业化转型，营销队伍尤其是老业务员要改变个体户习性，按组织化来规范自己的行为，成为正规军。这里有个组织与个人关系处理的问题。我们的观点是，员工要像雷锋一样为企业奉献，但企业必须承诺决不能让雷锋吃亏，而是双方达成心灵契约。

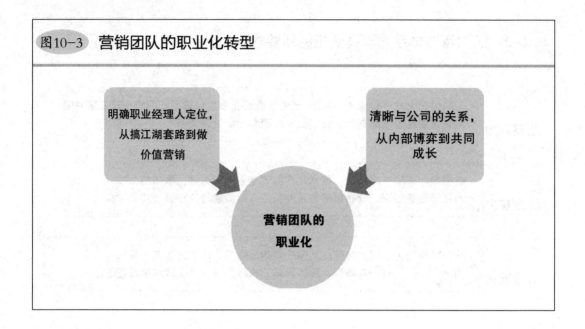

图10-3　营销团队的职业化转型

明确职业经理人定位，从搞江湖套路到做价值营销

清晰与公司的关系，从内部博弈到共同成长

营销团队的职业化

对于成长型企业而言，LTC体系能否成功导入，关键还是营销团队的职业化转型提升的问题。其实，成长型企业的组织化、规范化的程度相对较低，且各级人员的职业化素养也比较薄弱，而营销部门是企业的龙头部门，也是管理变革的先锋。有些成长型企业的营销队伍自身也不规范，流程化程度不高，如有的企业连个项目信息表管理都搞不起来。因此，只要营销队伍伴随LTC体系导入，职业化成功了，那就大局已定了。

我们认为，营销队伍职业化就是两个核心点，一是大家都认同，仅靠桌底下的江湖不行了，必须要价值营销，才有制胜可能，要有危机和急迫感；二是公司与员工真正达成心灵契约，成为事业共同体，甚至命运共同体，做到"共识、共创、共担、共享"。例如，华为早期的骨干员工共同持股，与企业一道长期艰苦奋斗，一起分享成功的利益。

营销经理人的职业化与领导力提升

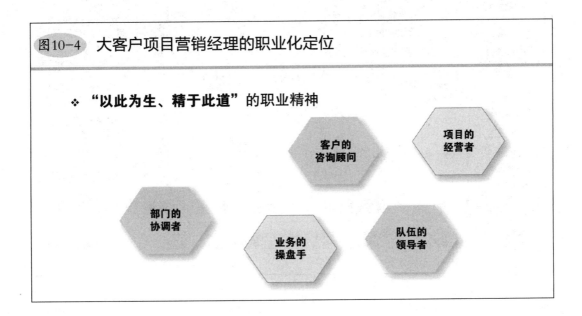

图10-4 大客户项目营销经理的职业化定位

❖ "**以此为生、精于此道**"的职业精神

- 客户的咨询顾问
- 项目的经营者
- 部门的协调者
- 业务的操盘手
- 队伍的领导者

一个合格的营销经理人必须扮演好这五个角色。

1. 项目的经营者，营销经理人应该是项目的第一责任人，对项目的成单、投入产出和客户满意负责。

2. 客户的咨询顾问，要为客户创造价值，就要先深入其中，理解客户，再发挥专业能力，量身定制解决方案和服务到位。

3. 业务的操盘手，关键项目决胜阶段，策略得当，敢于亮剑，搞定项目，成交回款。

4. 队伍的领导者，带队伍是营销经理的主要责任，这个大家容易理解。

5. 部门的协调者，LTC体系的一个主要作用是打破部门墙，基于客户促进各部门协同。因此，作为"铁三角"的主要负责人，不但要在项目中协调技术、生产和服务等成员，更要在"大铁三角"中，主动协调中、后台各部门。

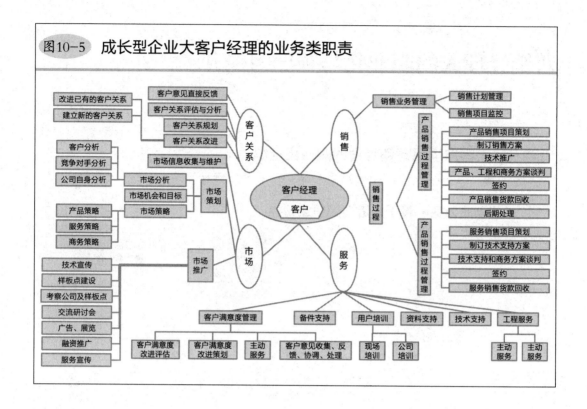

图10-5　成长型企业大客户经理的业务类职责

这是成长型企业的大客户经理的业务类岗位职责，一共四大类工作：市场、销售、服务和客户关系管理。这些专业职能和业务内容，在大型企业中几乎是四个部门的职能定位和主要职责，可见我们成长型企业的营销干部就是要一专多能，要求做到"一个萝卜好几个坑"。

我们在深入为成长型企业咨询服务中发现，很多从大企业高薪挖来的高级职业经理人，在成长型企业的作用远不及预期。由于没有大企业的组织规范和配套流程体系，他本人也找不到感觉，发挥不了作用，故流失率很高。

这四个方面的工作内容是非常多的，不可能面面俱到，还是建议结合企业营销转型最急迫和重要的，先集中精力做，这样能见利见效地推进。理顺成熟了，再交给能顶上的下属。随着销售规模的扩大，队伍不断成长，再成立专门的职能部门。

图10-6 大客户营销经理的管理类职责

01

部门建设

- 基于LTC体系建立和完善本部门的相关制度、流程和规范，如"铁三角"机制
- 发育部门专业职能，如市场研究、活动推广、新媒体营销等

02

队伍建设

- 按LTC要求优化队伍结构，加速营销人员职业化转型，如懂技术和能服务的销售工程师
- 建立PDCA管理，及时赋能指导、做好队伍的考核与激励，营造团队奋斗氛围

03

部门协同

- 组建项目销售"铁三角"，按LTC体系指引，提高其协同效率
- 基于"大铁三角"理念，主动协同公司各部门，不断优化LTC体系

　　成长型企业一般很难建立完善的人力资源管理职能与体系，因此，营销经理在部门建设与带队伍方面的责任担当就更加重要了。

　　营销部门是LTC管理体系的龙头，是主要责任主体，也是我们咨询团队直接对接的部门，其部门建设必须先搞起来。成长型企业的流程与制度大多是零零散散，有些还相互冲突，需要按照LTC体系要求重新建立与梳理，而且要调动相关部门一起研讨，才能让流程与规范很好地对接。

　　在队伍建设方面，其责任就更大。首先要优化队伍结构，增加懂技术和客户应用场景的销售人员，逐步淘汰只会江湖套路的老油条，很多营销经理从技术和服务部门内招一些年轻人加入营销队伍，效果不错。

　　在部门协同方面，营销经理就是主要发起者和组织者。如在项目"铁三角"模式中，销售人员往往是项目组长，直接与技术、生产和服务部门人员进行频繁互动与协作，且目标、考核和激励都捆绑在一起，不再通过原来部门间上下左右的流程与文件了。这就要求营销经理要做好按LTC体系建立好协同机制，在初期时，多与有关部门沟通与协调。

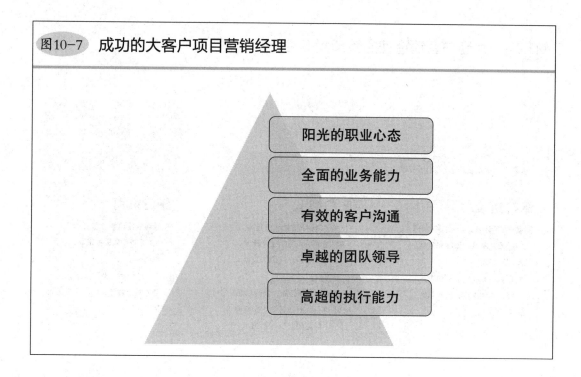

图10-7　成功的大客户项目营销经理

阳光的职业心态

全面的业务能力

有效的客户沟通

卓越的团队领导

高超的执行能力

　　鉴于前面讲的营销经理在业务和管理两方面的职责，我们看出，作为一名成长型企业的成功营销经理，其要具备的态度、素质与能力是比较全面的。

　　首先，心态要好。尽管是在项目销售中总是被人拒绝，但依然能充满自信，不厌其烦，在内部部门协同中，也常常遇到阻力，还是能宽以待人，用真诚打动对方。

　　其次，沟通能力要强。能找到项目成败关键，有创新的策略方法，去搞定客户决策链，拿下订单。业绩是营销人员能力的第一体现，否则，在成长型企业中很难有管理影响力。

　　再次，有卓越的团队领导力，要会带队伍。LTC要成功，首先是要求职业化营销队伍的成长，这对很多业绩优秀的营销经理是个不小的挑战。

　　最后，执行力要强。这个对成长型企业的营销经理来讲一般不是短板，毕竟业绩都是自己干出来的，都是从基层一步步成长起来的。

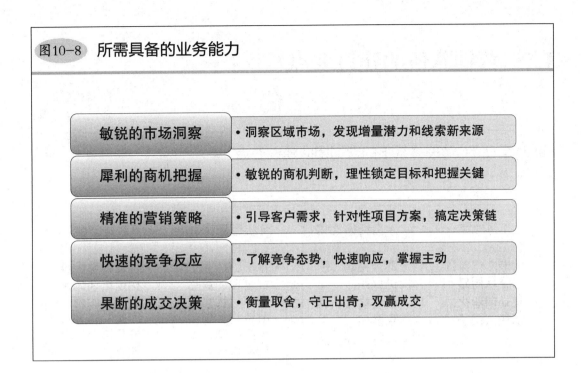

图10-8　所需具备的业务能力

敏锐的市场洞察	• 洞察区域市场，发现增量潜力和线索新来源
犀利的商机把握	• 敏锐的商机判断，理性锁定目标和把握关键
精准的营销策略	• 引导客户需求，针对性项目方案，搞定决策链
快速的竞争反应	• 了解竞争态势，快速响应，掌握主动
果断的成交决策	• 衡量取舍，守正出奇，双赢成交

　　这是我们团队对成长型企业中成功营销经理的业务能力的总结，想必干过营销的读者和学员都会赞同的。

　　在很多行业中，成长型企业往往都没强大的技术能力和资源实力，在同质化竞争中，营销优势就非常重要，因此，营销经理都在项目销售一线，独自应对各种情况，其能力都比较强。而一些行业头部企业的营销经理，在强大的技术、规模和专业职能赋能下，远离一线，官僚主义严重，这也是他们空降到成长型企业不成功的主要原因。

　　成长型企业优秀营销经理的业务能力和项目销售经验，都是长在自己的头脑中，没有很好地提炼总结，形成可视化的学习教材与案例，导致无法复制，甚至随着人员流动而带走了。LTC体系就能很好地解决这个问题，在项目销售可视可控中，将知识经验显性化，成为企业的知识库。

LTC 营销队伍的建设要点

图10-9　LTC管理体系下的营销团队建设要点

上下思想统一	人员结构优化	考核激励牵引	系统培训强化
• 营造文化氛围，增强认同感 • 推动职业化，加快入模子	• 高效招聘、引进强手 • 优胜劣汰，精化队伍 • 以强带新、培养新锐	• 基于LTC的过程管理、量化考核、优化薪酬结构，创新激励机制，如增量合伙人	• 优化课程内容，构建培训体系：新人"四周过四关"、老兵进阶培训、战训结合

　　我们找到了成长型企业营销队伍管理中的主要问题，也明确了营销队伍建设的责任主体，现在开始研讨问题了。

　　从近年的实践看，我们认为LTC体系下的营销队伍建设对成长型企业是很关键的。

　　1. 引导营销队伍进入职业化的模式，这很重要，又很难，因为改变人的习惯是最难的事之一。华为早年的很多做法，即使放到现在，对成长型企业还有借鉴意义的，就是文化建设以统一思想、全员入股以捆绑利益、流程规范以推动职业化。

　　2. 营销人员的结构优化。以我们辅导企业的经验，一般规律是：三分之一的营销人员会主动转型，三分之一被裹挟进步，还有三分之一被淘汰。因此，树立标杆，引入新生力量是必须的。

　　3. 考核激励牵引。我们发现，员工往往不会干领导所希望的事，但一定会干考核与给钱有关系的事。LTC的导入就是强化过程管理，同时搞定项目，让大家赚到钱。

　　4. 赋能培训是必不可少的。一方面找外部咨询师进行辅导，另一方面主要是内部结合工作实际，总结、学习与提升。

图10-10 当下营销队伍没有工作激情的原因

1 岗位不如想象中的有吸引力

2 工作比想象中的累

3 客户不如想象中的好沟通

4 收入一时没有想象中那么高

5 公司管理不如想象中的完善

6 同事不如自己想象的好相处

这是我们总结的成长型企业营销队伍缺乏激情的六个主要原因。当下市场大环境不太好，员工辞职的少了，但躺平和摸鱼的多了。如何有效激活营销队伍？这是各企业的重要问题了。

从这六点原因看，真正"钱"的因素只占很小的权重。而员工的归属感、认同感和成就感方面的原因，则是占了大部分权重。如营销岗位没有以前那样风光了，到处求人，赔笑、陪喝酒等，而且天天加班、时时待命的状态，再加上公司内部管理的问题，更让他们崩溃。

由此看出，提振营销队伍的士气，点燃他们的激情，要综合治理才行。

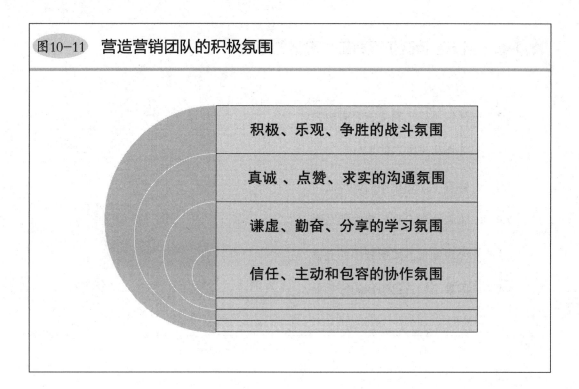

图10-11　营造营销团队的积极氛围

积极、乐观、争胜的战斗氛围

真诚、点赞、求实的沟通氛围

谦虚、勤奋、分享的学习氛围

信任、主动和包容的协作氛围

提振营销队伍的士气与奋斗精神，首先要营造积极氛围，尤其是在导入LTC体系的期间，以便于管理变革成功推进。

营销队伍要有战斗氛围，强调业绩导向，积极面对内卷的竞争。有一句话说得好，"卷，也要卷疯自己，卷死对手"。这种敢于亮剑的气势，是成功的前提。

营销团队的要真诚，实事求是讲真话，而不是搞所谓"成功学"式的洗脑。这些套路，新生代员工是极其反感的。企业与员工之间要真诚相待，把市场压力和变革转型的困难讲清楚，鼓励群策群力地参与，共同面对才能达成认同，对员工的进步要及时点赞，这样才能有好的沟通氛围。

LTC导入就要求营销队伍不断学习与提升，营造良好的学习氛围，这一点领导要带头。对于很多成长型企业，领导的文化就是企业文化，领导带头学习，各级员工自然好学。

不管是项目"铁三角"，还是部门间，协同是LTC体系的精髓，做到相互信任、主动配合与求同存异的包容，才有好的协作氛围。

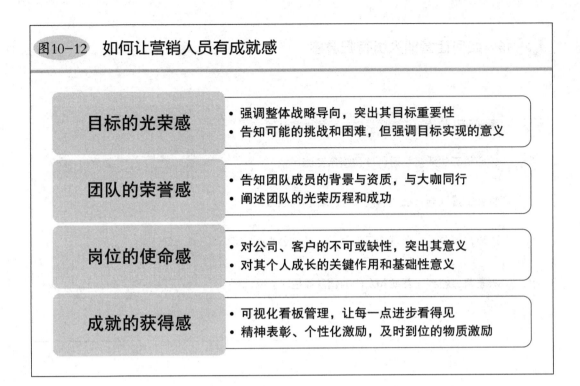

图10-12　如何让营销人员有成就感

目标的光荣感	• 强调整体战略导向，突出其目标重要性 • 告知可能的挑战和困难，但强调目标实现的意义
团队的荣誉感	• 告知团队成员的背景与资质，与大咖同行 • 阐述团队的光荣历程和成功
岗位的使命感	• 对公司、客户的不可或缺性，突出其意义 • 对其个人成长的关键作用和基础性意义
成就的获得感	• 可视化看板管理，让每一点进步看得见 • 精神表彰、个性化激励，及时到位的物质激励

大客户项目营销的复杂性也意味着其挑战性，要让营销工作本身成为一种激励，让团队在其中得到成就感。

首先是光荣感。要让目标有光荣感，而不是强压指标，结果营销队伍不认同，消极应对，根本谈不上迎接挑战的光荣感，反倒是恐惧感。

其次是荣誉感和使命感。荣誉感源于对企业和团队的认同，使命感则源于对工作的认同和责任的担当。在LTC体系导入时，我们通常都会在试点区组建以老带新的先锋队，大家都非常认同LTC体系的理念与做法，认为这是企业未来发展的新战略，是先进高效的管理体系，一定会先成功，自己能选中到试点区域来，感觉非常光荣，是公司和咨询师给的职业发展与个人成长的机会，所以士气非常高。

最后是获得感。要让队伍每个成员看到自己点点滴滴的进步，不断正向牵引，再加上阶段里程碑的实现，及时给予表彰和物质奖励，那队伍士气就更高了。

图10-13　如何让营销人员有归属感

1　展现团队价值观与激励导向，获得大家认同

2　关心员工生活与学习，注重情感交流

3　掌握情景领导，让其认同领导风格和沟通方式

4　注重内部公平，做好"三公"：公开、公平、公正

5　善于营造包容、互助和友爱的团队氛围

　　一些营销人员，尤其一些资深的项目营销经理，往往有丰富的行业经验和人脉资源，在成长型企业的发展中不可或缺。如何促进他们职业化转型？我们认为要有对企业归属感。

　　人是社会性动物，在情感上是需要被认同、理解和接纳的，所以前面我们强调的企业文化建设与团队氛围营造，就是增强员工的归属感。在导入LTC体系时，要让大家对这个变革认同，对企业、对个人都是发展的必然选择，而不是要革大家的命，更不是利益博弈。因此，我们咨询团队在辅导企业时，会要求项目启动会、互动研讨和试点工作等安排。

　　除了对企业和事业认同外，还有对团队领导个人及其管理方式的认可。很多流失的业务骨干告诉我们顾问，不是不看好企业LTC的变革和专家们的水平，而是不认可部门经理的个人做派与沟通方式，感觉是借机给人穿小鞋。

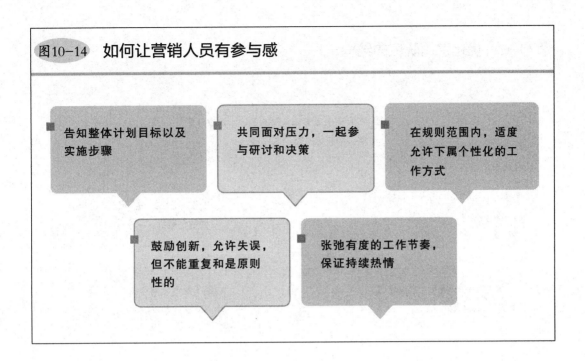

图10-14　如何让营销人员有参与感

告知整体计划目标以及实施步骤

共同面对压力，一起参与研讨和决策

在规则范围内，适度允许下属个性化的工作方式

鼓励创新，允许失误，但不能重复和是原则性的

张弛有度的工作节奏，保证持续热情

　　某种意义上，LTC体系的导入成功与否，与营销人员参与程度高度关联。很多失败的LTC导入咨询项目，除了高层与对接小组的成员积极推动外，大部分营销部门的人员都是袖手旁观，等领导指令和布置作业，而不是积极参与进来，献计献策，这种被动执行，一有问题就抱怨，甚至反对变革。

　　要按照本节的这些方法来积极调动大家参与，这也是营销干部领导力的体现。有一次，我们辅导一个工业品部件的企业导入LTC体系，在区域试点的时候，首先把整个阶段的工作目标、主要内容和工具方法等都培训告知大家；其次分头按计划执行，过程中允许具体做法的变通和创新。每天晚上组织复盘总结，找出哪些策略方法有用、哪些工具表格不贴合实际情况等，大家头脑风暴，都纷纷献计献策，使得标准版本的策略、工具经过半个月的运用就迭代成型了，而且队伍执行力超强。因为每个人都在想，方案是大家一起制订的，而且自己还出了不少主意，一定有好的结果。

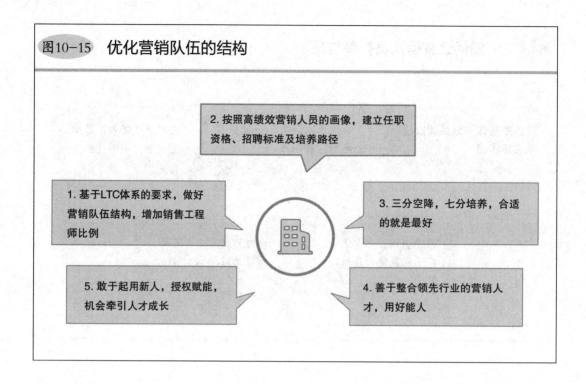

图10-15　优化营销队伍的结构

1. 基于LTC体系的要求，做好营销队伍结构，增加销售工程师比例

2. 按照高绩效营销人员的画像，建立任职资格、招聘标准及培养路径

3. 三分空降，七分培养，合适的就是最好

4. 善于整合领先行业的营销人才，用好能人

5. 敢于起用新人，授权赋能，机会牵引人才成长

　　成长型企业导入LTC，必然要打造职业化营销队伍，但要系统规划，分步骤进行，不能大换血运动式的做法。

　　基于战略转型与营销模式提升的要求，在营销队伍中，逐步增加懂技术、能服务的销售工程师，能做项目管理的销售骨干，降低只会公关和搞江湖的销售人员比例。先在重点项目和试点市场上，配置职业化营销骨干，随着新生队伍的成长和优秀职业经理人的加入，再扩大范围和比例。

　　建议客户从技术、生产和服务部门内招一些性格外向、情商高，且愿意从事营销工作的年轻员工，加入销售部门，在LTC体系导入过程中，结合新模式的训战，能加速成长。

　　实践证明，这些年轻的技术型销售人员，更被客户所欢迎，尽管沟通技巧和人际经验还不够，甚至有些青涩，但能深入客户应用场景，实实在在地解决问题，项目成功率也很高。

图10-16 优化营销人员配置与考核激励

不同类型市场、发展阶段，应该有不同的人员配置

- 成熟型市场，以老带新，注重学生兵培养
- 开发型市场，鼓励老兵干将去开垦，但不能让雷锋吃亏

不同市场的考核与激励方式，体现公平，激发斗志

- 根据不同类型与发展阶段的市场进行针对性考核

不同市场的不同的战略性资源配置

- 重点市场、利基型市场有战略资源配置、其他市场原则上不配置和少量配置

营销队伍人员到位了，如何根据企业市场布局与其个人特点来有效配置，这也是一个很重要的问题。

LTC体系要求项目跟进每个步骤的信息都及时规范地反馈，很多老业务员素质和习惯一时难以改变，但其经验和业务能力还是不错的，那就发挥其特长，去搞新市场开发，而职业化程度高、能力强的带着新兵精耕细作潜力大、优势强的利基型成熟市场。

同时，不同市场的资源配置、管理方式、考核与激励也不同。建议利基型市场要量利兼得，全面考核，既要销量又要利润，还要客户满意度等，且管理要规范，LTC导入要彻底，树立标杆，当然要配置战略性资源。而开发新市场，则没有什么前置的资源投入，前期只考核销量，只要求信息反馈回来，不要求每个阶段严格按LTC搞，逐步完善。

这是差异化的管理与考核方式，由各种不同的营销人员去选择，也相对公平，这也叫灰度妥协的领导力之一。

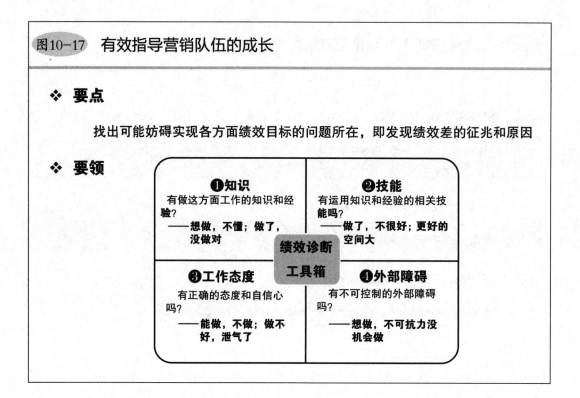

图10-17　有效指导营销队伍的成长

❖ **要点**

　　找出可能妨碍实现各方面绩效目标的问题所在，即发现绩效差的征兆和原因

❖ **要领**

❶知识
有做这方面工作的知识和经验？
——想做，不懂；做了，没做对

❷技能
有运用知识和经验的相关技能吗？
——做了，不很好；更好的空间大

绩效诊断
工具箱

❸工作态度
有正确的态度和自信心吗？
——能做，不做；做不好，泄气了

❹外部障碍
有不可控制的外部障碍吗？
——想做，不可抗力没机会做

　　这是一个员工绩效诊断工具，尤其对营销人员的绩效诊断与指导非常实用。

　　一般来讲，一个营销人员的业绩不好，主要是以下四个原因，其解决方法如下。

　　1. 专业知识方面的问题。对项目销售人员的应知应会，缺乏系统培训和学习，如技术与产品知识、行业与市场情况、主要客户场景及痛点、对手的优劣和其他营销基础知识等，这要加强培训，尤其是训战结合的特训营培训。

　　2. 实战技能方面的问题。遇到问题，缺乏分析方法与应对策略；遇到客户，缺乏沟通技巧与人际经验，这就需要经理做好传帮带，"教练"示范。

　　3. 职业态度方面的问题。对长期"躺平"、摆烂的人员，我们建议第一次警告，限期调整，如没有变化，还是尽早淘汰比较好，但对那些因失败受挫的新员工，要多沟通引导，协助其走出低谷。

　　4. 外部障碍方面的问题。对于员工自己权限与能力范围内无法克服的困难和挑战，如竞争对手疯狂的低价冲标、客户的额外要求和高层人际关系影响等，这时领导要及时出来保驾护航、排忧解难。

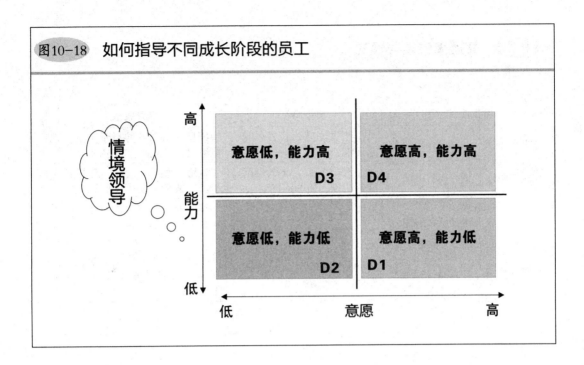

图10-18 如何指导不同成长阶段的员工

这是一个员工成长的阶段分类模型，按照工作意愿和能力高低，分成四个象限，每个象限代表了一个员工发展的阶段。

1. 第一阶段员工的特点是：工作意愿高，但能力低，如新招来的大学生，往往热情高涨，自视也比较高，能力却有限，往往眼高手低。

2. 第二阶段员工的特点是：经过一段时间的实践，发现工作比想象的难多了，经常失败受挫，自信心越来越低，甚至有打退堂鼓的意思了。

3. 第三阶段员工的特点是：经过失败磨炼，逐步找到方向，能力上不断成长，基本上可以独当一面了。但此时心态不稳，受到友商各种升官发财的诱惑，想跳槽，另谋高就。

4. 第四阶段员工的特点是：工作意愿高，且能力高，是企业所希望的理想状态，也是要提拔的对象。

图10-19　**掌握情景领导模式**

员工成长过程		典型特征	领导风格
第一阶段	高意愿，低能力	员工刚进团队，盲目乐观，意愿强烈	指挥型——引导并指示员工，规范组织、过程监督和控制
第二阶段	低意愿，低能力	员工经过失败，士气低落，成长瓶颈，信心动摇	"教练"型——解释工作、正向激励、做好示范、赋能支持
第三阶段	没意愿，有能力	员工渐渐成长，有一定能力，但激情减退，动力不足	支持型——调整员工心态，倾听其心声，理解其情绪，帮助克服缺点，协助提升
第四阶段	高意愿，有能力	富有激情和创造，业绩持续发展，良性循环	授权式——将工作交付给员工，领导者只需做监控和考察的工作、授权、保留

这是员工成长四个阶段对应的不同领导风格，要灵活掌握，针对不同的员工，采用合适的领导风格。掌握情境领导能力是企业领导的重要要求之一。

指挥型的领导风格就像是训练刚入营的新兵，就是要"入模子"，从一个自由散漫的学生，转变为一名纪律严明、素质过硬的合格战士。在导入LTC体系时也是同样的道理，就是要入职业化、规范化的"模子"。

"教练"型的领导风格是营销干部要特别掌握的，尤其是带大客户项目营销队伍的干部。项目营销人员成长的门槛高，周期长，年轻员工容易耐不住寂寞，信心动摇，往往半途而废。这时需要企业领导正向激励，不断鼓励，且言传身教地给他示范，帮他复盘、引导和支持他去尝试突破，用点点滴滴的进步和成就激发其斗志和坚定信心。

其他两种领导风格以及这四种领导风格的灵活运用，下一节结合营销队伍中的典型人物的问题来具体阐述。

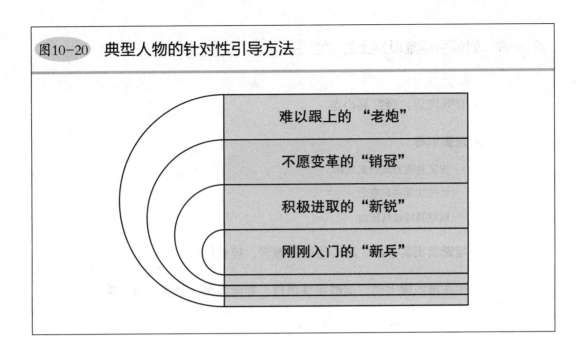

图10-20 典型人物的针对性引导方法

难以跟上的"老炮"

不愿变革的"销冠"

积极进取的"新锐"

刚刚入门的"新兵"

对成长型企业导入LTC体系，在营销队伍中的反响是不一样的。其中典型人物有四种：老业务员、原来的销售冠军、发展快的新生力量以及刚进来的新兵。他们因为主、客观原因，对LTC这个新事物态度各不相同。

作为营销经理要掌握上节讲的情境领导方式，针对性地进行沟通与管理，才能达成好的引导效果。这四种典型人物的特点如下。

1. 老炮。在企业多年的业务人员，忠诚度高，经验丰富，人脉资源多，但年龄较大，职业化程度低，学习能力较弱，难以短期内理解LTC和改变原有习性，故表示反对。

2. 销冠。原有模式下的优秀业务员，业绩好、能力强，是既得利益者，但有点路径依赖，对LTC表示怀疑，甚至抵触，前期不太配合。

3. 新锐。队伍的新生力量，年轻有活力，技术和服务等专业能力强，积极点赞LTC，主动参与，献计献策，率先执行，其业绩表现蒸蒸日上。

4. 新兵。刚进公司的新兵，很多是其他部门内招来的，也有是社招的有一两年销售经验的年轻人，热情高，对LTC认同，学习强，愿意尝试，但容易受挫泄气。

图10-21	如何引导难以跟上的"老炮"

> **有效沟通，调整其心态**

> **正面引导**
>   —— 肯定其能力与历史贡献
>   —— 信任其真诚与意愿
>   —— 理解其情绪与想法

> **坦诚指出其不足，耐心协助其改进，排忧解难**

> **实在难以跟上的，适时调整岗位，即使流失，也要流而不失**

对于老业务人员主要的沟通引导工作还是先调整其心态为主，要肯定他们的能力和经验，感谢他们为企业过去发展做出的贡献，相信他们对企业的感情，都希望企业能发展壮大。这样他们会感觉到得到的尊重与认可，不至于心寒，感觉自己对企业没有价值，自己白付出了。

同时，阐明企业导入LTC是势在必行、不得不做的战略选择，理解其对此感到力不从心的焦虑与负面情绪。只要愿意与时俱进，企业和你一定会大力赋能与支持的，会留出更长的缓冲期。这样大部分老业务员还是愿意改变的，跟着企业一起发展。

对于少部分不愿转型也没能力转型的，可以调整到其他后台支持类岗位上去，如市场检查、客户接待等，也可以考虑到新创业务部门、边缘的未开发的市场等。

对于那些既不愿转型又不服从安排的人员，那只好辞退了，好聚好散，公司给予补偿，并表示今后还可以在客户开发方面继续合作，作为外部合作伙伴，共赢合作。

图10-22 如何引导不愿变革的"销冠"

> **全面了解其真实想法**

　　——是不认同管理方法，还是担心利益受损，或是顾虑发展前途

> **给出其调整的时间，短期允许其观望**

　　——短期不接受过程管理，但必须保证结果

> **鼓励其观摩和学习，正向案例引导**

　　——让他看到变革给公司及个人带来的业绩与能力的提升

> **阐明公司立场与导向，明确管理规则与组织权威性**

　　—— 试行期后，依然不接受的，调整岗位

　　一般成长型企业的销售冠军，其专业能力与个人素质是不容怀疑的。要成功地导入LTC，必须要争取他们中大多数的支持和参与。

　　首先要了解他们对LTC的真实想法，为何不积极，甚至抵触反对。面对管理变革，一般既得利益者都会患得患失，这是基本人性，一个成熟的领导人要能理解。如果LTC体系导入能给他们带来更大利益和前途时，他们自然会积极转型的，因此，可以给一段适应期。其间可以不严格按LTC的标准执行，但必须要完成绩效目标，这时企业多组织他们学习与观摩，看看标杆营销人员是如何借助LTC的策略方法突飞猛进的。

　　当大多数人都能接受LTC体系，并认真执行时，我们便要强调企业管理权威了。一个企业主要业务部门的核心业务流程不可长期是几种模式并行的，对顽固分子要限期进行整改，否则，就是"不换脑袋就换人"，及时进行岗位调整。

图10-23 如何引导积极进取的"新锐"

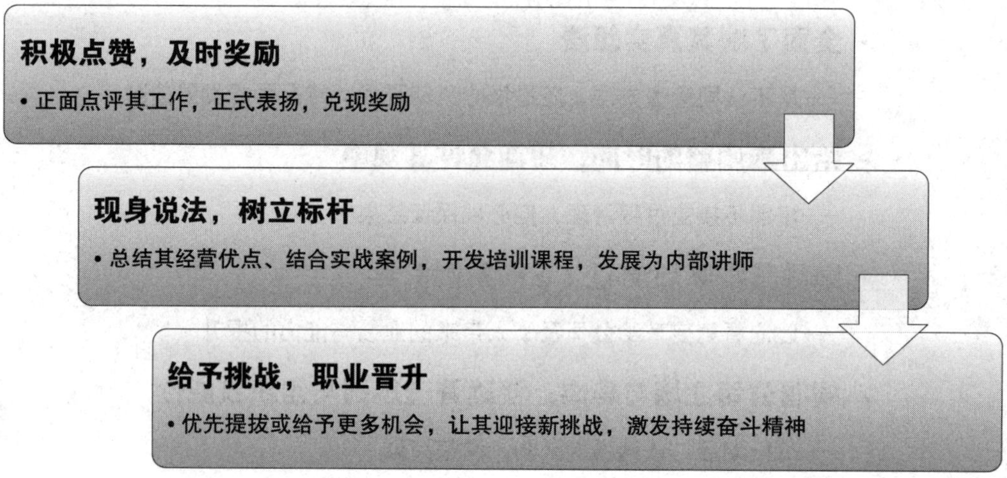

积极点赞，及时奖励
• 正面点评其工作，正式表扬，兑现奖励

现身说法，树立标杆
• 总结其经营优点、结合实战案例，开发培训课程，发展为内部讲师

给予挑战，职业晋升
• 优先提拔或给予更多机会，让其迎接新挑战，激发持续奋斗精神

在导入LTC体系时，在进行系统培训后，企业中有一部分营销人员非常认同，积极参与，并主动要求参加第一批试点的先锋队。从我们的多年观察与辅导实践的经验看，这些人大部分是有专业技术、职业化素质较高的年青一代。

这是企业管理变革首先要依靠的力量，对其态度要点赞，对其表现要正面评价。同时，要专门开小灶，领导亲自带队，咨询顾问们贴近指导，一定要促进其提升业绩和能力，让第一批吃螃蟹的人尝到甜头。

接着就是树立标杆，总结提炼出成功经验和有效策略方法，结合实战案例开发相应的课程，让他们担任教师，现身说法，给大家引导，相信榜样的力量。

对其中的管理素质与能力强的优秀分子，要给予更大的责任挑战，优先提拔，激发其持续奋斗的精神，同时授权赋能，辅助其胜任新的岗位。

一个新营销模式和管理体系导入成功，一定伴随着一批新的职业化营销干部的成长，这就是长江后浪推前浪的道理。因此，对这些新生力量，企业领导都要亲自关心与指导。

图10-24　如何引导刚刚入门的"新兵"

进新兵营	师带徒，训战结合	独立上手业务

- 树立正确导向和职业规范化、入模子
- 如某企业的"四周过四关"

- 做助手，跟着跑业务
- 结合实战掌握LTC工具方法

- 明确目标与行动计划，师父进行保驾护航
- 针对具体客户与项目进行指导
- 及时复盘总结，日清日结，日结日高

导入LTC时，我们会建议企业内招和社招一批新人加入，毕竟一张白纸好画画。如何引导和管理新兵，我们总结了三个方法：首先是结合试点市场，组建新兵营，系统学习；其次"师带徒"进行战训，由咨询师或领导带领做市场；最后单飞，独立做业务。

"四周四关"的新兵训练法如下。

第一周理论学习，主要是产品和公司文化与制度，类似考驾照的科目一，周末考试合格进入下一周。否则，重学一周再考，还不合格就淘汰了。

第二周LTC体系学习，由咨询师和内部讲师讲课，也是考试通过。否则，重修再考的方式进入下一周。

第三周有个优秀营销人员当师父带着跑市场，每晚复盘点评，周末考核，合格通过。否则，重修再考。

第四周则是新兵独立作业了，一周后根据目标完成情况考评，合格通过。否则，重修再考。

图10-25　**强化营销团队的日常管理**

目标管理	• 销量、回款和市场活动等目标达成情况，突出关键指标，要一票否决
计划管理	• 重点项目和重要市场活动计划要单列，保证5W2H，落实到位，带个计划出去，带个总结回来
过程检核	• 把握检核重点与手段，保证关键节点的时间与效果，更要及时指导纠偏，排忧解难
学习改进	• 按LTC要求进行项目跟进评估，及时调整与改进 • 定期工作总结与项目复盘，成功了有经验，失败了有教训

　　对营销团队的日常管理主要是这四个方面。

　　首先，目标管理。LTC对线索管理、商机判断、孵化成单和交付回款等都有明确的拆解，能形成每个营销人员和项目"铁三角"的具体目标和工作内容，所以是企业、项目组和个人的目标是非常明确和协调的，建议要突出重点目标，如新品推广、新市场首单等。

　　其次，计划管理。计划管理就是基于LTC的各阶段项目任务和工作内容要求，列出具体的行动计划，达到"5W2H"的标准，并且项目"铁三角"和中、后台各部门的计划要横向对齐，严格执行。

　　再次，过程检核。LTC在项目各阶段设立了里程碑和评估罗盘，且孵化中的每次迭代都是很好的过程检核手段，经理要及时与各项目小组复盘与指导，我们在咨询中，就要求客户企业的营销副总每周一次定期项目跟进，不定期的重点项目跟进。

　　最后，学习改进。结合LTC项目跟进中的问题与难点，组织大家进行研讨，尤其是重点项目和典型问题，要"大铁三角"的各相关部门人员参加，总结提炼有效战法、经验和教训，同时也是战训结合的有效培训。

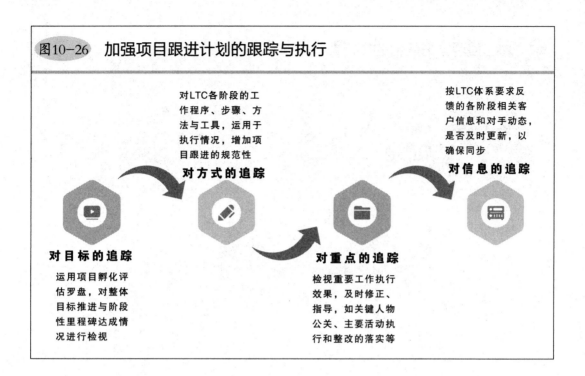

图10-26　加强项目跟进计划的跟踪与执行

对LTC各阶段的工作程序、步骤、方法与工具，运用于执行情况，增加项目跟进的规范性

对方式的追踪

按LTC体系要求反馈的各阶段相关客户信息和对手动态，是否及时更新，以确保同步

对信息的追踪

对目标的追踪

运用项目孵化评估罗盘，对整体目标推进与阶段性里程碑达成情况进行检视

对重点的追踪

检视重要工作执行效果，及时修正、指导，如关键人物公关、主要活动执行和整改的落实等

　　这里重点强调一下，项目跟进计划的执行问题，某种意义上，项目销售成功靠的是"三分策略、七分执行"。在LTC体系中，工作计划执行追踪的四大关键点如下。

　　1．各阶段都有要达成等的里程碑目标。且都有相应的评估罗盘来判断达成效果，这是LCT最大的优势，以前的项目跟进的暗箱变成了可视可控，所以目标追踪变得简单了。

　　2．工作方式的追踪却变得更重要了。评估罗盘中的几个维度和要素就是追踪达成目标策略手段的，看看是不是正确的方向和有力的手段，防止偏差，这是最具技术含量的工作，考验领导者和"铁三角"的业务能力。

　　3．对重点事项的追踪。项目各评估罗盘中权重最大，而我们得分又低的要项，就是下一步的重点工作，领导要及时指导，甚至亲临现场。

　　4．对信息和数据的追踪。在LTC导入的初期，大家没有养成信息和数据日清日结的习惯，就是要领导追踪。我们的原则是：缺失什么，就追踪什么。后期能进行IT化了，就可以由系统来追踪了。

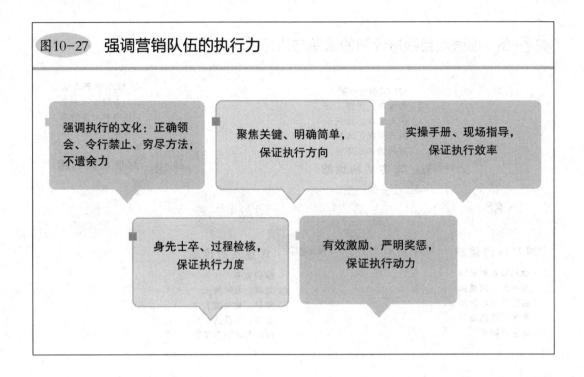

图10-27 强调营销队伍的执行力

强调执行的文化：正确领会、令行禁止、穷尽方法，不遗余力

聚焦关键、明确简单，保证执行方向

实操手册、现场指导，保证执行效率

身先士卒、过程检核，保证执行力度

有效激励、严明奖惩，保证执行动力

执行力几乎是每个企业各部门都强调的内容，图10-27是我们咨询团队总结提高队伍执行力的五个主要方面。相对于其他管理，如生产管理的人、机、料、法和环等五大因素相对稳定，而营销工作的对象、内容、环境等都是动态变化的，LTC的目的就是尽可能地将其中的各因素解析出来，变成看得见、抓得住的。

通过LTC，我们将项目销售的每个阶段的关键要点凸显了，各罗盘就3～5个要项，其中又进一步突出权重最高的要项，保证执行方向聚焦。

对应各问题的策略工具，就是实战的操作手册，加上"铁三角"的协同机制，其执行效率大为提高。

LTC各阶段的里程碑、评估罗盘和重点工作计划的设计，对保证执行力度是有很大帮助。同时，重点项目"铁三角"的负责人就是公司高层，促使企业领导身先士卒，出现在客户面前。

最好的"铁三角"模式，不光是一个协同机制，更是一个利益分配机制，真正做到了"力出一孔，利出一孔"。各小组成员的利益直接与项目效益进行绑定，其工作能动性是非常高的，主观上能做到"穷尽方法，不遗余力"。

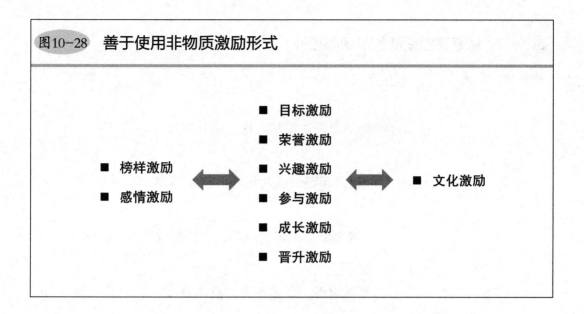

图10-28　善于使用非物质激励形式

榜样激励
感情激励

目标激励
荣誉激励
兴趣激励
参与激励
成长激励
晋升激励

文化激励

　　除了物质激励，如项目利润分成、销售奖金等，营销队伍的精神层面的激励也非常重要，钱的激励效果有时会边际递减的。尤其是在项目销售较长的过程中，一时间没有最后结果，如果没有相关的激励，队伍士气很快就会低迷下去。

　　那么精神激励有哪些？主要是上面列的这些内容。其中，榜样激励、目标激励、参与激励、成长激励、晋升激励和文化（氛围）激励，我们前面都有论述，不再赘述。这里重点谈一谈感情激励和兴趣激励怎么做。

　　感情激励就是企业领导要投入精力和时间，有爱心地去耐心指导员工，为他们保驾护航，才能赢得尊重，团队才有凝聚力，大家才会多奉献，就像军队遇到危局时总有人挺身而出，打先锋、去殿后。

　　兴趣激励对新生代员工是非常有效的激励方式，就是在制订计划与分工时，尽量按照大家各自的兴趣与特长来，让工作本身成为一种激励。例如，对于技术要求高、相对理性和规范的客户，安排有专业技术背景的营销人员去对接，不用陪喝酒和唱歌，只要能解决问题，照样拿下项目，那这个有点社恐的工科男一定乐意努力去做。

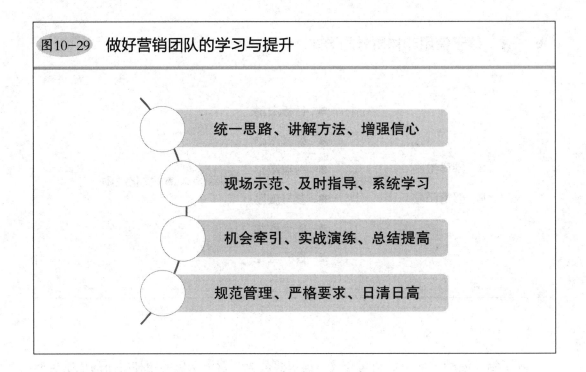

图10-29　做好营销团队的学习与提升

- 统一思路、讲解方法、增强信心
- 现场示范、及时指导、系统学习
- 机会牵引、实战演练、总结提高
- 规范管理、严格要求、日清日高

伴随着LTC体系的导入与正常运行，对营销团队能力的要求更高了。如图10-29这四个方面的建议是我们咨询团队帮助企业提升其营销团队能力的经验总结。

统一思想，达成共识，这道理想必读者和学员都懂，但如何做到？仅仅提目标、喊口号、拍胸脯是不够的。要多讲身边的案例、具体策略与实用方法，让大家感觉自己努努力就能做到。

仅仅封闭讲课培训是不够的，要战训结合，到试点区域去观摩和轮训，现场示范，让大家身临其境，直接上手去做。同时，及时总结复盘，让每个人都反思自己的体会和得失，这样学习效果就好了，很快就会干了。

严格的日清日结的规范管理，养成职业化的工作习惯。古话说"慈不掌兵、义不理财"，只有规范管理与严格要求，队伍成长才快。

第十一章

如何成功导入 LTC体系

像华为这样优秀的企业，其 LTC 流程管理体系从发展到成熟都用时十多年，而且还有国际著名咨询公司的深度参与与贴近辅导。可以想见，其导入实施的难度。本章的目的就是回答这一问题：成长型企业如何成功导入 LTC 流程管理体系。

我们先从近年来给企业导入 LTC 体系中遇到的主要问题开始，分析其产生的原因，就能发现其中要成功导入需要关键理念与方法。导入 LTC 本质上是企业项目销售模式的变革提升，进而引发这个企业的组织结构与运营机制的转型提升，同时还要有各级干部与一线业务团队的职业化与专业能力提升。

这必然是一次企业整体性重大变革，从此企业高层要主要负责发起与推动，要作为一个管理工程项目来管理与实施，明确变革目标，基于企业现实管理基础与人员能力，制订因地制宜的阶段性推进计划，取得见利见效的效果。

本章结合成长型企业导入 LTC 的管理实践，提出了很多实用的管理经验与教训、工具与方法等，能给读者和学员很好的学习与借鉴。

成长型企业导入LTC的主要问题

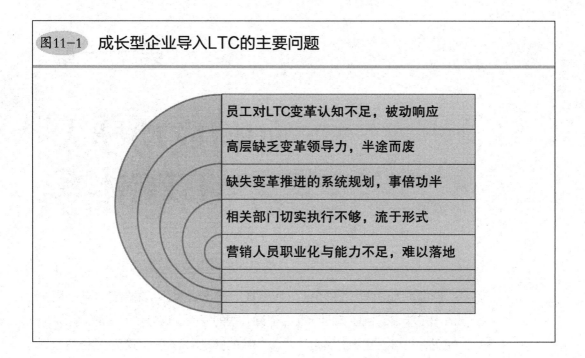

图11-1　成长型企业导入LTC的主要问题

- 员工对LTC变革认知不足，被动响应
- 高层缺乏变革领导力，半途而废
- 缺失变革推进的系统规划，事倍功半
- 相关部门切实执行不够，流于形式
- 营销人员职业化与能力不足，难以落地

近年来，在给成长型企业辅导LTC导入项目时，我们经常遇到的问题如下。

企业领导明显感知市场竞争和客户要求的变化，强烈要求我们咨询顾问加大力度，赶快推进。而部门经理和一线业务员却有不同的想法：要么感觉太复杂、不适合；要么觉得以前也挺不错，不愿改变；要么LTC体系将客户和项目都透明化了，担心自己以后没价值和安全感了。于是找各种理由推托，或装个样子对付一下。而企业领导又往往觉得自己的企业管理和人员问题不大，对导入LTC可能的困难估计不足，没有投入足够的精力来研究、规划和推动，反正也请了专家团队来辅导，自己等结果就行。在变革遇到阻力时，缺少企业领导的权威影响与推动，相关各部门的很多变革推进缓慢，最后不了了之。

还有一个最关键的问题，成长型企业中的很多干部和基层员工职业化程度不高，以前都是八仙过海，各显神通，项目销售都是江湖套路，且单干习惯了，对LTC体系的专业化要求和规范化管理，职业素养与专业能力跟不上。

成功导入 LTC 需要的理念共识

图11-2 成功导入LTC需要的理念共识

有效传递压力，强化危机意识
- LTC反映市场变化、客户要求与竞争压力，传统暗箱型项目销售操作不行了
- 对标优秀企业与最佳实践找差距

描绘变革蓝图，建立成功愿景
- LTC不仅提高成单率，而且打通企业前、后台，提高整体运营效率
- 赋能支持销售人员，不是枷锁和负担，更不是革大家的命

组织学习研讨，达成全体共识
- 理解LTC管理体系的逻辑与导向，主要结构与工具方法等
- 列举成功案例，建立团队信心，调动参与

成长型企业要成功导入LTC管理体系的前提是上下都达成理念共识。

企业高层要将市场的变化、客户的需求以及竞争的压力等外部变化，有效地传递到企业的每个部门与岗位。企业领导要带领骨干走出去，观摩与学习标杆企业的成功转型经验，并邀请咨询师来企业内训，讲解基本原理与实施要点，增加企业的危机感和主动变革的急迫感。

迪智成团队就经常举办成长型企业的训战营课程，每次都有很多企业领导带领团队来学习，通过三天两夜的训战结合，帮助学员深刻理解LTC销售管理体系的精髓，掌握一些见利见效的改进方法，也调动了学员回去系统导入LTC管理体系的意愿和积极性。很多企业领导说，LTC训战营不但让团队学到LTC的知识和实用的方法，更促进团队达成了变革的共识。

需要提醒大家的是，要讲清楚成功导入LTC管理体系能给企业、部门和个人带来的价值，提升企业竞争力，赢得更多、更好的项目订单。同时，能促进部门协同，提高工作效率而非带来额外的工作负担。还要重点强调，LTC体系要求的规范管理不是企业与销售人员的利益博弈，而是要给大家有效赋能支持，让销售队伍能有炮火支援，更好地打胜仗。

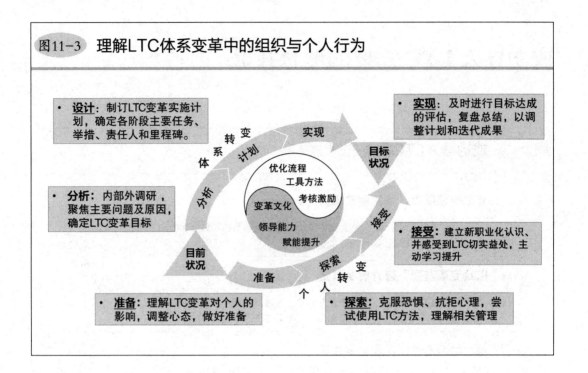

图11-3 理解LTC体系变革中的组织与个人行为

· **设计**: 制订LTC变革实施计划, 确定各阶段主要任务、举措、责任人和里程碑。

· **实现**: 及时进行目标达成的评估, 复盘总结, 以调整计划和迭代成果

· **分析**: 内部外调研, 聚焦主要问题及原因, 确定LTC变革目标

· **接受**: 建立新职业化认识、并感受到LTC切实益处, 主动学习提升

· **准备**: 理解LTC变革对个人的影响, 调整心态, 做好准备

· **探索**: 克服恐惧、抗拒心理, 尝试使用LTC方法, 理解相关管理

这是一个标准的组织变革管理模型。结合成长型企业的LTC流程体系导入的变革管理, 从目前大家习惯状态, 也就是舒适区, 要达到未来变革成功的理想状态, 这就涉及两个方面的变革: 一方面是企业运营管理体系的转变, 另一方面是各级员工的个人转变。

首先, 我们对企业项目销售管理的现状要进行分析诊断, 聚焦主要问题, 摸清关键因素, 以便大家明确LTC管理体系变革的目标, 规划出变革的实施步骤。内容和相应的里程碑等推进计划, 并在实施中不断检核、复盘与提升。

其次, 要理解员工对管理变革的心态变化。一般情况下, 人们对变革总是在焦虑恐惧中逐步尝试运用, 尝到甜头后才会信任与接受, 并积极改变自己。因此, 我们要进行全员的变革动员, 打消大家的各种顾虑, 开放心态, 通过打造标杆来提振信心, 同时跟进指导和赋能支持, 帮员工排忧解难, 顺利适应管理变革的需要。

最后, LTC管理体系的成功导入, 就是企业职业化干部与业务队伍的成长。我们团队二十多年的企业深入咨询服务的经验也很好地印证了这个结论。例如, 在TCL导入深度分销模式、在欧普照明导入专卖店模式、在顾家家居导入"1+N"全渠道模式等, 无一例外, 其变革成功都促进了一批新的职业化队伍的成长, 得到跨越式提拔, 日后成为企业的核心骨干。

图11-4　提升LTC管理变革领导力

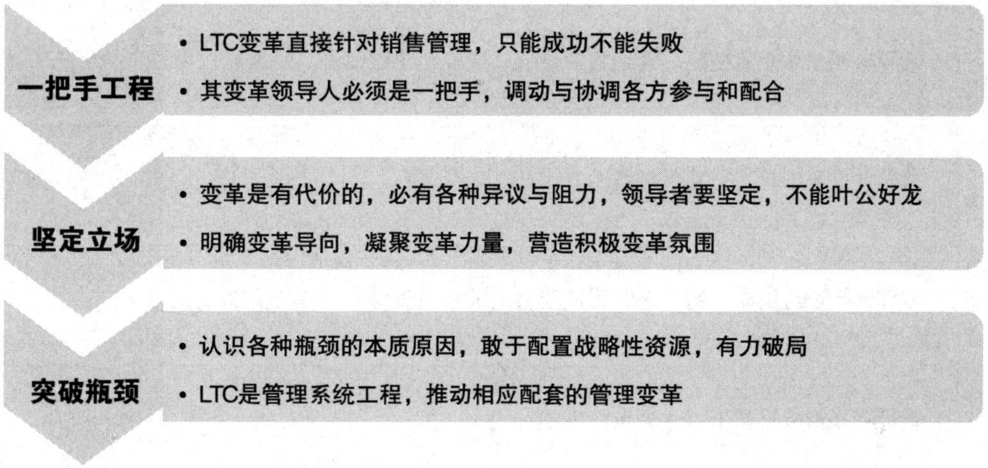

一把手工程
- LTC变革直接针对销售管理，只能成功不能失败
- 其变革领导人必须是一把手，调动与协调各方参与和配合

坚定立场
- 变革是有代价的，必有各种异议与阻力，领导者要坚定，不能叶公好龙
- 明确变革导向，凝聚变革力量，营造积极变革氛围

突破瓶颈
- 认识各种瓶颈的本质原因，敢于配置战略性资源，有力破局
- LTC是管理系统工程，推动相应配套的管理变革

　　成长型企业的LTC体系导入必须是一把手工程。很多成长型企业的驱动力就是老板，对于导入LTC体系，坚定不移。华为早年请IBM咨询辅导进行管理变革提升，初期各级员工纷纷抵触，出现不认可、不接受、不执行等现象，任正非在面对各种阻力与非议时，非常坚定地指出，必须坚持"先僵化、后优化、再固化"的变革管理方针。最后，其力主推进的几个重大管理变革都成为华为核心竞争力的来源。

　　LTC体系导入需要很多相应配套的管理制度和机制的变革，肯定会改变既有的权利格局，触及相关部门和人员的既得利益，这就由企业领导来破局与再平衡，调整相关人员和资源。例如，我们有个客户，其原来的营销副总是元老级创业伙伴，为企业立下过汗马功劳，但其营销理念、管理方式和专业素质等还是以前江湖老套，对导入LTC体系表面上不反对，实际推进不积极。其手下老业务们见风使舵，都流于形式的对付。我们提议先划江而治，将空白区域设立第二销售中心作为导入LTC体系的试验田，这只能由企业一把手来决策和推动了。新区域在"新领导+职业化团队+咨询师"的组合下成功导入LTC，成为企业增量最主要来源，于是新营销副总接管全国市场，全面导入LTC。

图11-5　什么是管理者的领导力

领导者在推动战略执行、创造客户价值、建设组织能力上，是否能作为员工的示范

领导者是否培养了一种积极氛围

领导者是否让组织中的个人和团队为他们的行为负责

领导者是否指导员工以达到良好表现

　　领导力提升是管理者的必修课，在企业经营环境快速、宽幅动荡的新形势下，唯一的不变，就是变。企业经营战略创新和管理模式变革将越来越频繁，更需要高层管理者的领导力的提升。这里显现的只是关于领导力的部分概要性的内容，建议系统阅读专业书籍和学习相关课程。

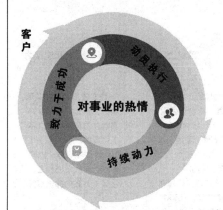

图11-6 附：IBM的领导力模型

■ **致力于成功（Focus to Win）**
 ➢ 对客户的洞察力（Customer Insight）
 ➢ 突破思维（Breakthrough Thinking）
 ➢ 不断追求目标的动力（Drive to Achieve）

■ **动员执行（Mobilize to Execute）**
 ➢ 团队领导（Team Leadership）
 ➢ 直言不讳（Straight Talk）
 ➢ 团队协作（Teamwork）
 ➢ 决断力和决策能力（Decisiveness / Decision Making）

■ **持续动力（Sustain Momentum）**
 ➢ 发展组织的能力（Building Organizational Capability）
 ➢ 教练/培养人才（Coaching / Developing Talent）
 ➢ 个人奉献（Personal Dedication）

■ **核心（The Core）**
 ➢ 对事业的激情（Passion for the Business）

真正的领导人所表现出来的激情，并不能代替缜密的思考、优秀的员工和良好的战略执行。相反，激情只是一台品质优良的机器的电源，它可以使这台机器运转、活跃起来，并使之愿意更努力和更好地去运转。
　　　　　　　　　　　　——IBM 郭士纳

　　这是IBM的领导力模型，其将"对事业的激情"作为领导力的核心，这一点特别符合营销管理体系的变革。我们认为，营销创新与市场开发，本来就需要激情四射的领导来推动完成，LTC管理体系的成功导入，则更是需要这种变革激情领导力。

图11-7	附：华为的领导力模型（干部四力）

01　决断力

1. **战略思维**：善于抓住主要矛盾和矛盾的主要方面
2. **战略风险承担**：敢于决策和承担责任

02　执行力

3. **目标结果导向**：在资源和时间约束下出色地完成工作任务
4. **激励与发展团队**：帮助他人成长，对人才充满热情
5. **组织能力建设**：组织运作、能力建设与持续改进

03　理解力

6. **系统性思维**：全面的业务视野，识别业务变化规律
7. **妥协灰度**：避免"非黑即白"处理问题，寻求"迂回中前进"
8. **跨文化融合**：认知和尊重文化差异，认同不同文化背景的人成为同路人

04　人际连接力

9. **建立客户与伙伴关系**：响应、牵引、满足客户与伙伴的需求，建立基于信任的双赢关系
10. **协作影响力**：协同他人，超越局部利益，服务于更高的共同目标

　　华为的领导力模型则更加完善与具体，总结为"四力十个方面"，这正是成长型企业要导入LTC管理体系所必须的领导力。

　　决断力中的战略思维、战略风险承担，理解力中的系统性思维等领导力对大客户项目营销的战略规划与模式创新至关重要，保证LTC管理体系能为正确战略做支撑。

　　执行力中的目标结果导向、激励与发展团队、组织能力建设等方面，则是LTC管理体系的刚性需求。我们为成长型企业做导入规划的主要内容就是目标设立、组织体系改善和队伍能力提升等，这都需要相关领导力来保证。

　　理解力的妥协灰度、跨文化融合，人际连接力是建立客户与伙伴关系、协作影响力等，则是保证LTC导入规划能成功实施的必须领导力。如在"铁三角"中，有技术、营销、生产和服务人员，其各自教育背景和个人价值导向都不尽相同，如何有效融合、和谐协作，这就需要跨文化融合理解力。

图11-8　示例：某企业导入LTC管理体系的心得

> **某设备行业的成长型企业**

　　——发展出现瓶颈，销售队伍庞大，但规模起不来，效益越来越差

　　——典型的项目型销售，市场参差不齐，区域销售暗箱操作，公司难以管控与支持

> **引入咨询公司，推动LTC管理体系建设**

　　——总经理挂帅，启动动员，成立联合小组，专职推进

　　——先诊断，发现与聚焦问题，制订推进计划、核检计划

> **变革得失体会**

　　——得：信息上移对称，责任下移明确、问题显现，指导具体，执行更到位

　　——失：营销模式转型与机制配套没有跟上、部分人员学习滞后

　　给大家分享一个我们团队辅导某客户导入LTC管理体系的实战示例。这家智能安防设备企业，老板原是某大国企的技术大咖，后带领原部门团队单干创业，面向各企业、园区和政府部门等大客户项目市场，在全国设立四十几个分、子公司，有近500名营销人员。与大多数成长型企业一样，营销一直是粗放式管理，各自为战。近年来，随着地产和园区投资趋缓，出现增长瓶颈，营销费用居高不下，项目线索与成交率却下降，为此老板决定导入LTC。

　　老板亲自主抓，相关部门与我们咨询团队组成小组，共同承担项目推进工作。咨询师们通过内访外调，为其量身定制，设计了LTC流程管理体系，并共同制订具体分步骤的实施计划，明确各项工作的责任人，老板每月定期检核项目推进情况。3个月后，其LTC体系基本上可以顺利运行，效果非常明显。

　　首先是各区域项目跟踪的全程信息与数据同步了，总部及时掌握动态，就可以及时授权赋能给各分部和业务人员；以此为基础，成功实现项目合伙人机制，提高执行能动性；最后建立"铁三角"管理模式，总部研、产、供、服和财等中、后台部门前置支持各项目销售，效率和速度大幅提高。目前还有很多不足，如总部各部门与销售的"大铁三角"机制还没建立等。

现有管理体系的诊断与分析

图11-9　现有管理体系的诊断与分析

> **全面诊断与分析，避免"头痛医头、脚痛医脚"**

> **发现问题背后的逻辑，聚焦关键命题，提纲挈领**

> **最好以第三方顾问为主，制订日程计划，明确对象、内容和时间等**

> **常用销售体系诊断方法**
>> ——外部市场走访与调研：典型市场与项目客户的拜访、相关合作者沟通等
>> ——内部调研：各部门负责人访谈、各级业务人员访谈与工作写实
>> ——企业现有资料的研究：报表、制度与政策等

> **调研过程中，企业对接人及时参与总结与互动**

　　成功导入LTC从企业问题的正确诊断开始，如同医生治病一样，全面诊断与分析，避免"头痛医头、脚痛医脚"。例如，很多企业一看销售目标完不成，就认为是营销人员不够努力，能力不行。但再仔细分析一下，其实是现有的线索量、项目成功率和平均客单价等要素，根本就不能支持目标实现，在营销推广、项目孵化等策略上不做创新，资源上不做相关投入，即使营销人员拼全力也是完不成目标的。因此，发现本质原因和内在逻辑是关键！

　　建议企业问题诊断还是找专业第三方咨询公司比较好。一是咨询师从第三方视角，更能客观公正地观察与分析问题；二是有专业的工具方法，分析更有理性和可靠性；三是其视野更开阔，有很多相关的经验和案例借鉴等。

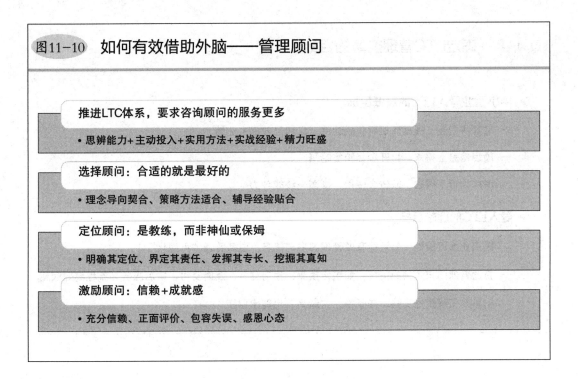

图11-10　如何有效借助外脑——管理顾问

推进LTC体系，要求咨询顾问的服务更多

• 思辨能力+主动投入+实用方法+实战经验+精力旺盛

选择顾问：合适的就是最好的

• 理念导向契合、策略方法适合、辅导经验贴合

定位顾问：是教练，而非神仙或保姆

• 明确其定位、界定其责任、发挥其专长、挖掘其真知

激励顾问：信赖+成就感

• 充分信赖、正面评价、包容失误、感恩心态

　　包括华为在内，几乎所有的企业在导入LTC管理体系的时候，都有专业的管理咨询公司全程进行辅导。如何选择适合企业的外脑？

　　因为LTC体系不但是策略系统创新，也是管理流程和运行机制的提升，管理顾问有多维的专业能力、深刻的行业认知和丰富的落地辅导经验。现实中，有的咨询团队是营销策划类公司，其组织管理咨询能力是短板。有的管理咨询团队组织变革咨询能力强，但不懂行业市场和项目销售，这也给企业选择带来困难。

　　我们不建议追求最好的，而是建议选择最合适的。按照能力互补原则来选，如果企业营销模式与策略打法是强项，就选择组织管理咨询能力强的；如果企业基础管理好，队伍职业化程度高，就选择市场营销能力强的咨询服务团队。

　　选好了顾问只是第一步，如何有效配合才是最关键。首先，要明确咨询顾问是来"帮忙"的，责任主体是自己，不能像依赖保姆一样，自己什么都不想、也不干，就等着要结果。其次，要信赖和尊重，顾问是靠成就感和责任感来驱动的。你越信赖，他越负责；你越点赞，他越投入。

```
┌────────────────────────────────────────────────────────────────────┐
│  图11-11   确定LTC管理变革的目标                                        │
│ ─────────────────────────────────────────────────────────────────── │
│                                                                      │
│  ➤ 中小企业导入LTC的最低目标                                           │
│                                                                      │
│     ——增加线索量、提高商机孵化成功率、见利见效提升业绩                    │
│                                                                      │
│     ——项目信息上得来：打开项目销售暗箱                                  │
│                                                                      │
│     ——考核执行下得去：队伍会使用、提高一线战斗力                         │
│                                                                      │
│  ➤ 导入LTC的理想目标                                                   │
│                                                                      │
│     ——提高业绩可控性、公司能有效管理客户与信息、业务管理"可视化"           │
│                                                                      │
│     ——打通各部门与销售的衔接，如销售预测、售前支持、及时交付、售后服务等流程高效顺畅 │
│                                                                      │
│     ——销售队伍有赋能支持，成长快，"新鸟"也能出业绩                       │
│                                                                      │
└────────────────────────────────────────────────────────────────────┘
```

　　罗马不是一天修成的，LTC体系的成功也是同样的道理。成长型企业的市场情况、管理基础和队伍素质等方面，参差不齐，不顾企业实际，而一味求全责备，往往欲速则不达。我们建议理性设立目标，分阶段推进比较好。

　　我们建议，最低目标要能实现对项目销售有短期提升作用，对项目跟进的管理信息能及时反馈，营销队伍能实际掌握和运用一些工具方法等，这些目标以我们团队多年辅导的经验，对于一般成长型企业估计3~6个月是可以实现的。

　　LTC体系导入的理想目标，是系统性管理变革的结果，其伴随着企业基础管理能力的提升，如组织结构优化、配套的其他核心流程打通和完善、数智化经营管理系统运用、各级干部及营销队伍职业化能力成长，最终像华为一样，LTC体系成为企业核心能力之一。

制订变革行动计划及阶段性里程碑

图11-12 制订变革行动计划及阶段性里程碑

➢ 一般导入过程分为四个阶段

调研诊断阶段
- 摸清实际情况
- 明确关键问题
- 厘清策略方向
- **里程碑：达成上下共识**

方案设计阶段
- 联合作业、专业对接
- 基于实用、化繁为简
- 互动研讨、三读通过
- **里程碑：配套文件完成**

导入实施阶段
- 先培训，再执行
- 先业务，再管理
- 先试行，再考核
- **里程碑：基本运行通畅**

辅导优化阶段
- 结合月评季考
- 总结优化方案
- 完善工具方法
- **里程碑：业绩明显提升**

这是我们团队为成长型企业导入LTC体系的一般阶段及实施计划，经过多年实践检验，是比较可行的。建议读者和学员结合企业实际进行进一步的具体化，变成可执行的推进计划。

第一阶段为一个月左右，主要是对导入LTC体系要解决的问题和策略思路等基本面达成共识，以咨询顾问为主。

第二阶段是导入方案的规划阶段，一般45天左右，完成整体架构、流程、工具等设计，建议成立由各相关部门和咨询师组成的联合小组，老板当组长。

第三阶段就是实施执行了，可以考虑前3个月只评不考，对执行好的表扬激励，差的专门辅导，但不处罚，3个月后正式施行。

第四阶段是完善阶段，由咨询顾问陪跑指导，定期进行复盘，总结经验与教训，完善管理流程与策略方法等，这是一个要持续下去的工作。

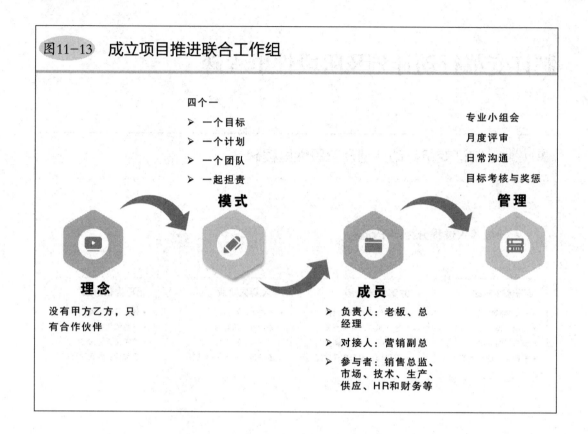

图11-13　成立项目推进联合工作组

四个一
- 一个目标
- 一个计划
- 一个团队
- 一起担责

模式

专业小组会
月度评审
日常沟通
目标考核与奖惩

管理

理念

没有甲方乙方，只有合作伙伴

成员

- 负责人：老板、总经理
- 对接人：营销副总
- 参与者：销售总监、市场、技术、生产、供应、HR和财务等

　　由咨询顾问与企业各相关部门干部组成的联合项目小组，要真正有效地推进LTC体系的成功导入，就必须是一个团队。

　　这是我们成功项目中最可借鉴的经验。不是咨询顾问拿着标准的文本和工具，塞给企业去削足适履，而是一起来研讨，基于标准模本个性化定制，共同来推进，老板就是第一责任人，必须亲自参与。

　　我们有个企业客户就是这样，每次月度复盘总结，老板亲自主持，并点评。会上除了检核工作是刚性严肃的氛围外，在研讨环节氛围民主宽松，可以畅所欲言，甚至激烈争论。记得有一次，我们的咨询师与客户销售总监争论了一个小时，后老板也参加讨论，又争论了一个小时，最后才达成共识。后来推进起来就顺利很多，大家主动性很强。

　　就是这样的氛围才能实实在在地有效推进，调动大家群策群力，不能老板一言堂，否则，员工容易产生抵触心理，各种应付。

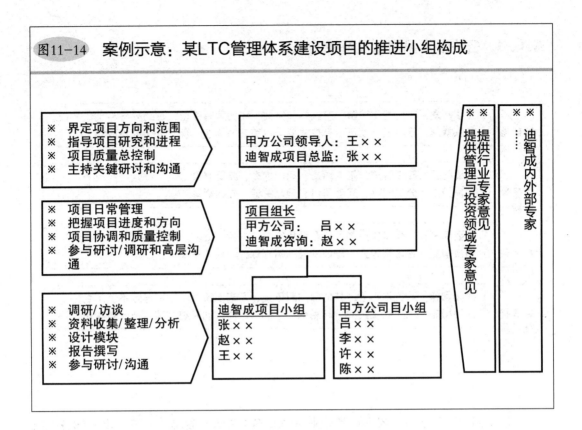

图11-14 案例示意：某LTC管理体系建设项目的推进小组构成

这是一个实战案例，大家借鉴一下。

图11-15　各阶段常见问题及解决方法

调研诊断阶段	• **主要问题**：对变革不了解，有顾虑和疑问，谈问题有保留，被动参与等 • **解决措施**：领导表态动员、有仪式感、以第三方为主、保密安全的氛围等
方案设计阶段	• **主要问题**：双方脱节、相互指责、闭门造车、纷繁复杂 • **解决措施**：分工明确、互动研讨、聚焦关键、先易后难
导入实施阶段	• **主要问题**：一线怨作业多、后台批执行差、文件bug多、推动受阻 • **解决措施**：强化领导力、培训辅导、树立标杆、只奖不罚
辅导优化阶段	• **主要问题**：队伍跟不上、其他部门跟不上、配套变革跟不上，导致不了了之 • **解决措施**：优化队伍结构，起用优秀干部；乘势推动系统变革；及时数智化

这是我们团队基于多年咨询服务企业导入LTC体系的复盘总结，整理出来的各阶段的常见问题与相应的解决方法。

第一阶段是调研诊断。主要工作以我们咨询团队为主，但希望企业做好变革动员，老板要表态打气，同时员工要积极开放和配合，主要问题就是如何打消顾虑，达成共识。

第二阶段是方案设计。主要工作是项目联合小组共同完成，其间出现问题多是相互配合与协作方面的。

第三阶段是导入实施。主要工作由企业各部门负责落实，咨询顾问跟进指导。客观讲，开始运行LTC时，会有一定工作量的增加，容易引起抱怨，此刻老板的力推就很重要了。挺过一两个月，大家就驾轻就熟了，也就习惯了，甚至离不开了。

第四阶段是辅导优化。这个阶段咨询顾问陪跑指导就可以了，主要是企业以销售为主的各部门实际运行起来了，这时队伍的能力提升是关键问题，于是系统地训战是关键。

这些问题解决了，也为后面进行数智化管理系统导入奠定了坚实的基础。

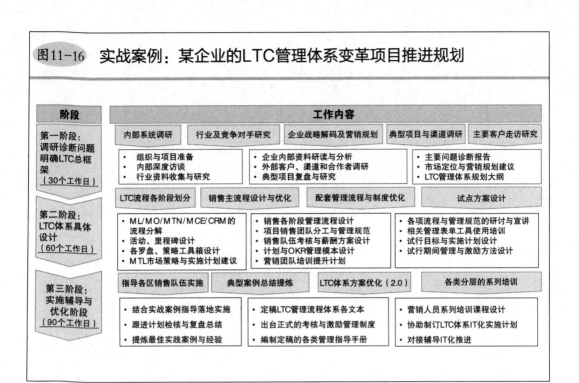

图11-16 实战案例：某企业的LTC管理体系变革项目推进规划

这是一个LTC体系导入实战项目的具体实施规划，比较详细地展示了各阶段的工作内容、目标和关键动作。

在成功导入LTC体系的过程中，我们不仅加强了领导力和团队合作意识，还提升了团队的执行力和创新能力。通过参与LTC培训，团队成员不仅获得了新的知识和技能，也建立了更紧密的关系，增强了团队的凝聚力和归属感。

未来，我们将继续秉承LTC体系的理念，持续培养和发展领导力，在团队中营造积极的学习氛围，推动团队不断进步和创新。我们相信通过不断学习和实践，团队将在竞争激烈的市场中取得更加卓越的成绩，实现个人和团队的共同成长。